Fridas Fiestas

Fridas Fiestas

Die mexikanischen Feste der Frida Kahlo

Text von
Guadalupe Rivera

Rezepte von
Marie-Pierre Colle

Fotos von
Ignacio Urquiza

Christian Verlag

Bildquellennachweis

Seite 9: Sammlung S. Throckmorton. Mit frdl. Gen. von Carla Stellweg Latin American & Contemporary Art, NYC; *Seite 10:* Copyright © Emmy Lou Packard. Mit frdl. Gen. von Carla Stellweg Latin American & Contemporary Art, NYC; *Seite 16*: Fotograf unbekannt. Mit frdl. Gen. von Guillermo Monroy. Fridas Tisch im Blauen Haus. Feier mit Blumen: »Ein Hoch auf die 4. Internationale, Viva Trotzki.« 1937–38. Gelatinesilberplatte. 13 × 17,8 cm; *Seite 22*: Copyright © Gisèle Freund/Photo Researchers; *Seite 25*: Frida Kahlo, *Die Braut erschrickt vor dem offenen Leben*, 1943. Privatsammlung. Abdruck mit Genehmigung des Instituto Nacional de Bellas Artes y Literatura; *Seite 27*: Fotograf unbekannt. General Research Division, The New York Public Library, Astor, Lenox and Tilden Foundations; *Seite 31*: Copyright © Fritz Henle/Photo Researchers; *Seite 73*: Diego Rivera, *The Detroit Industry*. Copyright © The Detroit Institute of Arts, Aufnahme eines Fotografen der Ford Motor Company für das Detroit Institute of Arts, Founders Society Purchase, Edsel B. Ford Fund und Schenkung von Edsel B. Ford; *Seite 101*: Frida Kahlo, *Selbstbildnis mit Affe und Papagei*, 1942. Öl auf Pappe. Sammlung IBM Corporation, Armonk, New York. Abdruck mit Genehmigung des Instituto Nacional de Bellas Artes y Literatura; *Seite 137*: Frida Kahlo, *Pitahayas*, 1938. Öl auf Aluminium, 10 × 12″ (Bild). Sammlung des Madison Art Center, Madison, Wisconsin. Vermächtnis von Rudolph E. Langer. Abdruck mit Genehmigung des Instituto Nacional de Bellas Artes y Literatura; *Seite 143*: Mit frdl. Gen. von CNCA-INAH-MEX; *Seite 144*: Foto Imogen Cunningham © 1978, 1994 The Imogen Cunningham Trust; *Seite 173*: Copyright © Guillermo Zamora. Mit frdl. Gen. des Fotografen; *Seite 189*: Frida Kahlo, *Stilleben* (Tondo), 1942. Foto mit frdl. Gen. von Jean-Pierre Godeaut. Abdruck mit Genehmigung des Instituto Nacional de Bellas Artes y Literatura; *Seite 201*: Frida Kahlo, *Selbstbildnis* (Der Rahmen), um 1938. Musée National d'Art Moderne, Centre Georges Pompidou, Paris. Abdruck mit Genehmigung des Instituto Nacional de Bellas Artes y Literatura; *Seite 218*: Frida Kahlo, *Naturaleza Viva*, 1952. Privatsammlung. Abdruck mit Genehmigung des Instituto Nacional de Bellas Artes y Literatura.

Aus dem Englischen übersetzt von
Susanne Vogel (Rezepte)
und Rudolf Hermstein (Texte)

Redaktion der Rezepte: Brigitte Milkau
Korrektur: Britta Fuss
Umschlaggestaltung: Horst Bätz
Herstellung: Dieter Lidl
Satz: Fotosatz Völkl, Puchheim

Copyright © 1995 der deutschsprachigen Ausgabe
by Christian Verlag, München

Copyright © 1994 der Originalausgabe
by Marie-Pierre Colle und Guadalupe Rivera

Die Originalausgabe mit dem Titel *Frida's Fiestas*
wurde erstmals 1994 bei Clarkson N. Potter, New York, veröffentlicht

Druck und Bindung: Toppan, Tokyo
Printed in Japan

Alle deutschsprachigen Rechte vorbehalten
ISBN 3-88472-268-9

Wir widmen dieses Buch Andrea Valeria, die uns – während eines Essens, bei dem diese traditionellen Gerichte serviert wurden – so viele gute Gründe nannte, dieses Buch zu machen, daß wir nicht widerstehen konnten. Wir widmen es außerdem Marie-Pierres Sohn Eric sowie Lupes fünf Enkeln – Luis, Juan, Fernanda, Paolina und Rodrigo –, den Urenkeln von Diego Rivera.

GUADALUPE RIVERA
UND MARIE-PIERRE COLLE

Seite 1: *Eine Ecke in Frida Kahlos Küche, dekoriert mit blauen und gelben Kacheln aus Puebla. Fridas Namenszug besteht aus winzigen Krügen.*
Seite 2: *Ein typischer Mole aus Puebla. Die Zutaten stehen auf dem mit Holz beheizten Ofen in der Küche des Blauen Hauses.*

Danksagung

Wir danken der Banco de Mexico, Träger der Diego-Rivera-Stiftung, und Dolores Olmedo, Direktorin des Frida-Kahlo-Museums, daß sie uns die Türen des Blauen Hauses öffneten.

Wir sind Juan-Carlos Pereda und Martha Sanchez Fuentes vom Tamayo Museum sehr dankbar, die uns bei den Genehmigungen halfen, und ebenso Blanca Garduña vom Museum Studio Diego Rivera. Ebenso danken wir den Besitzern der hier abgebildeten Gemälde sowie den Fotografen für die Genehmigung zur Reproduktion ihrer Werke.

Wir möchten auch unseren Agentinnen, Barbara Hogenson und Leyla Morrisey, danken und schließlich unserem Lektor, Roy Finamore, für das Vertrauen, das er unserer Arbeit entgegenbrachte.

INHALT

Eine Familiengeschichte 9

Leben mit Frida 21

AUGUST: Die Hochzeit von Frida und Diego 27

SEPTEMBER: Die Nationalfeiertage 45

OKTOBER: Picos Geburtstag 63

NOVEMBER: Der Tag der Toten 77

DEZEMBER: Die Posadas 95

JANUAR: La Rosca de Reyes 113

FEBRUAR: Eine Taufe an Lichtmeß 127

MÄRZ: Teotihuacán, wo Sonne und Mond zu Hause sind 143

APRIL: Eine Bootsfahrt in Xochimilco 155

MAI: Das Heilige Kreuz 169

JUNI: Das Mahl der breiten Tischtücher 183

JULI: Fridas Geburtstag 201

Epilog 218

Glossar 220

Register 222

Bezugsquellen 224

EINE FAMILIEN-GESCHICHTE

Frida Kahlo war Schülerin des staatlichen Colleges Escuela Nacional Preparatoria, als sie meinen Vater Diego Rivera kennenlernte. Diego war kurz zuvor von einem zehnjährigen Europaaufenthalt zurückgekehrt und malte seine ersten Wandbilder, und zwar im Amphitheater der Schule, dem ehemaligen Jesuitenkolleg San Ildefonso.

José Clemente Orozco, David Alfaro Siqueiros und Rufino Tamayo arbeiteten an Wandbildern im alten Kreuzgang der Schule. Alle Maler, einschließlich Diego, waren Ziel-

scheibe verbaler und handgreiflicher Attacken seitens der Schüler, die gegen die Wandbilder waren und sie mit allen Mitteln zu zerstören suchten.

Diego hatte sich einige der schönsten Frauen aus den künstlerischen und intellektuellen Kreisen von Mexiko Stadt als Modelle für seine Allegorie der Schöpfung ausgesucht. Eine von ihnen war Lupe Marín (meine Mutter), die kurz zuvor aus Guadalajara, der Hauptstadt des Bundesstaates Jalisco, nach Mexiko Stadt gezogen war. Lupe und Frida lernten einander so über Diego kennen.

Als Diego das Wandgemälde im Amphitheater vollendet hatte, ließ er sein Gerüst in das neugegründete Erziehungsministerium bringen, um dort mit einem neuen Gemälde zu beginnen. Er verlor Frida aus den Augen, traf sich aber weiter mit Lupe, die er dann 1923 heiratete. Ich wurde im Jahr darauf geboren, meine Schwester Ruth kam drei Jahre nach mir zur Welt.

Frida ging in diesen Jahren weiter zur Escuela Nacional Preparatoria, wo sie sich ernsthaft in den hochbegabten Studentenführer Alejandro Gómez Arias verliebte. Im Jahre 1925 fuhr sie mit ihm zusammen in dem Autobus, der von einer Straßenbahn gerammt wurde. Der Unfall zwang sie, ein langes, einsames Jahr das Bett zu hüten, und veränderte ihr Leben von Grund auf.

Während Alejandro Europa bereiste, wandte sich Frida zum Zeitvertreib der Malerei zu. Ihre ersten Porträts von Freunden und Bekannten entstanden in dieser Zeit, ebenso wie ein besonders gut gelungenes Porträt des abwesenden Alejandro. Es war für Frida ganz selbstverständlich, ihre ersten Selbstporträts im Stil von Sandro Botticelli zu malen, dessen Gemälde »Der Frühling« eines ihrer Lieblingsbilder war.

Schon bald faßte Frida den Entschluß, Künstlerin zu werden. Sie nahm ein paar von ihren Gemälden unter den Arm und fuhr zu Diego. Sie wollte den Meister nach seiner Meinung über ihre Kunst fragen und hoffte, er würde sie als Assistentin bei dem Wandgemälde beschäftigen, an dem er gerade arbeitete. Diego riet ihr weiterzumalen; außerdem prophezeite er ihr eine erfolgreiche künstlerische Laufbahn.

Gegen Ende von Fridas Unterredung mit Diego kam Lupe Marín herein, um ihrem Mann das Mittagessen auf einem Tablett zu bringen. Sie war außer sich, als sie die beiden zusammensitzen sah, und hätte bestimmt angefangen, mit Tellern zu werfen, wenn Diego nicht sofort begütigend auf sie eingeredet und sich auf der Stelle von Frida verabschiedet hätte.

Zwei Jahre nach dieser Episode erhielt Diego überraschend eine offizielle Einladung zur Teilnahme an den Feierlichkeiten zum zehnten Jahrestag der Oktoberrevolution in der UdSSR. Außerdem bat man ihn, ein riesiges Wandgemälde im Palast der Roten Armee in Moskau zu malen.

Seite 8: Selbstgebautes Holzregal im Speisezimmer. Der Tisch ist ebenfalls gelb gestrichen – Frida Kahlos Lieblingsfarbe für die Dekoration des Blauen Hauses.
Seite 9: Frida, aufgenommen 1932 von ihrem Vater, Guillermo Kahlo.
Linke Seite: Diego Rivera und Frida Kahlo 1941 in der Küche des Blauen Hauses.

EINE FAMILIENGESCHICHTE

Als Diego Mexiko verließ, hatte er keine Ahnung, wann er zurückkehren würde. Er vertraute meine Mutter der Obhut ihres früheren Freundes an, des Dichters Jorge Cuesta. Als er (früher als erwartet) zurückkehrte, stellte er fest, daß Lupe und Jorge – deren Jugendliebe wieder aufgeflammt war – ebenso ernsthaft wie glücklich ineinander verliebt waren, und meine Eltern ließen sich scheiden. Frida und Alejandro Gomez Arias hatten sich in der Zwischenzeit getrennt. Auf Betreiben ihres Freundes Germán del Campo war Frida in die Kommunistische Partei eingetreten und hatte sich mit Tina Modotti angefreundet, die sich bereits als Fotografin und politische Aktivistin einen Namen gemacht hatte. In Tinas Haus begegneten sich Frida und Diego zum drittenmal. Nun, da Lupe nicht mehr im Weg stand, verlobten sie sich und heirateten schließlich am 26. August 1929 in dem Dorf Coyoacán am Stadtrand von Mexiko Stadt.

Meine Mutter war inzwischen glücklich mit Jorge Cuesta verheiratet und hatte allem Anschein nach ihre frühere Eifersucht auf Diegos Verehrerinnen vergessen. Sie traf sich sogar manchmal mit Diegos Freundinnen, um sich über ihn zu beklagen. Als Tina anbot, den Empfang zu Diegos und Fridas Hochzeit in ihrem Haus abzuhalten, erbot sich Lupe sogar, einige von Diegos Leibspeisen zu kochen.

Der Innenhof von Tinas Haus war verschwenderisch mit Lampions und Luftschlangen dekoriert worden, so daß er einem Festplatz in einem mexikanischen Dorf glich. Eine Mariachi-Kapelle spielte ununterbrochen, und die Gäste nippten Tequila und knabberten *chicharrón* (knusprig gebratene Schweineschwarten) mit Avocado, während sie auf die Ankunft des Brautpaars warteten. Die Krise kam, als Lupe ihre Eifersucht nicht länger im Zaum halten konnte und ihre Gefühle die Oberhand über ihre guten Manieren gewannen. In Anspielung auf Fridas Behinderung begann sie, mit ihrer eigenen Schönheit zu prahlen. Sie ging sogar so weit, die Röcke der Braut hochzuheben, damit alle die Folgen der Kinderlähmung sähen, die Frida als Kind durchgemacht hatte, und rief: »Das sind keine Beine, das sind zwei Stöcke – hier, sieh dir mal meine an!« Frida versetzte Lupe daraufhin einen heftigen Stoß: Lupe verlor das Gleichgewicht und fiel hin. Diego mußte die beiden trennen, um Schlimmeres zu verhüten.

Nach der Hochzeit bezogen die Riveras ein großes Haus im Stadtteil Juárez von Mexiko, an dem prachtvollen Paseo de la Reforma. In dieser ersten Zeit ihrer Ehe teilten sie sich das Haus mit David Alfaro Siquieros und dessen Frau Blanca Luz sowie anderen Künstlerehepaaren. Jeder trug seinen Anteil zur Miete bei.

Dwight Morrow war damals Botschafter der Vereinigten Staaten in Mexiko. Er wollte die Beziehungen zwischen den bei-

Rechte Seite: *Eine Seite des Notizbuchs, in das Frida Kahlo ihre Gemäldeverkäufe eintrug.*

                                                                    1947.

Entradas.   (Marzo y Abril)
                 Del 1º de marzo al
                 30 de Abril de 1947.

= Del cuadro "Las dos Fridas"
  comprado para el Museo por
  Carlos Chávez _____ $ 4 000.00   F.
= El 26 de Marzo, Diego me en-
  tregó personalmente _____   500.00   D.
= 1er Cheque de Gabriel Orendain
  de: $1500.00 (Diego tomó $500.00)
  y me dió _____   1 000.00   D.
= 2º cheque de G. Orendain de:
  $1000.00 (entregado a Lupe Marín,
  y que se repartió en dos cant.,
  Lupe tomó $500.00 y me dió _____   500.00   D.
= Diego me dio personalmente
  el 9 de Abril, un día, antes de
  salir a San José Purua _____   800.00   D.
= Ultimo abono del "Opel" (la
  chinchita) que me compró Carlos
  Veraza, quien ya me había adelan-
  tado en Febrero $500.00, y se co-
  bró el material y mano de obra de
  la bodega que reconstruyeron en
  Allende 59. ($460.00) Frida. _____   540.00   F.
= Cobré con Gabriel Orendain
  en efvo. _____   1 500.00   D.
= Cheque del Colegio Nacional
  que corresponde a los meses de:
  Febrero y marzo (Cheque Nº 924385
  Serie A.   1 579.34   D.
  del Banco de México).
= Abono de Gabriel Orendain,
  (del que no he dado recibo   ___700.00___   D.
                              total $ 11,119.34

Diego _____   6,579.34
Frida _____   4,540.00
               11,119.34

den Ländern normalisieren, um die es seit der Revolution (die zwischen 1910 und 1917 in Mexiko stattgefunden hatte) nicht zum besten stand. Mit diesem Ziel vor Augen gab er ein riesiges Wandbild in Auftrag, dessen Thema die Geschichte des Staates Morelos sein sollte, wo viele prominente Politiker, er selbst eingeschlossen, Wochenendhäuser hatten. Mit Unterstützung des Gouverneurs dieses Staates bat Morrow Diego Rivera, den Auftrag anzunehmen. Die Bilder sollten in Cuernavaca, der Hauptstadt von Morelos, an die Wände eines alten Palastes gemalt werden, der einmal Hernán Cortés gehört hatte.

Meine Schwester Ruth und ich statteten Diego dort einen Besuch ab. Ich weiß noch gut, wie bemüht Frida war, für Diego das Essen zu kochen und ihm das Haus zu führen, obwohl sie keine Ahnung von Hauswirtschaft hatte. Noch weniger wußte sie darüber, wie man eine Küche in einem tropischen Land sauberhält.

Ein paar Monate später erwirkte Diego bei Präsident Emilio Portes Gil die Zusage, ein Wandgemälde über Themen aus der mexikanischen Geschichte zu finanzieren, das im zentralen Treppenhaus des Nationalpalastes entstehen sollte.

Die Beziehungen zwischen meinen Eltern und ihrer beider Ehegatten hatten sich unterdessen so weit verbessert, daß man daran dachte, gemeinsam ein Haus zu beziehen. So kam es, daß die beiden Ehepaare – und ihr »Anhang«, Ruth und ich (oder Chapo und Pico, wie unsere Spitznamen lauteten) – in ein kleines Haus zogen, das meine Mutter kurz zuvor gebaut hatte. Mein Vater und Frida wohnten im Parterre, wir übrigen im zweiten Stock. Die Räume dazwischen waren nur symbolisch gesehen Niemandsland; tatsächlich versammelten wir uns dort regelmäßig zu den Mahlzeiten oder um die Abende miteinander zu verbringen.

Mein Vater, der unermüdlich arbeitete, begann mit dem Wandbild im Nationalpalast und erschien nur zu Stippvisiten in Cuernavaca. Gleichzeitig arbeitete er an Wandgemälden im Gesundheitsministerium, wobei die jüngste der Kahlo-Töchter, Cristina, ihm nackt Modell saß. Jorge Cuesta hatte zwei Berufe, er war Dichter und Chemiker. Frida erlernte die Staffeleimalerei. Und meine Mutter hatte die Aufgabe, allen Kleider zu nähen und Frida das Kochen beizubringen.

Die Wohnungen hatten sehr kleine Küchen. Man kochte mit Holzkohle und hölzernen Geräten, Töpfen und irdenem Geschirr. Lupe mit ihren fülligen Formen und Frida mit ihren weiten, gestärkten Röcken hatten kaum gleichzeitig Platz in der Küche. Aber sie hatten beide Freude an der Zubereitung herzhafter Chillies mit Gemüsefüllung (Rezept S. 152), von *revoltijo* mit Garnelen-*tortitas* (Rezept S. 109) oder von Bohnenpüree mit Käse und knusprigen *totopos* (Rezept S. 151). Dies waren nämlich Diegos Leibspeisen.

In der Zubereitung der meisten dieser Gerichte wurde Frida von Lupe unterwiesen, die sie ihrerseits von ihrer Großmutter Isabel Preciado gelernt hatte. Wie viele Frauen ihrer Zeit benutzte Großmutter ein Kochbuch, das in Guadalajara als Klassiker galt. Es hatte den Titel »*Recetas prácticas para las señoras de la casa*« (Praktische Rezepte für Hausfrauen) und war in einer zweibändigen Ausgabe erschienen. Frida benutzte später ein Kochbuch in Form eines Lexikons, das ihrer Mutter gehört hatte. Es hieß »*Nuevo cocinero mexicano*« (Der neue mexikanische

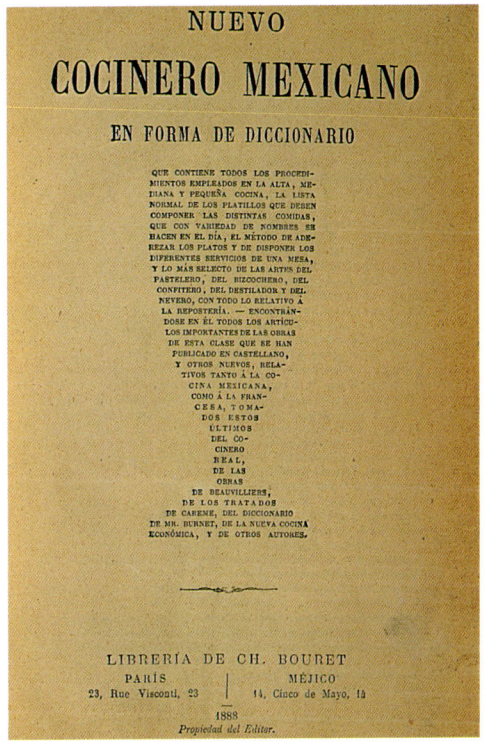

Koch) und enthielt eine Sammlung der erlesensten traditionellen Rezepte. Ich habe diese Bücher schließlich von meiner Großmutter und von Frida geerbt, zusammen mit ihren eigenen Rezepten und Küchengeheimnissen – eben jenen, die in diesem Buch erscheinen.

Die oberflächliche Idylle des gemeinsamen Lebens der Riveras und der Cuestas konnte nicht ewig dauern. Diego, der von der mexikanischen Regierung wegen seiner politischen Ideen unter erheblichen Druck gesetzt wurde, akzeptierte eine Einladung zur Teilnahme an einem Projekt an der Börse von San Francisco und

Oben: *Zwei Seiten aus dem »Nuevo Cocinero Mexicano«, dem Kochbuch, das Fridas Mutter Matilde Calderón de Kahlo gehörte.*

der School of Fine Arts. Frida nutzte den Aufenthalt in Kalifornien und die paar Wochen, die sie anschließend in New York verbrachten, um die Vereinigten Staaten kennenzulernen und mit ihrer eigenen Malerei zu experimentieren. In ihren Briefen nach Hause sprach Frida davon, wie schwer es ihr falle, sich an die Eintönigkeit des nordamerikanischen Essens zu gewöhnen.

Monate später, als sie sich von einer vorübergehenden Verschlechterung ihres Gesundheitszustands erholt hatte und in Detroit lebte, begann Frida wieder, ihre mexikanischen Lieblingsgerichte zuzubereiten. Das war möglich, weil sie alle benötigten Zutaten im mexikanischen Viertel der Stadt kaufen konnte. Die Leute machten große Augen, wenn Frida im Detroit Institute of Art erschien und dem großen Meister sein Essen in einem riesigen Korb brachte, aber Diegos Assistenten und Freunde waren sehr angetan, weil sie auch etwas abbekamen.

Die Riveras kehrten gegen Ende 1933 nach Mexiko zurück. Ihr von Juan O'Gorman entworfenes, hypermodernes Haus in San Angel war fertig, und sie zogen so-

Oben: *Im Jahre 1937 feierte Frida Kahlo Leo Trotzkis Ankunft in Mexiko mit einer Fiesta, für die sie den Tisch im Speisesaal des Blauen Hauses mit Blumen schmückte.*

fort ein. Die Einrichtung war kompromißlos modern. Tische, Stühle und andere Möbel waren aus poliertem Stahl mit Polstern und Kissen aus feinem, zitronengrünem Leder. Dies bildete einen lebhaften Kontrast mit den roten Dachziegeln, den weißen Wänden und den mit *petates* (Schilfmatten) belegten gelben Bodenfliesen. Noch eindrucksvoller aber waren Diego Riveras farbenfrohe Gemälde, die fast alle Wände schmückten.

Die voll elektrifizierte Küche war so klein, daß das Kochen darin keinen Spaß gemacht hätte, deshalb ließ sich Frida eine zweite Küche einbauen, in der sie nach Herzenslust schalten und walten konnte. Aber die Riveras waren trotzdem nicht zufrieden. Sie kamen zu dem Schluß, daß es das beste wäre, das Blaue Haus in Coyoacán – Fridas Elternhaus – neu einzurichten. San Angel würde ihnen beiden dann als Atelier dienen, aber wohnen würden sie im Blauen Haus.

Im Jahre 1942 bot es sich für mich wegen familiärer Ereignisse an, zu meinem Vater und zu Frida nach Coyoacán zu ziehen. Im Blauen Haus begegnete ich Menschen, die einen tiefgreifenden Einfluß auf mein Leben ausüben sollten, aber vor allem lernte ich, durch Fridas und Diegos Lebensweise eine mir bis dahin unbekannte Welt kennen.

Frida war ein sehr überschwenglicher Mensch und entdeckte an allem und jedem die positiven Seiten. Die Welt, in der sie lebte, bot ihr ständig Anlässe für Freudenfeste. Sie feierte die Namenstage der Heiligen, Geburtstage, Taufen und die meisten religiösen und weltlichen Feiertage. Sie bezog jeden ein – Freunde und Familie, Schüler und Kollegen –, und sie liebte es, sich an den traditionellen Feiertagen auf den Straßen und Plätzen ins Gewühl zu stürzen. Besonders gerne ging sie auf den Garibaldi-Platz, wo die *mariachis* ihre Lieblingslieder sangen, eines nach dem anderen. Ich hatte bis dahin ein ziemlich behütetes Leben geführt, und so war dies für mich eine ganz neue Welt.

Ich habe in diesem Buch einige der bedeutsamsten und bewegendsten Momente in Frida Kahlos Leben beschrieben. Ich erzähle von Fridas Alltagsleben, ihren Gewohnheiten und ihrer Persönlichkeit und von dem künstlerischen Talent, das in den Werken, die sie zwischen 1940 und 1943 schuf, so offenkundig ist. Ich schreibe über ihre Freude am Essen und an der Zubereitung von Diegos Lieblingsgerichten. Ich nenne diese Ereignisse *Fridas fiestas,* obwohl natürlich auch mein Vater, ich selbst und alle, die Frida kannten, an diesen Festen Anteil hatten. Es war nicht schmerzlich, aber auch nicht besonders leicht, diese Erfahrungen und Erinnerungen zu Papier zu bringen. Ich muß jedoch gestehen, daß es mich glücklich macht, sie nun in den Worten wiederzufinden, aus denen dieses Buch besteht.

Guadalupe Rivera

Folgende Seite: *Fridas Fotoalbum als Ausstellungsstück im Frida-Kahlo-Museum.*

LEBEN MIT FRIDA

Als Frida und Diego von San Angel nach Coyoacán zogen, ließen sie als erstes die Fassade des Hauses Londres-Straße 127 in Indigo streichen, dem Tiefblau, das nach dem Volksglauben böse Geister abwehrt, abgesetzt mit roten und grünen Streifen. Es war dort immer so gemütlich wie in einem Haus in einer Kleinstadt, was zum Teil auf die vielen Pflanzen und Tiere der Riveras zurückzuführen war. Draußen blühten Blumen in jeder erdenklichen Farbe im Garten und in großen Pflanztrögen im Patio, und drinnen gab es immer üppige

LEBEN MIT FRIDA

Sträuße von Wildblumen und Sonnenblumen in Töpfervasen. Singvögel und Papageien zwitscherten und schwatzten in ihren Käfigen, langhaarige graue Katzen und Hunde von unbestimmter Färbung streiften durchs Haus, und ein Klammeraffe namens Fulang-Chang tollte herum. Dies alles, vor allem aber Fridas Anwesenheit machte den einzigartigen Charakter des Blauen Hauses in Coyoacán aus.

Man kam hauptsächlich in der Küche zusammen. Frida besprach dort mit der Dienerschaft die tägliche Hausarbeit. Der Herd war mit weißen, blauen und gelben spanischen Kacheln verziert, und an der Rückwand standen in verschnörkelter Schrift die Namen Frida und Diego auf den

Seite 20: *Der Patio des Blauen Hauses.*
Seite 21: *Frida Kahlo in ihrem Garten.*
Oben: *Einer von Frida Kahlos Hunden posiert mit ihr im Kakteengarten.*

Kacheln. An der Wand über dem Herd hingen Töpferwaren aus Oaxaca, Kupferkessel aus Santa Clara, Gläser, Tassen und Krüge aus Guadalajara, Puebla und Guanajuato. Das Ganze wirkte typisch mexikanisch. Frida und Diego hatten diese kunsthandwerklichen Gegenstände auf ihren Reisen durch das Land erstanden und so nach und nach eine lebendige Sammlung schöner Stücke aus den Werkstätten der begabtesten Kunsthandwerker des Landes zusammengetragen.

Frida ging in ihrer Liebe zu allem Mexikanischen oft noch weiter als Diego. Das war im Grunde genommen nichts Neues, denn schon als Kind hatte Frida gerne Wörter und Ausdrücke verwendet, die eigentlich nur bei *la indiada* (den Indianern) – ein abschätziger Ausdruck für die Armen – gebräuchlich waren.

Ich kam im August 1942 in Coyoacán an, als Teenager mit wenig Gepäck. Ich fand Frida in der Küche. Wie immer verblüffte sie mich durch ihre Kleidung. Sie trug einen schwarzen *huipil* (ponchoähnlich geschnittenes Oberteil aus handgewebtem Stoff) mit roter und gelber Stickerei und einen weichen Kattunrock mit einem Blumenmuster, das scheinbar zu leben anfing, wenn sie sich bewegte. Alles an ihr, von der Frisur bis zum Saum ihres Kleides, strahlte eine Art schalkhafter Fröhlichkeit aus, die durch ihr Lachen über die Bemerkungen ihrer Köchin Eulalia noch verstärkt wurde.

Frida hätte nicht gastfreundlicher sein können. Zu mir und meiner Schwester Ruth war sie immer liebevoll. Sie nannte sie Chapo und mich Pico oder Piquitos – das waren die Spitznamen, mit denen uns auch unser Vater anredete. Wir standen uns sehr nahe, und sie liebte uns.

Am Morgen meiner Ankunft in Coyoacán war Frida gerade von dem Markt Melchor Ocampo zurückgekommen, der nicht weit vom Blauen Haus lag. Sie war mit Chucho hingegangen, einem jener Diener oder Handlanger, ohne die damals keine bessere Dorffamilie auskam. *La niña Fridita* (die kleine Frida), wie Eulalia

Oben: »*La marchanta*«, die Blumenfrau auf dem Markt von Coyoacán, bei der Frida ihre Lieblingsblumen kaufte.

sie liebevoll nannte, nahm gerade Obst und Gemüse aus einem großen Korb. Sie prüfte jedes Stück sorgfältig und machte Bemerkungen über die schönen Farben und die exotischen Gerüche.

Einmal sagte sie zu mir: »Schau dir diese Wassermelone an, Piquitos! Eine erstaunliche Frucht. Außen hat sie eine wunderschöne grüne Farbe, aber innen findet man dieses kräftige, schöne Rot und Weiß. Die *pitaya* ist hellrot wie ein mit schwarzen Punkten gesprenkelter Granatapfel. Dann die *pitahaya*. Sie ist außen fuchsienrot und birgt in ihrem Innern weißlichgraues Fruchtfleisch mit kleinen schwarzen Punkten, das sind ihre Kerne. Ist das nicht ein Wunder?«

Außerdem nahm sie eine Marmeladenpflaume, eine Melone, eine *cherimoya* und ein Bündel rosa Bananen (die hatte sie am liebsten) heraus und legte sie in einen Korb. Dann tat sie noch ein paar reife Avocados dazu, nicht wegen des optischen Effekts, sondern als Zutaten für eine phantastische *guacamole*.

Ich folgte ihr ins Eßzimmer und wollte ihr beim Tischdecken helfen, aber ich war so verblüfft von dem, was ich sah, daß ich kaum einen Finger rühren konnte. Das Decken eines Tisches war für Frida ein Ritual, vom Ausbreiten der weißen, durchbrochenen Tischdecke aus Aguascalientes über die Anordnung der schlichten Teller, die sie mit ihren Initialen geschmückt hatte, bis zum Hinstellen der spanischen Talavera-Teller, der mundgeblasenen blauen Gläser und des Familiensilbers. Es war, als ob jeder Gegenstand durch seine Form, seine Farbe und seinen Klang zum Leben erweckt würde und seinen angestammten Platz in einer harmonischen, ästhetischen Welt einnehme.

Ein bißchen später wurde feierlich die Blumenvase in die Mitte der Tafel gestellt. In die Vase kamen Blumen, die Frida im Garten eigenhändig geschnitten hatte. Der Strauß bestand aus denselben Blumen, die sie auch im Haar trug, Mimosen und Margeriten verschiedener Größe, untermischt mit roten und weißen Röschen.

Frida züchtete die Blumen selbst. Sie ging jeden Tag in den Garten und sah nach, wie sie gewachsen waren und welche gerade in Blüte standen. Die schönsten pflückte sie, um sie sich ins Haar zu stecken oder sie auf die vielen Vasen im Haus zu verteilen. Ich stand wie geblendet vor dieser magischen Szene und glaubte meinen Augen nicht zu trauen.

Ich erwachte vorübergehend aus meiner Trance, als sie mich mit freundlicher und leicht ironischer Stimme bat, mit ihr ins Atelier zu gehen. Sie sah mir an, daß ich mich fehl am Platz fühlte. Wir nahmen den Früchtekorb, und ich ging hinter ihr her. Kaum hatten wir das Atelier betreten, das ihr der liebste Raum im ganzen Haus war, mußte ich noch mehr staunen. An den Wänden hingen mehrere ihrer

Gemälde, und »Die zwei Fridas« nahmen den Ehrenplatz ein. Die seltsame Mischung von Leid und Angst in diesem Gemälde bestürzte mich. Nach einer Weile bemerkte Frida: »Nun da ich solche Früchte habe, Piquitos, und eine kleine Eule, die im Garten lebt, werde ich eines Tages wieder malen können! Mir sind die Natur und natürliche Objekte lieber als Menschen.« Getreu ihren Worten, malte sie im Jahre 1943 »Die Braut erschrickt vor dem offenen Leben«. In diesem Bild erzählen die Frische einer Wassermelone, das mit Kernen durchsetzte Innere einer Papaya und die starren Augen einer kleinen Eule von der geistigen Offenheit und Lebendigkeit, die Frida in ihren letzten Lebensjahren verlor.

Sie malte auch eine Puppe aus ihrer Sammlung, die mit dem Brautkleid. Es muß ihr darum gegangen sein, den Ausdruck einer jungen Frau einzufangen, die von Staunen über das Schauspiel des Lebens ergriffen ist, ein Gefühl, das ihr schon früh abhanden gekommen war, Jahre bevor sie selbst das Brautkleid trug.

Oben: *»Die Braut erschrickt vor dem offenen Leben«, 1943.*

AUGUST
Die Hochzeit von Frida und Diego

reizehn Jahre bevor ich zu ihnen zog, wurden Frida und Diego im Rathaus von Coyoacán getraut. Das Datum war der 26. August 1929. Tina Modotti, Brautjungfer und Freundin von Frida, richtete den Hochzeitsempfang auf der Terrasse ihres Hauses aus. Die Gäste kamen in Scharen, doch einer fehlte: Alejandro Gómez Arias, Fridas Jugendfreund. Durchaus anwesend war dagegen meine Mutter, Diegos erste Frau.

Von diesem Tag an kleidete sich Frida entweder im Oaxaca-Stil oder nach der veralteten Mode der mexikanischen

Hauptstadt, um ihrem Mann zu gefallen, aber auch aus persönlicher Neigung. Der Oaxaca-Stil der Frauen von Tehuantepec ist durch üppige Stickereien, Bänder und Blumenmotive gekennzeichnet, aber wenn Frida sich für einen formellen Anlaß in Seide und Spitzen kleidete, verwandelte sie sich in eine Hofdame während der Präsidentschaft von Porfirio Díaz. In ihrem Alltagskleid aus Perkal mit bestickten Säumen wurde Frida zum lebenden Abbild der Muse des Dichters Ramón López Velarde, der von Provinzmädchen schrieb, deren »Blusen bis zu den Ohren zugeknöpft sind und deren Röcke ihnen bis zu den Knöcheln reichen«.

In ihrem großartigen Selbstbildnis mit dem Titel »Die zwei Fridas« erscheint sie in zwei verschiedenen Kleidern, das eine prächtig und alt, das andere im Tehuana-Stil – eine stolze, elegante Dame Seite an Seite mit einer volkstümlichen Schönheit, doch beide auf ähnliche Weise vom Leben gezeichnet. Zur Vervollständigung ihrer Kleidung trug Frida stets einen *rebozo* (Schal mit Fransensaum), dessen Farbe zu den übrigen Sachen passen mußte. Ihr liebster *rebozo* war ein seidener aus Oaxaca in leuchtendem Rot.

Im Einklang mit ihrer ausgeprägten Sympathie für den Kommunismus kleidete sich Frida zu ihrer Hochzeit schlicht wie eine einfache Frau vom Lande. Nach ihren Kleidern allein zu urteilen, hätte sie an einer Zeremonie in einer Kleinstadt bei Mexiko Stadt teilnehmen oder einem bescheidenen Haushalt im Dorf Coyoacán vorstehen können.

Es war wie im Märchen: Die bescheidene Terrasse des Mietshauses, in dem Tina Modotti wohnte, verwandelte sich für einen Tag in einen prachtvollen, verzauberten Ort. Hunderte bunter Wimpel und Luftschlangen hingen von den Schnäbeln von Pappmaché-Tauben herab. »Lang lebe Diego!« – »Lang lebe Frida!« – »Viel Glück!« – »Lang lebe die Liebe!«

Es gab Papiertischdecken in verschiedenen Farben und Servietten in kontrastierenden Farben. Das einfache irdene Geschirr stammte aus Michoacán und war mit Tauben und anderen Vögeln sowie Hunden und Katzen bemalt. Von ihrem Hochzeitstag an wußte Frida, daß die Kochkunst einen wichtigen Teil ihres Lebens bilden würde. Riveras schlechte Laune verflog angesichts der köstlichen Gerichte, die in einem mexikanischen Haushalt normalerweise serviert werden, wie beispielsweise weißer oder roter Reis, *huauzontles* in grüner Sauce, gefüllte *chiles* und schwarzen *mole* aus Oaxaca. Abgesehen von einer exzellenten Austernsuppe war das Hochzeitsmenü eine bescheidene Angelegenheit. Die Austern wurden als Vorspeise serviert, entsprechend dem mexikanischen Volksglauben, daß die kleinen Weichtiere den Appetit anregen – in kulinarischer wie in sexueller Hinsicht. Ich weiß nicht, wer auf diese Idee gekommen

Seite 27: *Das Hochzeitsfoto, August 1929.*
Seite 28: *Auf Tina Modottis Terrasse stehen Tequila und Zitronen bereit.*

DIE HOCHZEIT VON FRIDA UND DIEGO

war: Es kann Diego oder Frida gewesen sein – oder sogar meine Mutter.

Die Hauptgerichte wurden von Lupe Marín und von Köchinnen zubereitet, die man auf dem Marktplatz in der Nähe von Tinas Haus angeheuert hatte. Lupe war für den mexikanischen Reis verantwortlich, den weißen Reis mit *platanos* (Kochbananen), die *huauzontles* in grüner und roter Sauce und die mit *picadillo* oder mit Käse gefüllten *chiles*. Die anderen Köchinnen bereiteten die berühmte Austernsup-

Oben: *Frida Kahlo in einem ihrer Lieblings-Rebozos, fotografiert 1937.*

pe, den *mole* sowie die Desserts, die in einzelnen Schälchen gereicht wurden. Alle Gäste aßen mindestens ein Stück von dem köstlichen Hochzeitskuchen, den Frida in der besten Bäckerei von Coyoacán bestellt hatte. Der Kuchen war mit weißen Tauben und Rosen aus Zuckerguß verziert, und obenauf standen die in Zuckerpaste nachgebildeten Brautleute. Die Braut auf dem Kuchen trug ein schönes weißes Tüllkleid, ihr Bräutigam Frack, Zylinder und Handschuhe. Natürlich hatte dieses Paar nichts mit dem lebendigen Brautpaar gemeinsam.

Diego war damals der Ansicht, daß Tafelsilber nur in der Bourgeoisie verwendet werde. Deshalb gab es für die Suppe blau emaillierte Metallöffel, wie sie auf jedem Markt verkauft wurden, und alles übrige mußte mit Hilfe von Tortillas gegessen werden. Normaler Pulque, mit Sellerie und Kaktusfeigen versetzter Pulque und der obligate Tequila flossen während des ganzen Banketts in Strömen. Die Folge war lärmende Ausgelassenheit, akzentuiert durch immer neue Lieder und endlose Hochrufe. Zum Glück kamen weder Rivera noch irgendeiner seiner Freunde auf die Idee, ihre Pistolen zu ziehen, um dem Brauch der Revolutionsmaler zu huldigen, der darin bestand, wichtige Ereignisse im Leben mit in die Luft abgegebenen Salven zu feiern.

Seit der Zeit, als sie die Wandbilder in der Escuela Nacional Preparatoria gemalt hatten, trugen Rivera und seine Freunde und Kollegen David Alfaro Siquieros und Xavier Guerrero stets einen Revolver oder eine Pistole am Gürtel und zogen beim geringsten Anlaß diese Waffen, um ihre Freude oder ihren Ärger auszudrücken. Die Hochzeit hätte durchaus ein solcher Anlaß sein können, aber zum Glück blieben die Schießeisen stecken.

Etliche Gäste blieben bis in die tiefe Nacht hinein, entweder, weil es ihnen so gut gefiel, oder weil sie zuviel Bier, Pulque und Tequila getrunken hatten. Sie taten sich an gewaltigen Portionen *pozole* und den verschiedensten *tostadas* gütlich, angefangen bei Schweinsfüßen und Huhn mit Avocado.

Die Hochzeitsreise führte die Riveras nach Guernavaca, wo Meister Diego die Wandbilder im Palast des Hernán Cortéz malen wollte. Unter den vielen Menschen auf diesen Gemälden sind auch zwei Helden der Geschichte des Staates Morelos, Emiliano Zapata und José Maria Morelos y Pavón. Zapata, der neben seinem Pferd steht, wurde allmählich eine legendäre Gestalt, während Morelos, der mit hocherhobenem Degen abgebildet ist, heute wie damals als der Inbegriff eines Helden gilt.

Während Diego an der Nachbildung der tropischen Landschaft dieser Stadt des ewigen Frühlings arbeitete, widmete sich Frida dem Kochen, Putzen und Bügeln und den anderen Aufgaben einer Hausfrau von Morelos.

Rechte Seite: *Capirotada, ein traditionelles Dessert aus altbackenem Weißbrot, serviert in einer grünen Preßglasschale aus Puebla.*
Folgende Seite: *Diegos und Fridas Hochzeitstafel, nachgestellt auf Tina Modottis Terrasse.*

MENÜ

AUSTERNSUPPE

**WEISSER REIS
MIT KOCHBANANEN**

**STENGELKOHL
IN GRÜNER SAUCE**

**CHILLIES
MIT KÄSEFÜLLUNG**

**CHILLIES MIT PICADILLO-
FÜLLUNG**

**SCHWARZER MOLE
AUS OAXACA**

**ROTER POZOLE MIT NIXTAMAL
AUS JALISCO**

KARAMELCREME

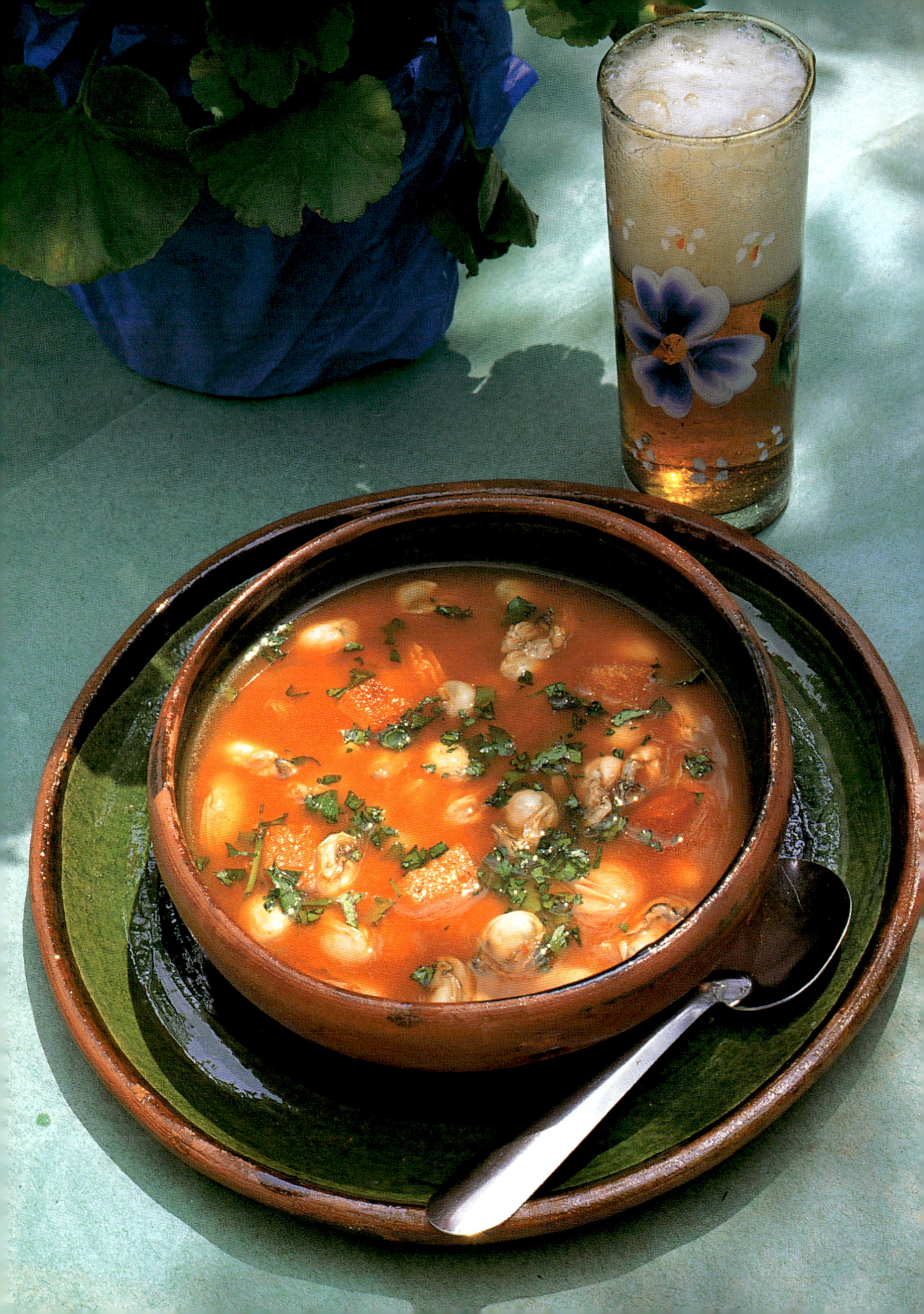

SOPA DE OSTIONES
Austernsuppe

1 große Zwiebel, gehackt
2 Knoblauchzehen
4 EL Butter
3 EL Mehl
2 Tomaten, enthäutet und gehackt
Salz und frisch gemahlener Pfeffer
24 Austern, geöffnet und die Flüssigkeit aufgefangen
2 l Hühnerbrühe
3 EL gehackte Petersilie
2 knusprige Brötchen, gewürfelt und in der Pfanne geröstet

Die Zwiebel mit dem Knoblauch in der Butter glasig werden lassen. Das Mehl einrühren und einige Sekunden mitdünsten. Die Tomaten hinzufügen, salzen und pfeffern und in etwa 10 Minuten leise köchelnd eindicken lassen. Die Austern abtropfen lassen, dabei die Flüssigkeit auffangen. Die Austernflüssigkeit und die Hühnerbrühe an die Tomaten geben, einmal aufkochen und dann einige Minuten leise köcheln lassen. Die Austern mit der Petersilie in die Suppe geben und 1 Minute mitgaren.

Die Röstbrotwürfel in eine Terrine geben, die Suppe einfüllen und kochend heiß servieren.

Für 8 Personen

ARROZ BLANCO CON PLÁTANOS FRITOS
Weißer Reis mit Kochbananen

4 reife Kochbananen
Maiskeimöl
Weißer Reis (Rezept S. 56), doppelte Menge

Die Kochbananen schälen und schräg in Scheiben schneiden. Die Bananenscheiben in heißem Öl braten, bis sie eine goldgelbe Farbe angenommen haben, dabei einmal wenden. Auf Küchenpapier abtropfen lassen und auf dem weißen Reis anrichten.

Für 8 Personen

Linke Seite: *Die Austernsuppe wird in Töpferware aus Michoacán serviert; das handbemalte Bierglas stammt aus Puebla.*
Oben: *Weißer Reis mit Kochbananen, serviert in grüner Töpferware aus Michoacán.*

HUAUZONTLES EN SALSA VERDE
Stengelkohl in grüner Sauce

*1 kg Stengelkohl (siehe Glossar), sorgfältig
  geputzt, die Stiele beschnitten
500 g queso de Oaxaca (siehe Glossar)
  oder Munsterkäse, zerbröckelt
Mehl
5 Eier, getrennt
Schweineschmalz oder Maiskeimöl*

GRÜNE SAUCE

*1 kg tomatillos (siehe Glossar)
2 Knoblauchzehen
1 mittelgroße Zwiebel, feingehackt
3–4 chiles jalapeños (siehe Glossar)
125 ml Wasser
1 kleines Bund Koriandergrün
2 EL Schweineschmalz oder Maiskeimöl*

Für die grüne Sauce alle Zutaten außer dem Schmalz in einen Topf geben. Alles leise köchelnd garen, bis die *tomatillos* durch und durch weich sind. Die Sauce etwas abkühlen lassen und pürieren. Das Schmalz oder das Öl erhitzen, das Püree hinzufügen und köcheln lassen, bis die Aromen miteinander verschmolzen sind.

Inzwischen den Stengelkohl etwa 30 Minuten in Salzwasser weich kochen. Abtropfen lassen, leicht abkühlen lassen und ausdrücken. Zwischen die schmalen Stengel Käsestückchen stecken, danach das Gemüse leicht einmehlen.

Die Eiweiß zu festem Schnee schlagen. Die Eigelb mit einer Prise Salz verquirlen und den Eischnee vorsichtig unterheben. Den eingemehlten Stengelkohl durch die Eimischung ziehen und in heißem Schmalz braten, bis er eine goldgelbe Farbe angenommen hat. Zum Aufsaugen von überschüssigem Fett auf Küchenpapier geben.

Den gefüllten Stengelkohl zusammen mit der grünen Sauce in einer Servierschüssel anrichten und heiß auftragen.

Für 8 Personen

CHILES RELLENOS DE QUESO
Chillies mit Käsefüllung

*16 chiles poblanos (siehe Glossar) oder grüne
  Paprikaschoten, geröstet, enthäutet, Samen
  und Scheidewände entfernt
450 g queso fresco (siehe Glossar)
  oder milder Feta
Mehl
Salz
5 Eier, getrennt
Maiskeimöl oder Schweineschmalz*

Oben: *Huauzontles in grüner Sauce.*

TOMATENSAUCE

3 EL Olivenöl
1 Zwiebel, in feine Scheiben geschnitten
2 Karotten, geschält und in feine Scheiben geschnitten
10 mittelgroße Tomaten, geröstet, enthäutet, entkernt und gehackt
125 ml Essig
3 EL Zucker
Salz
Frisch gemahlener Pfeffer
2 TL getrockneter Oregano

Für die Tomatensauce das Olivenöl erhitzen. Zwiebeln und Karotten dünsten, bis die Zwiebeln glasig sind. Die Tomaten, den Essig, den Zucker sowie Salz und Pfeffer nach Geschmack hinzufügen und alles etwa 10 Minuten leise köcheln lassen. Den Oregano einrühren und die Sauce noch etwa 10 Minuten kochen, bis sie ihr volles Aroma entfaltet hat und die Tomaten zu Mus zerfallen sind.

Währenddessen die Chilischoten mit dem Käse füllen und leicht mit Mehl bestäuben. Die Eiweiß steif schlagen. Die Eigelb mit einer Prise Salz verquirlen und unter den Eischnee ziehen. Die gefüllten Chilischoten in die Eimischung tauchen und in sehr heißem Öl braten, bis sie eine goldbraune Farbe angenommen haben. Auf Küchenpapier abtropfen lassen.

Die gefüllten Chillies in der heißen Tomatensauce servieren.

Für 8 Personen

CHILES RELLENOS DE PICADILLO
Chillies mit Picadillo-Füllung

16 chiles poblanos (siehe Glossar) oder grüne Paprikaschoten, geröstet, enthäutet, Samen und Scheidewände entfernt
Mehl
5 Eier, getrennt
Maiskeimöl oder Schweineschmalz
Tomatensauce (siehe vorheriges Rezept)

PICADILLO

1 kg Schweinehackfleisch
1 große Zwiebel, halbiert
3 Knoblauchzehen, gehackt
Salz und frisch gemahlener Pfeffer
6 EL Schweineschmalz
1 kleine Zwiebel, feingehackt
3 Karotten, feingehackt
2 Zucchini, feingehackt
400 g Tomaten, gehackt
80 g Weißkohl, gehobelt
100 g Mandeln, blanchiert, enthäutet und gehackt
60 g Rosinen

Den *picadillo* zubereiten. Das Hackfleisch mit den Zwiebelhälften, dem Knoblauch und Salz und Pfeffer nach Geschmack etwa 20 Minuten braten. Den ausgetretenen Saft abgießen, die Zwiebelhälften entfernen und wegwerfen.

Das Schmalz in einer zweiten Pfanne erhitzen. Die feingehackte Zwiebel mit den Karotten und Zucchini darin glasig werden lassen. Tomaten, Kohlstreifen, Mandeln, Rosinen und Hackfleisch hinzufügen, nach Geschmack salzen und pfeffern. Die Mischung etwa 20 Minuten leise köcheln lassen, bis sie eingedickt ist und die Tomaten zerfallen.

Die Chilischoten mit dem *picadillo* füllen und leicht einmehlen. Die Eiweiß zu steifem Schnee schlagen. Die Eigelb mit einer Prise Salz leicht verquirlen und vorsichtig unter den Eischnee ziehen. Die gefüllten Chilischoten in die Eimischung tauchen und in heißem Öl braten, bis sie eine goldbraune Farbe angenommen haben. Zum Abtropfen auf Küchenpapier geben. Die gefüllten Chillies in der Tomatensauce anrichten.

Für 8 Personen

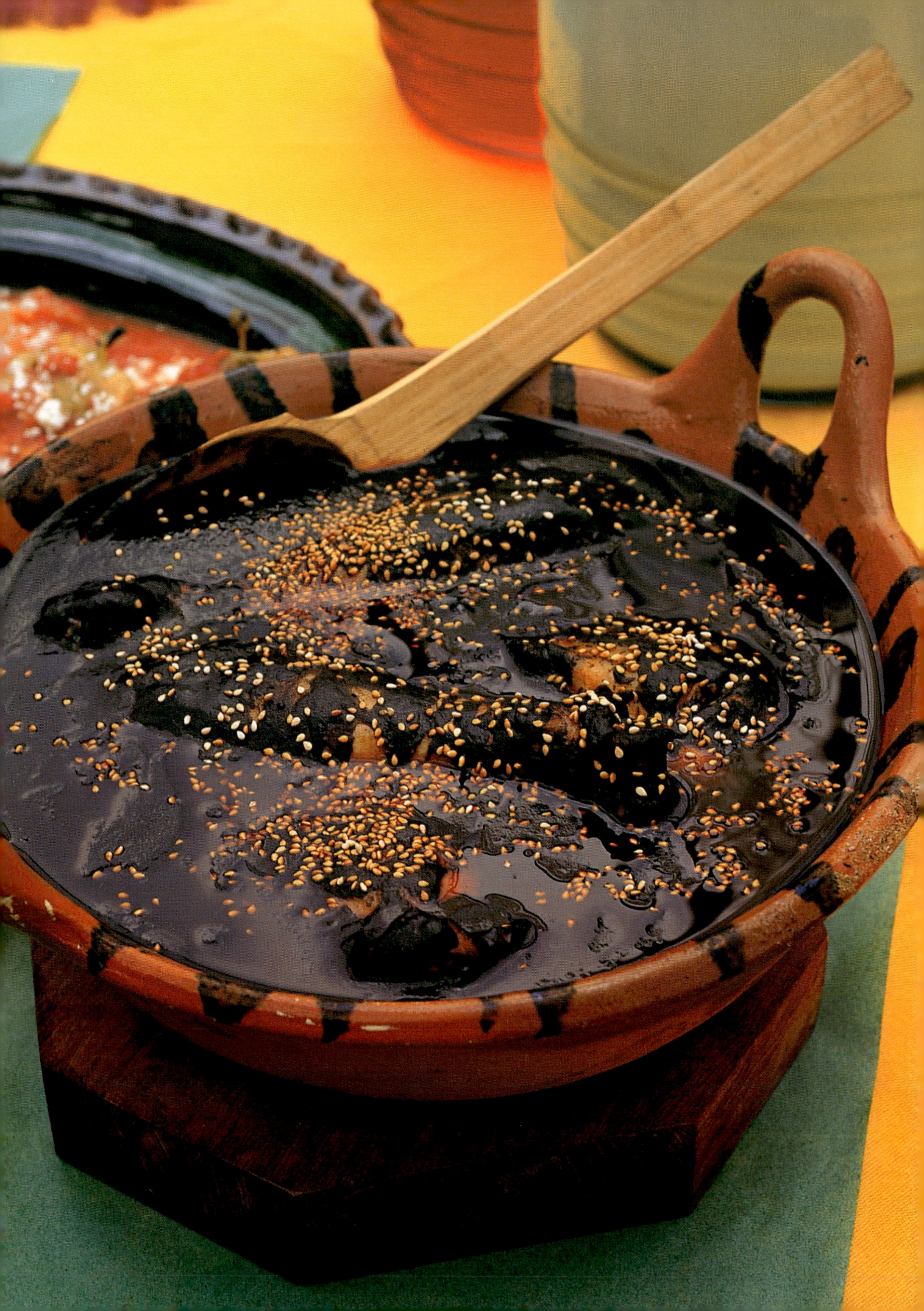

Mole Negro de Oaxaca
Schwarzer Mole aus Oaxaca

500 g chiles cascabels (siehe Glossar)
250 g chiles mulatos (siehe Glossar), Samen und Scheidewände entfernt, die Samen aufbewahren
250 g chiles pasillas (siehe Glossar), Samen und Scheidewände entfernt, die Samen aufbewahren
380 g Schweineschmalz
2 große Zwiebeln, geschält und geröstet (siehe Glossar)
1 Knoblauchknolle, die Zehen geschält und geröstet (siehe Glossar)
3 altbackene Tortillas, in Stücke geschnitten
2 Scheiben Weißbrot
100 g Mandeln, blanchiert und enthäutet
80 g Erdnußkerne
1 Zimtstange
70 g Sesamsamen
60 g Kürbiskerne
Prise Anissamen
1 TL Kümmelsamen
1 TL getrockneter Thymian
1 TL getrockneter Majoran
2 TL getrockneter Oregano
10 Koriandersamen
10 schwarze Pfefferkörner
8 Gewürznelken
100 g Rosinen
100 g mexikanische Schokolade (siehe Glossar) oder Halbbitterschokolade
2 kg reife Tomaten, geröstet und enthäutet
500 g tomatillos (siehe Glossar)
8 EL Schweineschmalz
Zucker und Salz
2 guajolotes (kleine Truthähne) oder 4 große Poularden, in Stücke zerlegt und in einer kräftigen Brühe mit Karotten, Zwiebeln und Kräutern gegart

Die Chilischoten im heißen Schmalz rasch anbraten, jedoch nicht anbrennen lassen. Herausnehmen und das Fett aufbewahren. Die Chillies anschließend in einem großen Topf mit heißem Wasser bedecken, einmal aufkochen lassen und dann leise köchelnd garen, bis sie weich sind.

Im gleichen Fett die Zwiebeln mit dem Knoblauch glasig werden lassen. Tortillas, Brot, Mandeln, Erdnüsse, Zimt, Chilisamen, Sesam, Kürbiskerne, Anissamen, Kümmelsamen, Thymian, Majoran, Oregano, Koriandersamen, Pfefferkörner, Gewürznelken, Rosinen und Schokolade hinzufügen. Alles einige Minuten unter Rühren braten. Die Mischung zusammen mit den Tomaten und den Chilischoten pürieren und das Püree durch ein Sieb streichen. Mit 8 Eßlöffeln Schmalz erhitzen. Zucker und Salz nach Geschmack sowie 500 ml der Geflügelbrühe einrühren. Die Sauce 20 Minuten leise köcheln lassen.

Die Geflügelteile hineingeben und alles 20–25 Minuten köcheln lassen, bis sich die Aromen vermischt haben. Falls die Sauce zu dickflüssig ist, noch etwas Geflügelbrühe unterrühren.

Anmerkung: In Mexiko verwendet man für dieses Gericht *chiles chihuacles* anstelle der *cascabels,* doch dürften diese besonderen Chillies aus Oaxaca hierzulande kaum zu bekommen sein.

Für 16–20 Personen

Linke Seite: *Der berühmte schwarze Mole aus Oaxaca, mit Sesamsamen bestreut.*

Pozole Rojo de Jalisco
Roter Pozole mit Nixtamal aus Jalisco

700 g nixtamal (siehe Glossar)
1 Knoblauchknolle
1 kg Schweinskarree ohne Knochen
500 g Schweinshachse ohne Knochen
1 Zwiebel, halbiert
Salz
100 g chiles anchos (siehe Glossar), Samen und Scheidewände entfernt, die Schoten in heißem Wasser eingeweicht
100 g chiles guajillos (siehe Glossar), Samen und Scheidewände entfernt, die Schoten in heißem Wasser eingeweicht

BEIGABEN

1 Kopfsalat, in feine Streifen geschnitten
Getrockneter Oregano
12 Radieschen, in dünne Scheiben geschnitten
Zwiebeln, gehackt
Limettenspalten
20 tostadas (gebratene Tortillas)
Chiles piquínes (siehe Glossar)

Die getrockneten Maiskörner gründlich abspülen und in einem Topf mit Wasser bedecken. Die Knoblauchknolle hinzufügen und den Mais bei niedriger Temperatur kochen, bis er weich ist.

Die beiden Fleischsorten in separaten Töpfen mit Wasser bedecken und mit je einer Zwiebelhälfte und Salz garen. Abtropfen lassen und die Garflüssigkeiten auffangen. Das Fleisch in Portionsstücke teilen. Die Chilischoten mit dem Einweichwasser im Mixer pürieren. Das Püree durch ein Sieb streichen und zu den Maiskörnern geben. Das Fleisch mit etwas Garflüssigkeit hinzufügen und umrühren.

Den Eintopf salzen, aufkochen lassen und etwa 20 Minuten leise simmern lassen, bis die Flüssigkeit stärker eingedickt ist.

Den Knoblauch entfernen, den *pozole* in eine Servierschüssel füllen und die verschiedenen Beigaben getrennt dazu reichen.

Für 10 Personen

Flan
Karamelcreme

150 g Zucker (für den Karamel)
1 l Milch
200 g Zucker
1 Vanilleschote, längs aufgeschnitten
4 Eigelb
6 Eier, leicht verquirlt

Den Zucker erhitzen, bis er schmilzt und goldbraun karamelisiert. In eine ofenfeste Form geben und diese schwenken, so daß sich der Karamel gleichmäßig über Boden und Rand der Form verteilt.

Die Milch mit 200 g Zucker und der Vanilleschote etwa 10 Minuten kochen. Leicht abkühlen lassen, dann die Eigelb und die verquirlten Eier gründlich einrühren. Die Vanilleschote entfernen. Die Creme in die Form füllen.

Die Form in einen größeren, mit heißem Wasser gefüllten Bräter setzen und die Karamelcreme für etwa 1½ Stunden in den auf 175 °C (Gasherd Stufe 2) vorgeheizten Backofen schieben, bis sie fest geworden ist. Völlig erkalten lassen und auf eine dekorative Platte stürzen.

Für 6–8 Personen

Rechte Seite: *Roter Pozole mit Nixtamal aus Jalisco.*

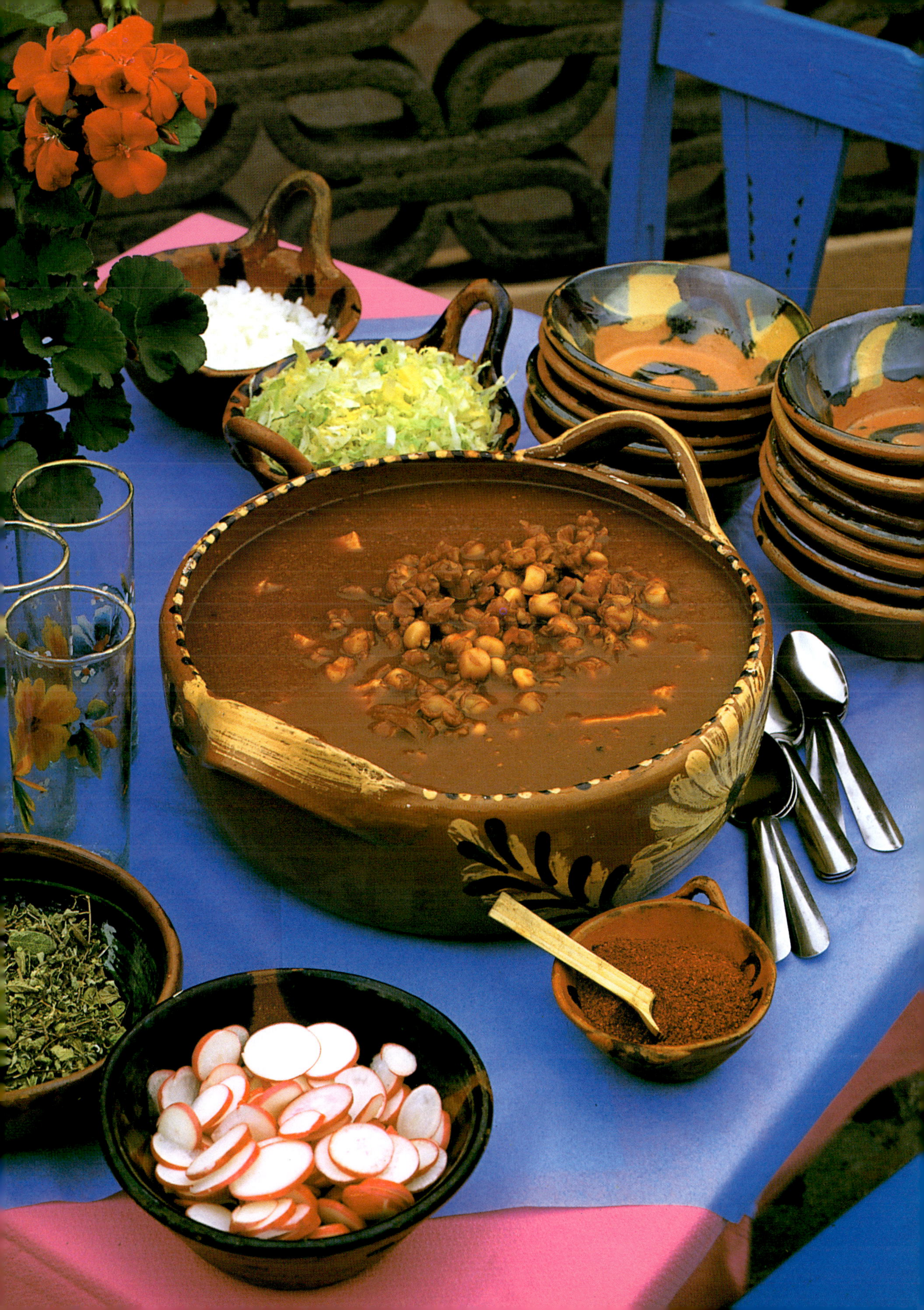

SEPTEMBER
Die Nationalfeiertage

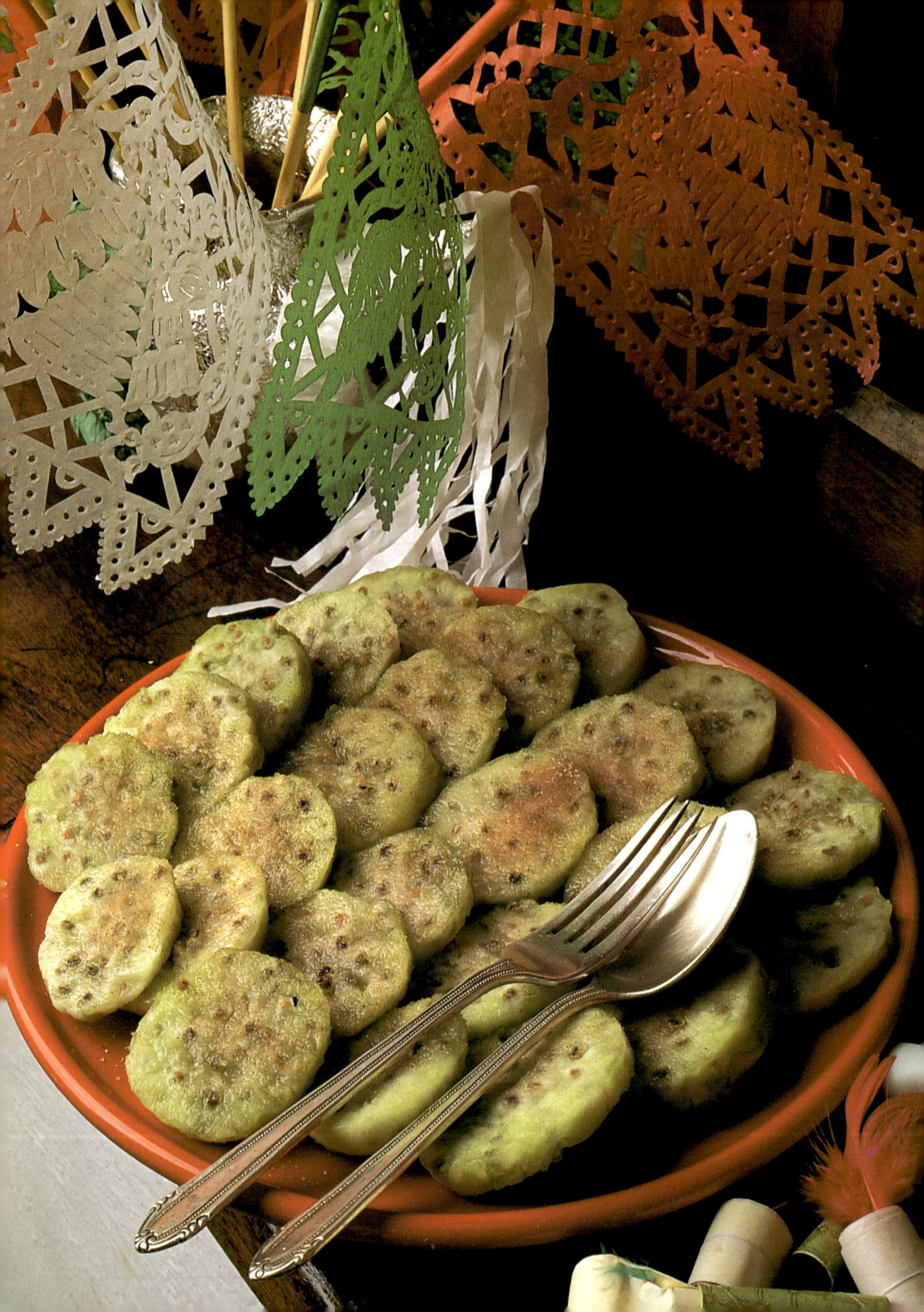

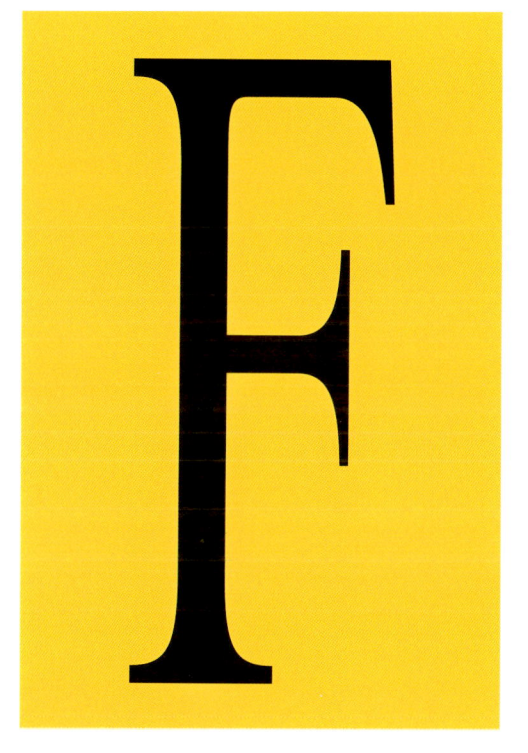

Für Frida wie für alle Mexikaner war der September »der patriotische Monat«. Mit gewohnter Energie und Begeisterung stürzte sie sich dann in die Festivitäten. Schon am Monatsbeginn fing sie an, Fähnchen aus grünem, weißem und rotem Tuch zu kaufen und sie im Haus zu verteilen. Sie steckte sie in die Obstschalen, die sie auf den gedeckten Tisch stellte, in ihre Stilleben und in die Pflanztröge, von denen der U-förmige Gang gesäumt war, der in den Garten führte. Gerne kaufte sie auch kleine Pappmaché-Mützen, die den mexikanischen

Soldatenmützen vom Ende des 19. Jahrhunderts nachempfunden waren. Außerdem kaufte sie Holzschwerter und Papptrompeten in Grün, Weiß und Rot und schenkte sie den Kindern, die in Hütten auf den umliegenden Maisfeldern wohnten.

Für mich sind die Feiertage des Jahres 1942 unvergeßlich. Am 15. September gingen wir zu der Mexikanischen Nacht, die von den Behörden von Coyoacán alljährlich im Jardín Centenario veranstaltet wurde. Am nächsten Morgen sahen wir uns die Militärparade im Stadtzentrum an, und wir beschlossen den Tag mit einem Galadiner, zu dem mein Vater seine alten Freunde und Kameraden aus den nationalistischen Kämpfen eingeladen hatte.

Es war ein Bankett für Politiker. Unter den Gästen waren Expräsident Emilio Cortes Gil, Narciso Bassols, der mehrmals dem Kabinett des Präsidenten angehört hatte, der frühere Landwirtschaftsminister Marte R. Gómez, der Wirtschaftswissenschaftler Gilberto Loyo, der Ingenieur Juan de Dios Bojorques und natürlich der junge Architekt und revolutionäre Maler Juan O'Gorman.

Frida begann mit ihren Vorbereitungen für den »Gang zur Kapelle« mit Diego am Nachmittag des 15. September. Sie kleidete sich wie eine reiche Dame vom Isthmus von Tehuantepec – ein authentisches Tehuana-Kleid mit einem traditionellen rotbestickten gelben *huipil* (ponchoähnlich geschnittenes Oberteil aus handgewebtem Stoff), ein schwarzer Seidenbrokatrock mit weißem Volant und ein goldgelber *rebozo* (Schal mit Fransensaum), ebenfalls aus Seide.

Als es Nacht wurde, machten wir in Begleitung von Freunden einen Spaziergang durch die gepflasterten Straßen der Altstadt von Coyoacán. Wir gingen zum Jardín Centenario, in dem der alljährliche Jahrmarkt abgehalten wurde. Dort gab es Fahrgeschäfte, Feuerwerk, kleine, mit Krachern gespickte Pappstiere sowie als Hauptattraktion eine Vorstellung, bei der Komiker die Politiker und die Lokalgrößen lächerlich machten, während das Publikum zur Untermalung derbe Lieder sang.

Solche Vorstellungen hatten für Frida einen besonderen Reiz. Von dem Moment an, da sie die Bude betrat, trug sie nach Kräften zu der Volksbelustigung bei. Auch meinem Vater machte das großen Spaß; auch er beteiligte sich aktiv, und er lachte laut über die witzigen Bemerkungen seiner jungen Frau. Die Schauspieler kamen bald dahinter, um wen es sich handelte, und rissen aus dem Stegreif Witze über Fridas Schönheit und die Häßlichkeit ihres dicken Mannes. Das Publikum raste. Ich war peinlich berührt und schämte mich für meinen Vater, aber er machte gute Miene zum bösen Spiel und ärgerte sich offenbar nicht über die Volksbelustigung auf seine Kosten.

Als die Vorstellung zu Ende war, steuerten wir durch das Gewühl auf die Stän-

---

Seite 45: *Ein dreifarbiger Rebozo, für die Feierlichkeiten zum Unabhängigkeitstag zu einer Schleife gebunden.*
Seite 46: *Kaktusfeigen mit Anislikör (siehe Rezept auf Seite 61).*

de zu, die überall in dem Park aufgebaut waren. Wir versuchten, von jeder einzelnen der mexikanischen Leckereien zu kosten, die die Marktfrauen feilboten.

Am nächsten Morgen kletterten wir in den Ford-Kombi meines Vaters. Mein Vater wollte die Parade in der Innenstadt sehen, um Skizzen zu machen.

Wir fuhren so früh wieder nach Hause, daß Frida rechtzeitig den Tisch decken und die Vorbereitungen für die Ankunft von Diegos Freunden treffen konnte. Da sie allesamt Nationalisten und ausgewiesene Patrioten waren, hatte Frida ihre exzellente Köchin Eulalia gebeten, einige der Gerichte zu bereiten, die nach altem Brauch an den Nationalfeiertagen gegessen wurden, darunter einige von Fridas persönlichen Lieblingsgerichten: eine Suppe von Rotem Schnapper, »Nationalflaggen-Reis« und Chillies in Walnußsauce. Die Zutaten für diese Gerichte hatten die Farben der mexikanischen Flagge.

Über die Entstehung der Chillies in Walnußsauce, des berühmtesten Gerichts der Küche von Puebla, gibt es eine interessante Geschichte. Es heißt, daß einer der ersten Präsidenten von Mexiko die Hauptstadt des Staates (der ebenfalls Puebla heißt) Anfang des 19. Jahrhunderts einmal im September besucht hat, kurz nachdem der Kampf um die politische Unabhängigkeit gewonnen worden war. In ihrem Bestreben, ihm etwas Gutes zu tun, erfanden die Frauen von Puebla ein neues Gericht, eben die berühmten *chiles* in Walnußsauce. Es handelt sich im Wesentlichen um mit Hackfleisch und Gemüse gefüllte *chiles poblanos* mit einer Sauce aus frisch gemahlenen Walnüssen, garniert mit Granatapfelkernen. Zu Ehren des Präsidenten von Mexiko vereinigte das Gericht in sich das Grün der *chiles*, das Weiß der gemahlenen Nüsse und das Rot des Granatapfels.

Frida deckte den Tisch mit ihrem besten weißen Puebla-Geschirr, das einen kobaltblauen Rand und die Initialen FD in derselben Farbe aufwies. Sie holte dazu passende blaue, mundgeblasene Trinkgläser hervor und füllte sie mit Getränken in patriotischen Farben – grünem Limettenwasser, weißem Reiswasser und rotem Hibiskusblütenwasser.

Im September findet man auf den Märkten grüne, weiße und rote Kaktusfeigen aus den semiariden Regionen des Landes in Hülle und Fülle, und auch die Limonen sind dort angeblich süßer und saftiger. Als Tischdekoration wählte Frida eine mit Blumen gefüllte Schale aus Tehuantepec. Sie machte ein Stilleben daraus, das aus den oben erwähnten Früchten mit eingesteckten kleinen mexikanischen Flaggen und zwei oder drei geviertelten Granatäpfeln bestand. Wie durch Zauberei wurde aus dieser Schale eines von Fridas Gemälden. Die Gäste waren von diesen Spezialitäten des Hauses offensichtlich sehr angetan.

Folgende Seite: Der Eingang zum Jardín Centenario in Coyoacán, in dem Frida Kahlo gern am Morgen spazierenging.
Seite 52–53: Das Speisezimmer im Haus von Antonio und Francesca Saldivar, in dem Fridas Fiesta zum Unabhängigkeitstag nachgestellt wurde.

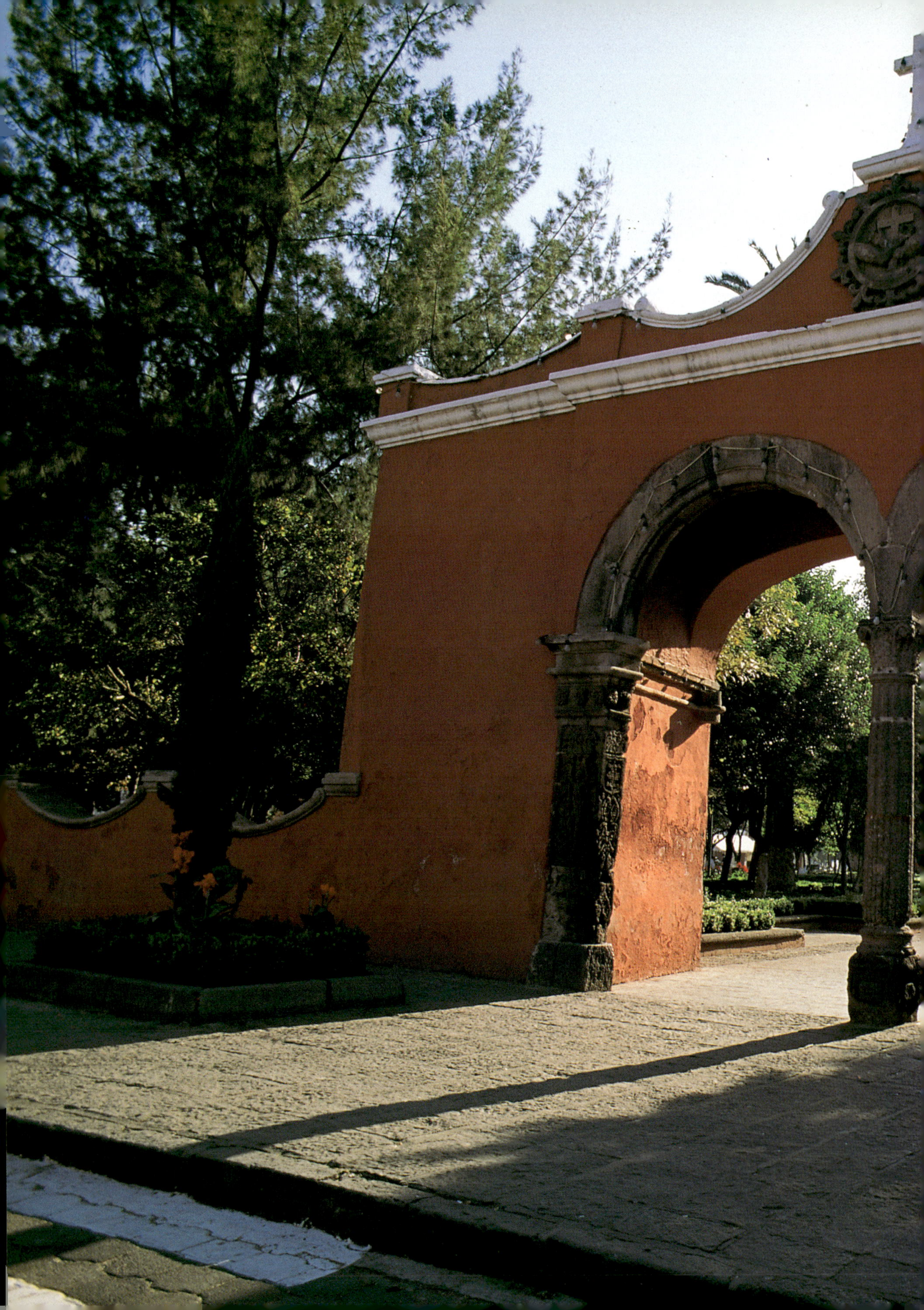

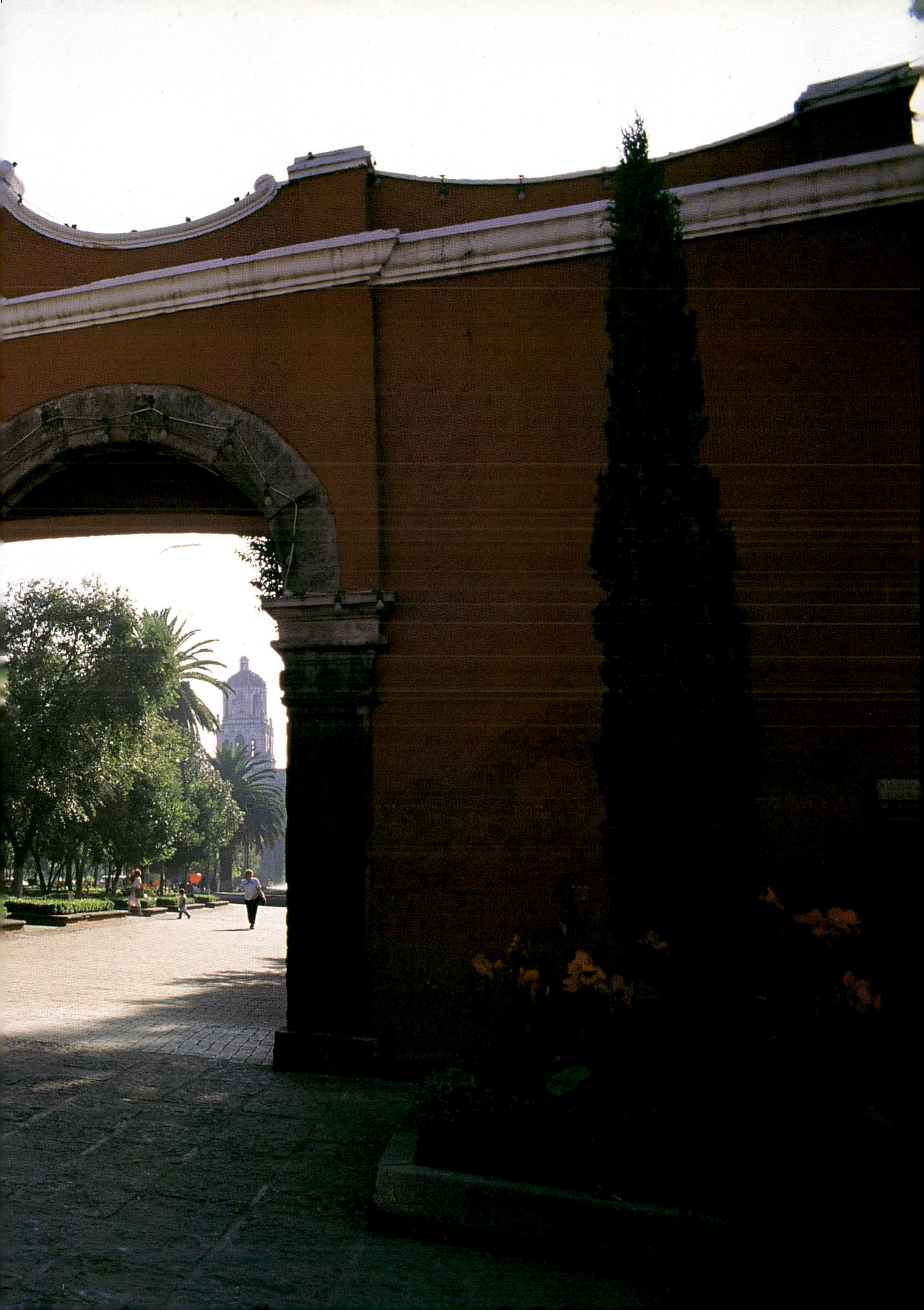

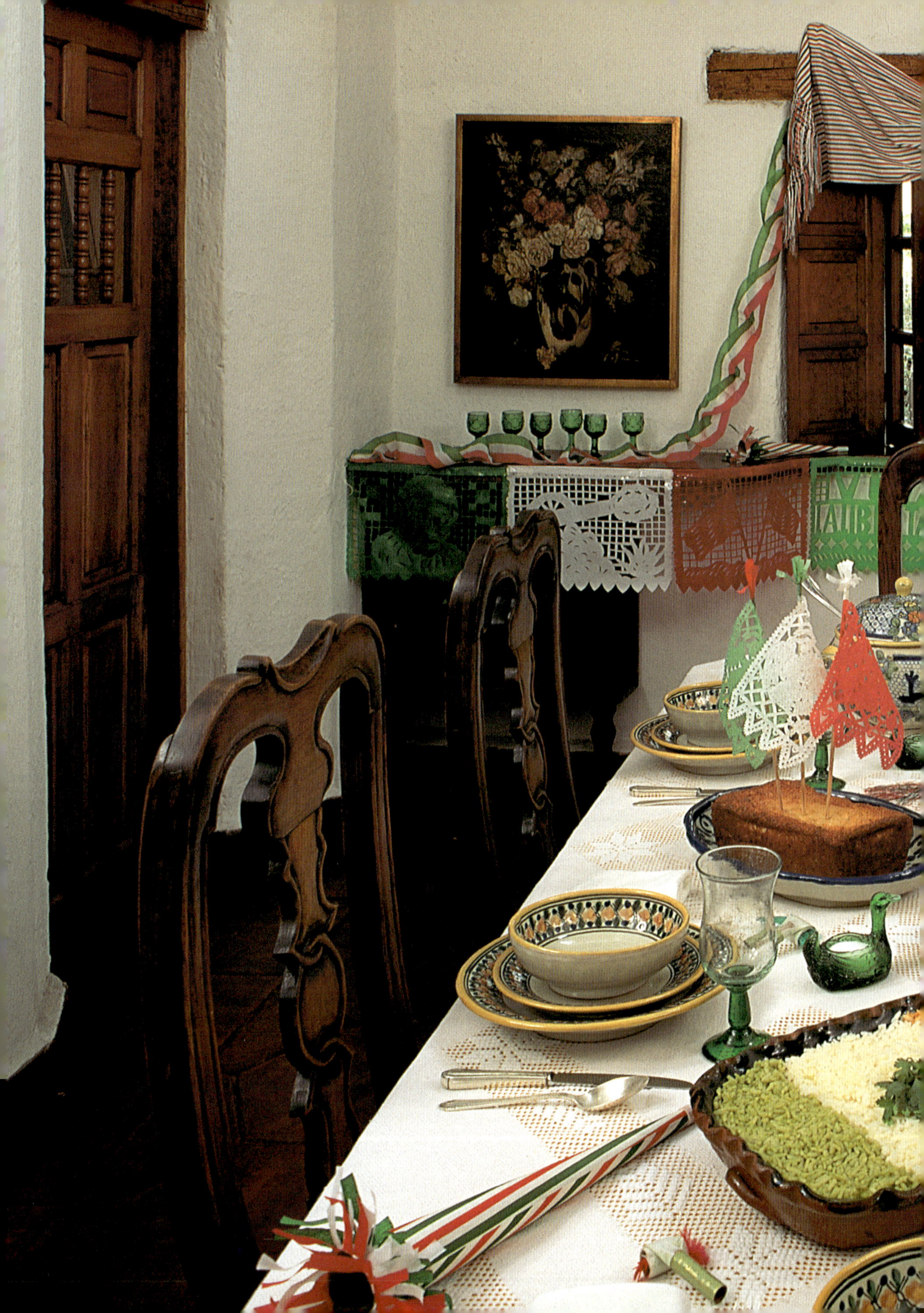

MENÜ

SUPPE VOM RED SNAPPER

MAISAUFLAUF

CHILLIES IN SAHNE

GEFÜLLTE CHAYOTEN

NATIONALFLAGGEN-REIS

CHILLIES IN WALNUSS-SAUCE

MIT KOKOSNUSS GEFÜLLTE LIMETTEN

KAKTUSFEIGEN MIT ANISLIKÖR

HIBISKUSBLÜTENWASSER

REISTRUNK

LIMETTENWASSER

Caldo Miche de Pescado
Suppe vom Red Snapper

1,5 kg Red Snapper, in Portionsstücke zerteilt
1 Fischkopf
Salz
Getrockneter Oregano
1 Zwiebel, gehackt
4 EL Schweineschmalz
3 große Tomaten, geröstet, entkernt und gehackt
6 chiles serranos (siehe Glossar)

Die Fischstücke mit dem Fischkopf in einen großen Topf geben und mit Wasser bedecken. Mit Salz und Oregano nach Geschmack würzen. Den Fisch etwa 20 Minuten leise köchelnd garen, danach abgießen und den Sud auffangen. Den Fisch warm stellen, den Fischkopf entfernen.

In einem zweiten Topf die Zwiebeln in heißem Schmalz dünsten, bis sie glasig sind. Die Tomaten mit den Chilischoten hinzufügen und einkochen lassen. Den Fischsud angießen und die Suppe noch etwas köcheln lassen, bis sich ihr voller Geschmack entfaltet.

Die Fischstücke mit der heißen Suppe in eine Terrine geben und servieren.

Für 8 Personen

Torta de Elote
Maisauflauf

200 g Butter
200 g Zucker
1 kg Maiskörner, möglichst einige Tage alt
125 ml Milch
5 EL Mehl
1 EL Backpulver
1 TL Salz
5 Eier, getrennt
Butter zum Einfetten der Form

Die Butter mit dem Zucker cremig rühren. Die Maiskörner mit der Milch im Mixer pürieren. Das Mehl mit dem Backpulver und dem Salz in eine große Schüssel sieben. Die Eigelb energisch in die Mehlmischung einrühren. Die Butter-Zucker-Mischung und den Maisbrei hinzufügen und alles gründlich verrühren.

Die Eiweiß zu festem Schnee schlagen und vorsichtig unter die Masse heben. Eine runde oder eckige ofenfeste Form mit Butter einfetten und die Masse einfüllen. Den Maisauflauf im vorgeheizten Ofen bei 175 °C (Gasherd Stufe 2) 45–50 Minuten backen. Er ist gar, wenn er oben goldgelb gebräunt ist und an einem Zahnstocher, den man in der Mitte hineinsticht, beim Herausziehen nichts haftenbleibt.

Den Maisauflauf zu Chillies in Sahne (siehe unten) servieren.

Für 6–8 Personen

Rajas con Crema
Chillies in Sahne

4 EL (65 g) Butter
1 große Zwiebel, in feine Scheiben geschnitten
8 chiles poblanos (siehe Glossar) oder grüne Paprikaschoten, geröstet, enthäutet, Samen und Scheidewände entfernt, die Schoten in Streifen geschnitten
500 ml Sahne
Salz
Frisch gemahlener Pfeffer

Die Butter in einer Pfanne schmelzen und die Zwiebelscheiben darin dünsten, bis sie glasig sind. Die Chilistreifen hineingeben und 1 Minute unter Rühren dünsten.

Zum Schluß die Sahne unterrühren, das Gericht mit Salz und Pfeffer abschmecken und nochmals kurz erhitzen.

Für 6–8 Personen

CHAYOTITOS RELLENOS
Gefüllte Chayoten

12 Chayoten (siehe Glossar)
Frische Semmelbrösel

FÜLLUNG

1 mittelgroße Zwiebel, feingehackt
2 Knoblauchzehen, feingehackt
4 EL Butter
2 TL gehackte Petersilie
2 mittelgroße Tomaten, 5 Minuten geröstet, enthäutet und gehackt
60 g Rosinen
12 Oliven, entsteint und gehackt
Salz
Frisch gemahlener Pfeffer
Öl zum Einfetten der Form

Die Zwiebeln mit dem Knoblauch in der Butter dünsten, bis sie glasig sind. Petersilie, Tomaten, Rosinen und Oliven einrühren. Das Ganze salzen und pfeffern und in 15–20 Minuten unter leisem Köcheln stark eindicken lassen. Die Chayoten in sprudelndem Salzwasser kochen, bis sie gar sind. Aus dem Wasser nehmen, abkühlen lassen und längs halbieren. Das Fruchtfleisch herauslöffeln und an die Füllung geben. Die leeren Fruchthüllen mit der würzigen Tomatenmischung füllen. Die Chayoten in eine eingefettete ofenfeste Form setzen, mit Semmelbröseln bestreuen und im vorgeheizten Ofen bei 175 °C (Gasherd Stufe 2) 15–20 Minuten backen, bis sie goldgelb überkrustet sind.

Für 8 Personen

Oben: *Maisauflauf, überzogen mit Chillies in Sahne, angerichtet auf einer Servierplatte aus Puebla.*

Nationalflaggen-Reis

Der Reis wird in den Farben der mexikanischen Flagge auf einer Servierplatte angerichtet.

ARROZ VERDE
Grüner Reis

120 g Reis
2 EL Schweineschmalz oder 3 EL Maiskeimöl
½ kleine Zwiebel, feingehackt
3 chiles poblanos (siehe Glossar) oder grüne Paprikaschoten, Scheidewände entfernt, das Fruchtfleisch mit 60 ml Wasser püriert und durchpassiert
450 ml Hühnerbrühe
3 EL gehacktes Koriandergrün
Saft von ½ Limette
Salz

Den Reis 15 Minuten in sehr heißem Wasser 15 Minuten quellen lassen, danach abtropfen lassen, mit kaltem Wasser abspülen und erneut gründlich abtropfen lassen. Den Reis in heißem Schmalz oder Öl etwa 1 Minute unter Rühren braten. Die Zwiebel hinzufügen. Wenn der Reis sich beim Umrühren wie Sand anhört, das Chilischotenpüree dazugeben und mitgaren, bis es eingedickt ist. Die Hühnerbrühe, das Koriandergrün, den Limettensaft und Salz nach Geschmack hinzufügen. Sobald die Flüssigkeit aufsprudelt, einen Deckel auflegen und den Reis bei niedriger Temperatur etwa 20 Minuten garen, bis er weich ist.

Für 4 Personen

ARROZ BLANCO
Weißer Reis

120 g Reis
2 EL Schweineschmalz oder 3 EL Maiskeimöl
½ kleine Zwiebel, gerieben
1 Knoblauchzehe
1 Stange Bleichsellerie
Saft von ½ Limette
500 ml Hühnerbrühe

Den Reis wie links beschrieben zubereiten. Dann Zwiebel und Knoblauch dazugeben. Wenn die Reiskörner beim Umrühren ein Geräusch wie Sand erzeugen, die Selleriestange, den Limettensaft und die Hühnerbrühe hinzufügen. Alles aufkochen lassen und dann zugedeckt etwa 20 Minuten köcheln lassen, bis der Reis gar ist. Den Sellerie entfernen.

Für 4 Personen

ARROZ ROJO
Roter Reis

120 g Reis
2 EL Schweineschmalz oder 3 EL Maiskeimöl
1 Tomate, mit ½ Zwiebel, 2 Knoblauchzehen sowie Salz und Pfeffer püriert
1 Stange Bleichsellerie
1 Stengel Petersilie
350 ml Hühnerbrühe
Saft von ½ Limette

Den Reis 15 Minuten in sehr heißem Wasser einweichen, danach abtropfen lassen, mit kaltem Wasser abspülen und erneut gründlich abtropfen lassen. Den Reis in heißem Schmalz oder Öl unter Rühren braten, bis er sich beim Durchmischen wie Sand anhört. Das Tomatenpüree hinzufügen und unter Rühren eindicken lassen. Die Selleriestange, die Petersilie, die Hühnerbrühe und den Limettensaft hinzufügen. Alles einmal aufwallen lassen und dann zugedeckt bei geringer Hitze etwa 20 Minuten köcheln lassen, bis der Reis gar ist. Vor dem Servieren die Selleriestange und den Petersilienstengel entfernen.

Für 4 Personen

Rechte Seite: *Nationalflaggen-Reis (grüner, weißer und roter Reis) auf einer Keramikplatte aus Michoacán.*

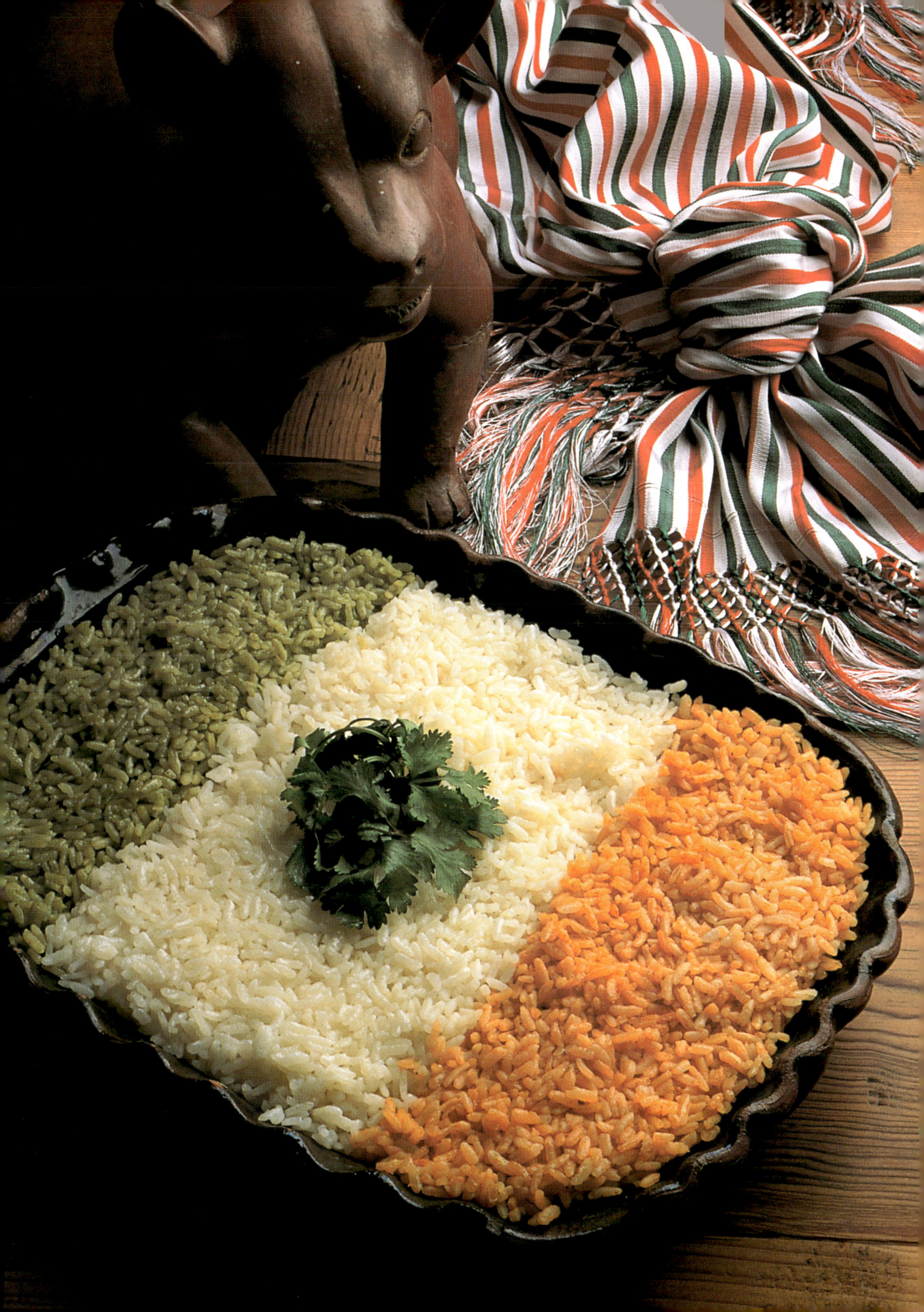

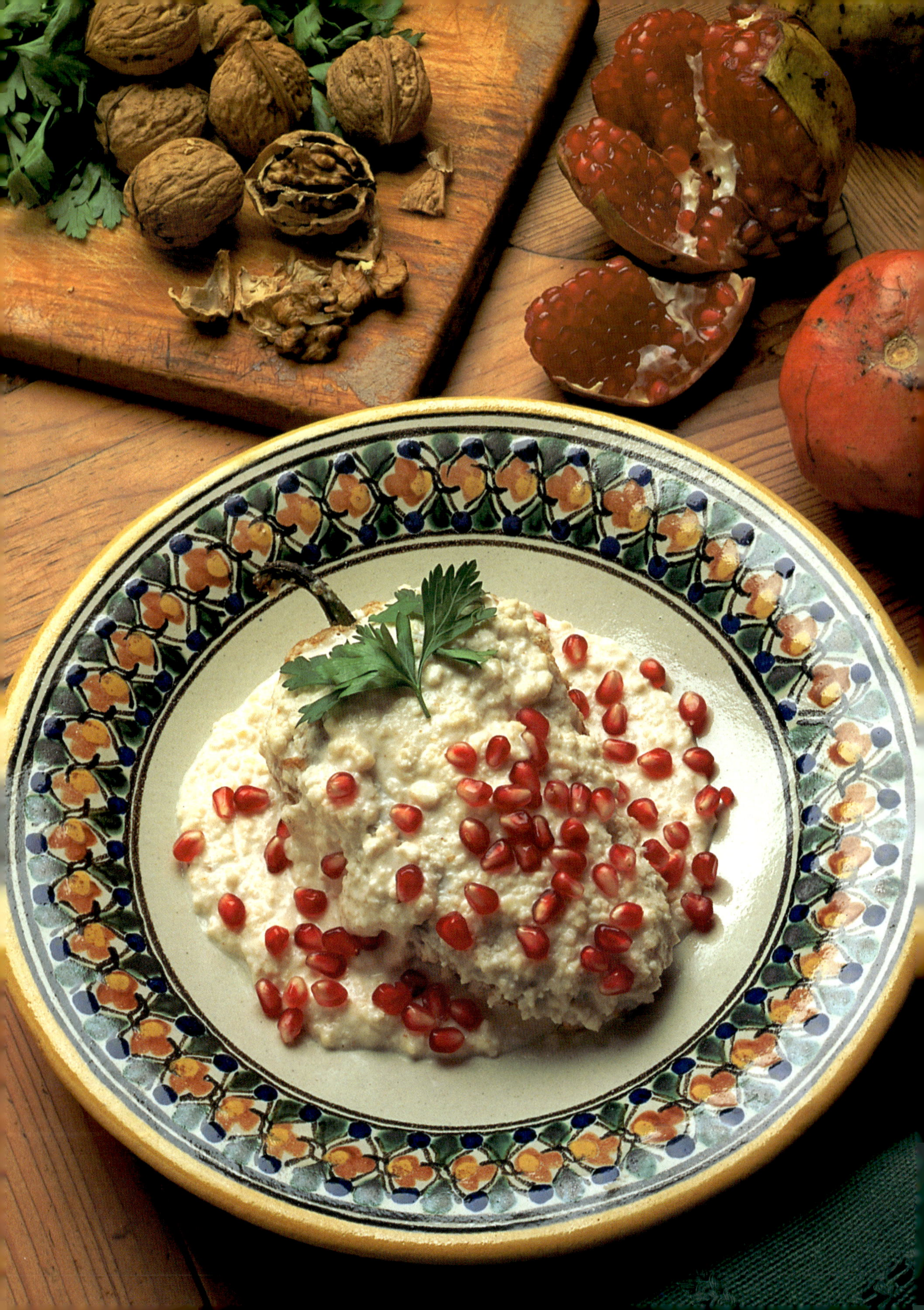

CHILES EN NOGADA
Chillies in Walnußsauce

12 chiles poblanos (siehe Glossar) oder grüne Paprikaschoten, geröstet, enthäutet, Samen und Scheidewände entfernt
Mehl
6 Eier, getrennt
1 TL Salz
Maiskeimöl
Samen von 1 Granatapfel
Petersilie

FÜLLUNG

1 kg Schweinehackfleisch
1 Zwiebel, geviertelt
2 Knoblauchzehen
125 g Butter
1 mittelgroße Zwiebel, feingehackt
1 l Tomatenpüree
1 Apfel, geschält und feingehackt
2 Pfirsiche, enthäutet und feingehackt
2 Kochbananen, geschält und feingehackt
60 g Zitronat, feingehackt
30 g Rosinen
70 g Mandeln, blanchiert, enthäutet und grobgehackt
1 EL Zucker
Salz und frisch gemahlener Pfeffer

WALNUSS-SAUCE

250 g Walnußkerne
70 g Mandeln, blanchiert und enthäutet
125 g queso fresco (siehe Glossar) oder milder Feta
125 ml Crème fraîche und Milch zu gleichen Teilen
4 EL Sherry
1 EL Zucker
1 TL Salz

Für die Füllung das Hackfleisch mit der geviertelten Zwiebel und den Knoblauchzehen in einem Topf mit Wasser bedecken und 20 Minuten kochen. Abtropfen lassen, Zwiebel und Knoblauch entfernen und das Hackfleisch beiseite stellen.

Die Butter in einer großen Pfanne zerlassen und die gehackte Zwiebel darin etwa 4 Minuten unter Rühren dünsten, bis sie glasig ist. Das Tomatenpüree hinzufügen und 10 Minuten unter gelegentlichem Rühren kochen lassen.

Das Fleisch, die Früchte, das Zitronat, die Rosinen, die Mandeln, den Zucker sowie Salz und Pfeffer nach Geschmack hinzufügen. Das Ganze bei mittlerer Temperatur etwa 10 Minuten kochen lassen.

In jede Chilischote etwas von der Hackfleischmischung geben, die Schoten jedoch nicht zu prall füllen. Einen Teller mit Mehl ausstreuen und die Chillies einzeln darin wenden, bis sie gleichmäßig mit einer feinen Mehlschicht überzogen sind. Die Eigelb mit dem Salz verquirlen. Die Eiweiß zu festem Schnee schlagen und diesen vorsichtig unter die Eigelb heben.

Die gefüllten Chillies durch die Eimischung ziehen – sie sollen einen gleichmäßigen Überzug bekommen.

Eine schwere Pfanne gut 1 cm hoch mit Maiskeimöl füllen und erhitzen. Jeweils eine oder zwei gefüllte Chillies braten, bis sie appetitlich gebräunt sind, und auf Küchenpapier abtropfen lassen.

Für die Walnußsauce alle Zutaten im Mixer pürieren. Falls die Sauce zu dickflüssig ist, mehr von der Crème-fraîche-Milch-Mischung hinzufügen.

Die auf Zimmertemperatur abgekühlten Chillies in die Walnußsauce tauchen, so daß sie völlig damit überzogen sind. Auf einer Servierplatte anrichten und eventuell weitere Sauce darüber verteilen. Mit den Granatapfelsamen bestreuen und mit Petersiliensträußchen garnieren.

Für 6 Personen

Linke Seite: Chillies in Walnußsauce, angerichtet auf einem Talavera-Teller aus Puebla.

LIMONES RELLENOS DE COCADA
Mit Kokosnuß gefüllte Limetten

16 Limetten (unbehandelt)
1 EL Natron
750 ml Wasser sowie heißes Wasser zum
  Einweichen der Limetten
550 g Zucker

KOKOSFÜLLUNG

250 ml Wasser
200 g Zucker
1 Kokosnuß, feingeraspelt

In einem säurebeständigen Topf die Limetten mit Wasser bedecken und köcheln lassen, bis sie etwas weich werden. Den Topfinhalt in einen Tontopf umfüllen. Mit dem Natron bestäuben und zugedeckt über Nacht ruhen lassen. Am nächsten Tag die Limetten abgießen. Oben jeweils einen kleinen Deckel abschneiden und die Früchte sauber aushöhlen. Das Fruchtfleisch wegwerfen, die Limetten zurück in den Tontopf geben und mit heißem Wasser bedecken. Ein Küchentuch über den Topf breiten und einen fest schließenden Deckel auflegen.

Am nächsten Tag das Wasser abgießen und durch frisches heißes Wasser ersetzen. Die Limetten wie zuvor zugedeckt über Nacht ziehen lassen. Diesen Vorgang drei- bis viermal wiederholen, bis die Limetten nicht mehr bit-

Oben: *Mit Kokosnuß gefüllte Limetten*
auf einem Preßglasteller aus Puebla.

ter schmecken. Dann 750 ml Wasser mit dem Zucker in einem Kupfertopf aufkochen lassen und die Limetten hineingeben. Den Sirup leise köchelnd eindicken lassen. Über Nacht erkalten lassen.

Für die Kokosfüllung das Wasser mit dem Zucker in einem Topf aufkochen lassen. Die Kokosraspel hinzufügen und die Mischung unter ständigem Rühren kochen, bis sie eindickt. Völlig erkalten lassen.

Die Limetten aus dem Sirup nehmen, mit der Kokosmasse füllen und servieren.

Für 8 Personen

TUNAS BLANCAS AL ANÍS
Kaktusfeigen mit Anislikör

16 weiße Kaktusfeigen, geschält und quer in Scheiben geschnitten
125 ml süßer Anislikör
120 g feinster Zucker
Zimtpulver

Die Fruchtscheiben auf einer Servierplatte anrichten. Mit dem Anislikör beträufeln, mit dem Zucker bestreuen und für mindestens 1 Stunde in den Kühlschrank stellen. Vor dem Servieren mit Zimtpulver bestäuben.

Für 8 Personen

AGUA DE JAMAICA
Hibiskusblütenwasser

100 g getrocknete Hibiskusblüten
4 l Wasser
230 g Zucker
Eiswürfel (nach Belieben)

Die Blüten abspülen und gründlich abtropfen lassen. In 2 l Wasser zum Kochen bringen und 10 Minuten leise köcheln lassen. Vom Herd nehmen und 30 Minuten ziehen lassen. Die Flüssigkeit durch ein Sieb gießen, die Blüten wegwerfen. Die restlichen 2 l Wasser und den Zucker zu dem Hibiskusblütenwasser geben und rühren, bis sich der Zucker auflöst. Kalt und nach Belieben auch mit Eiswürfeln genießen.

Für 8–10 Personen

AGUA DE HORCHATA
Reistrunk

675 g Reis
750 ml Milch
3 Zimtstangen, in Stücke gebrochen und ohne Fett in einer Pfanne leicht geröstet
230 g Zucker
1,5 l Wasser
Eiswürfel (nach Belieben)

Den Reis mit Wasser bedecken und 3 Stunden quellen lassen. Abgießen und mit der Milch und dem Zimt im Mixer pürieren. Die Mischung durchseihen. Den Zucker in dem Wasser auflösen und das Zuckerwasser in die Reismilch einrühren. Das Getränk gekühlt, nach Belieben auch mit Eiswürfeln servieren

Für 8–10 Personen

AGUA DE LIMA
Limettenwasser

230 g Zucker
1–1,5 l Wasser
Saft von 2 kg Limetten
Grüne Lebensmittelfarbe
Eiswürfel (nach Belieben)

Den Zucker in dem Wasser unter Rühren auflösen. Den Limettensaft und einige Tropfen grüne Lebensmittelfarbe einrühren. Das Limettenwasser mit Eiswürfeln servieren.

Für 8–10 Personen

OKTOBER
Picos Geburtstag

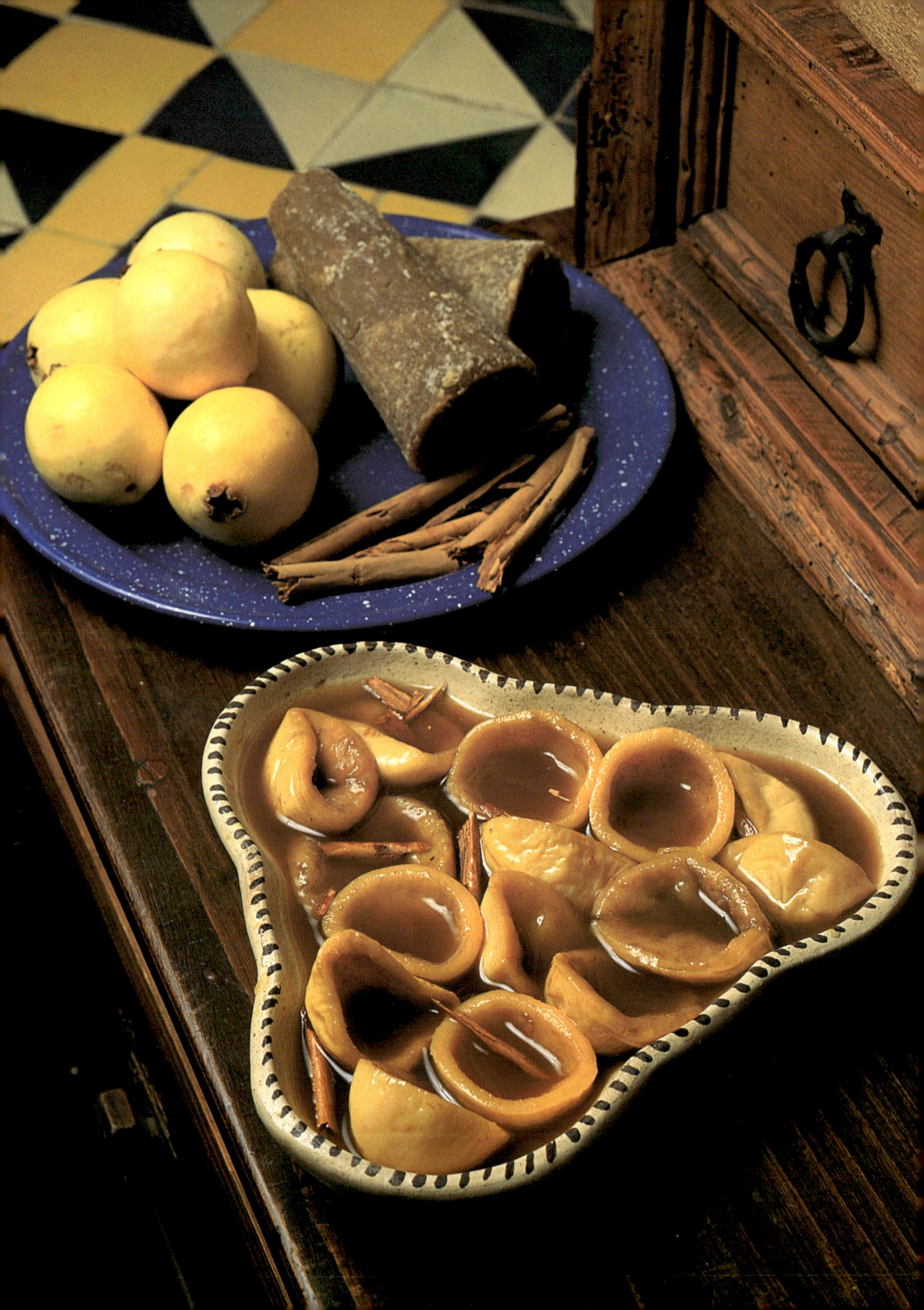

Während die Tage vergingen, vertiefte sich meine ohnehin schon herzliche Beziehung zu Frida. Ich studierte Jura und kam jeden Vormittag etwa um die Zeit nach Hause, wenn Frida mit ihrer Malerei für den Tag fertig war und das Mittagessen zubereitete. An manchen Tagen kam mein Vater zum Essen nach Hause, an anderen schickte ihm Frida sein Essen in einem Korb ins Atelier in San Angel.

Das Herrichten dieser Mittagsmahlzeit war ein Ritual für sich. Das blaue Eßgefäß aus Zinn hatte mehrere Einsätze, von denen jedes eines von *Dieguitos* (»kleiner Diego«) Lieblingsgerichten enthielt. Frida schickte ihm auch frischgebackene Tortillas mit und Brot, das noch ofenwarm war und duftete. Als letztes kamen die Früchte hinein, die sie mit frischgeschnittenen Blumen dekorierte. Wenn Eulalia wohlschmeckenden Pulque aus Ixtapalapa mitgebracht hatte, gab *La niña Fridita* (»kleine Frida«) ihm einen irdenen Krug voll davon mit. Zum Schluß deckte sie das Ganze mit weißen Servietten zu, die mit Blumen und phantasievollen Vögeln bestickt waren. Gelegentlich schrieb sie ihm auch eine liebevolle Mitteilung wie zum Beispiel »Felicidades mi amor« (Viel Glück, Liebster).

Wenn Frida sich langweilte oder einsam fühlte, brachte sie das Essen selbst hinüber. Im Atelier meines Vaters angekommen, deckte sie ein Tischchen in einer ruhigen Ecke. Dann aß sie zusammen mit dem Meister. Ich sah darin immer einen Beweis für die starke Zuneigung zwischen Diego und Frida.

Als um die Monatsmitte mein Geburtstag heranrückte, beschloß ich, zur Feier des Tages ein paar von meinen Studienkollegen zum Essen einzuladen – vor allem meinen Freund Luis Echeverría, der damals Chef der politischen Studentenbewegung war und später Präsident von Mexiko wurde. Ich war so verliebt in ihn, daß ich dachte, er müsse meinen Vater kennenlernen. Mit mädchenhafter Schüchternheit erzählte ich Frida von meinem Vorhaben, und sie unterstützte es nicht nur, sondern überzeugte auch Diego.

Zu acht saßen wir Studenten, Jungen und Mädchen, mit den beiden imposanten Gestalten Diego und Frida am Tisch. Meister Rivera saß wie immer zu Häupten des Tisches, während Frida zu seiner Rechten die Küchentür im Auge behielt. Sie orchestrierte das ganze Ereignis einfach dadurch, daß sie diese Tür beobachtete.

Chucho, der Diener, fungierte als Kellner. Gekleidet wie ein einfacher Bauernknecht, trug er die Speisen auf und räumte den Tisch ab. Jeder sah sofort, daß er diese Arbeit nicht gelernt hatte, und man mußte in Kauf nehmen, daß er die Suppenschüssel beinahe fallen ließ oder den einen oder anderen Teller zerbrach.

Das war der Tag, an dem mein Vater uns überzeugen wollte, daß es nutzlos sei, Jura zu studieren. Er wandte seine übliche Taktik an, die darin bestand, daß er seine Gegner provozierte: Künftig werde man keine Anwälte mehr brauchen, behauptete er, weil sich bis dahin alle Meinungsverschiedenheiten in einem Geist von Frieden und Harmonie aufgelöst haben würden.

Frida mußte über unsere entsetzten Gesichter lachen, vor allem über den jungen Echeverría, den sie besonders ins Herz geschlossen hatte. Irgendwie gelang es ihr aber, uns vor Diegos Angriffen zu beschützen; vielleicht erinnerte sie sich an ihre eigenen Studententage. Mein Freund

Seite 63: *Einige der Zutaten für gebratenes Huhn in Erdnuß-Mandel-Sauce (siehe Rezept auf Seite 73).*
Seite 64: *Guaven in Zimtsirup (siehe Rezept auf Seite 74) in einer handbemalten Töpferschale aus Tzintzuntzán.*

war ein sehr ernster junger Mann und hatte für Scherze nichts übrig. Darin glich er allen meinen Freunden, die gerade anfingen, sich als Studenten ernst zu nehmen, mit all der geistigen Überheblichkeit, die so etwas mit sich bringt. Sie fanden das Tischgespräch sehr befremdlich.

Jede einzelne Bemerkung meines Vaters schlug wie eine Bombe ein, und mit jeder machte ich mich ein bißchen kleiner auf meinem Stuhl. Zum Glück griff Frida ein, bevor sich die Gemüter zu sehr erhitzten – und ich womöglich meinen Freund verloren hätte wegen politischer Streitigkeiten, die mir ziemlich gleichgültig waren. Frida fing an, lustige Geschichten von ihren Abenteuern in der Studentenpolitik zu erzählen, von ihrem Widerstand gegen die Wandmaler an der Escuela Nacional Preparatoria und den Witzen, die sie über den damals gerade in die Heimat zurückgekehrten Maler Diego Rivera und seine Verlobte Lupe Marín gemacht hatte. Damals hatte sie sich noch nicht träumen lassen, daß sie drei Jahre später mit ihm zusammenleben und die Töchter von Diego und Lupe schließlich auch eine Rolle in ihrem Leben spielen würden.

Der Klatsch und die Witze, die Frida in ihre Geschichten verwob, bewirkten, daß sich die Gemüter beruhigten. Das Essen, das verhängnisvolle Folgen für mein Liebesleben hätte haben können, endete friedlich, und unsere Gastgeberin bat uns alle zu Kaffee und Kuchen in ihr Atelier.

Durch diesen Ortswechsel wurden wir aus der politischen Arena der Universität in die Welt von Fridas Phantasie versetzt, in der Leben und gewaltsamer Tod ein und dasselbe waren und seltsame, verwirrende Blumen und Früchte die Funktion von Sexualsymbolen annahmen.

Das Unbehagen, das wir angesichts ihrer Bilder empfanden, verstärkte sich noch, als sie uns die stärksten ihrer Gemälde zeigte. An diesen Bildern beunruhigte uns weniger die Sexualsymbolik als vielmehr der Ausdruck von Fridas abgrundtiefer Einsamkeit und der quälenden Schmerzen, die ihr eine erfüllte Liebesbeziehung unmöglich machten. Aber letzten Endes wurde meine Geburtstagsfeier dank der herrlichen, von der Dame des Hauses selbst zubereiteten Speisen – zumal denen nach alten Familienrezepten – doch noch ein Erfolg.

Frida kochte einen Eintopf aus Schweinefleisch, Leber und Nieren mit einer Sauce aus Pulque und *chiles serranos*. Meine Großmutter Isabel hatte das Gericht erfunden und es immer gekocht für die Feldarbeiter ihres Vaters in Zapotlán el Grande, im Staat Jalisco, dem Familiensitz der Preciado und Marín. Auch die anderen Rezepte für dieses Essen stammten aus dieser Gegend: *sopa de jocoque*, Makkaroni-Spinat-Gratin und gebratenes Huhn in Erdnuß-Mandel-Sauce. Zum Nachtisch gab es Zimt-Guaven und Quittenbrot mit Mandelplätzchen.

Folgende Seite: *Im Patio des Blauen Hauses steht ein Essenskorb, wie ihn Frida für Diego herrichtete, wenn dieser an Wandgemälden arbeitete.*
Seite 70–71: *Makkaroni-Spinat-Gratin (siehe Rezept auf Seite 72) und deftiger Fleischeintopf mit Pulque (siehe Rezept auf Seite 74).*

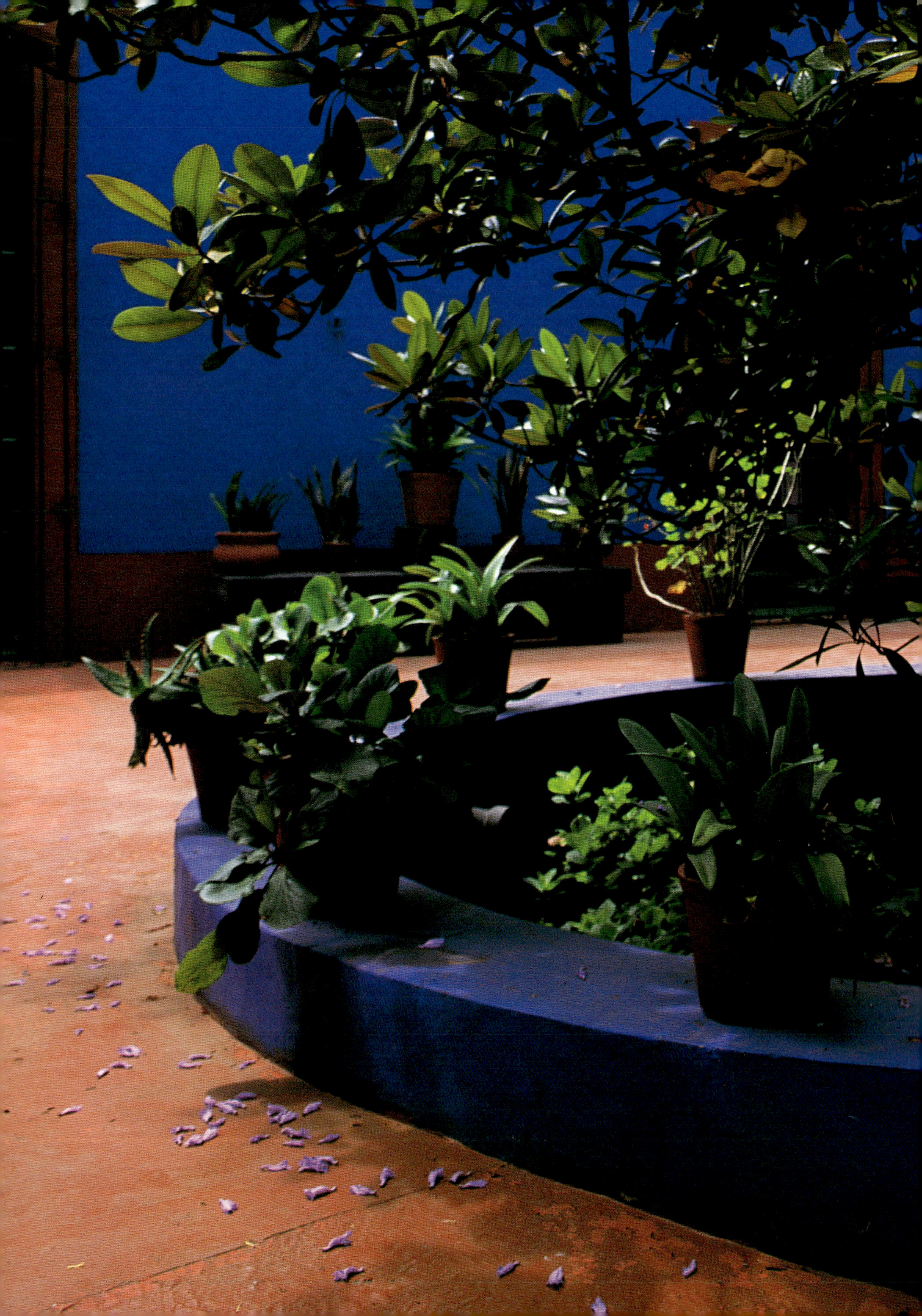

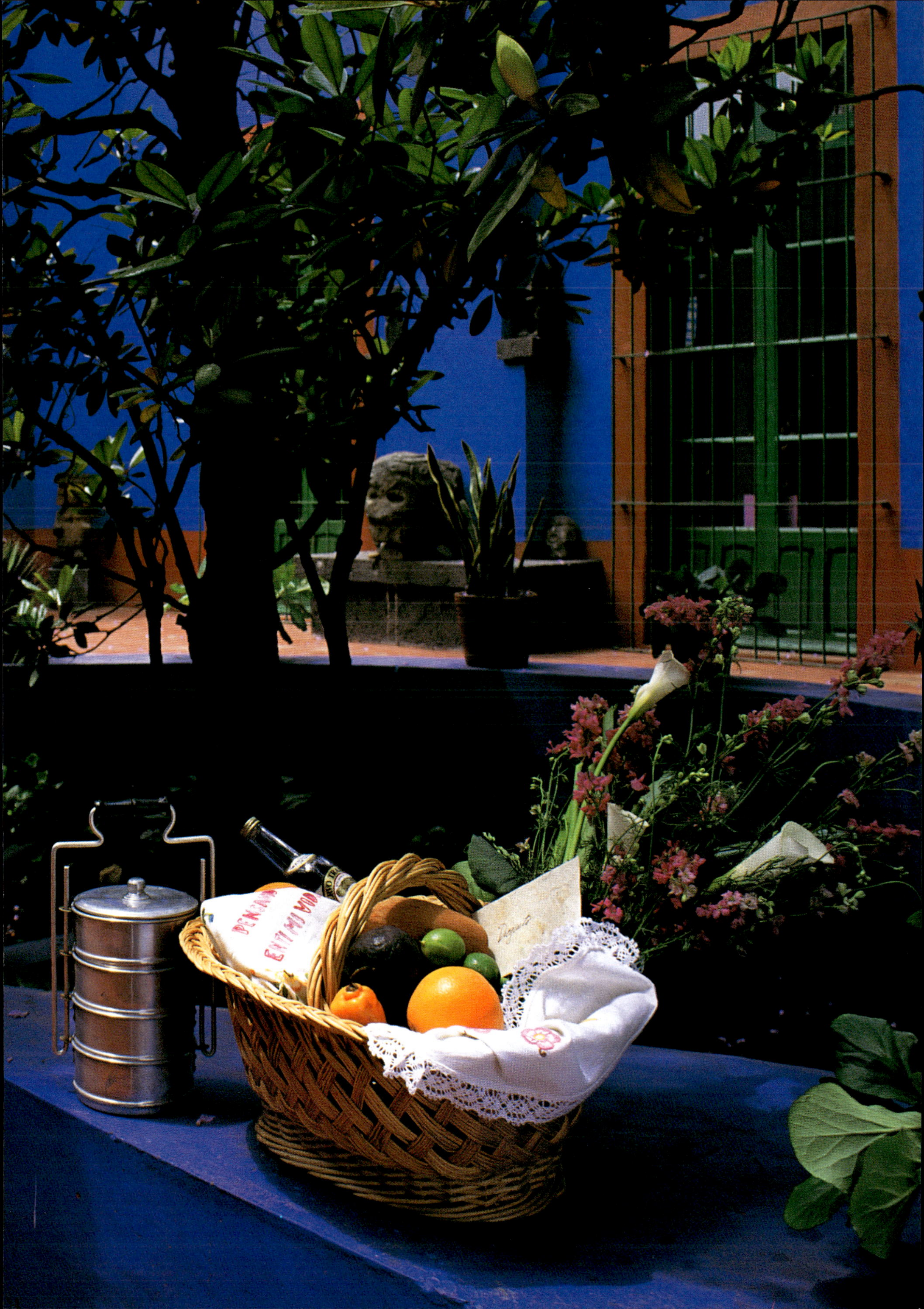

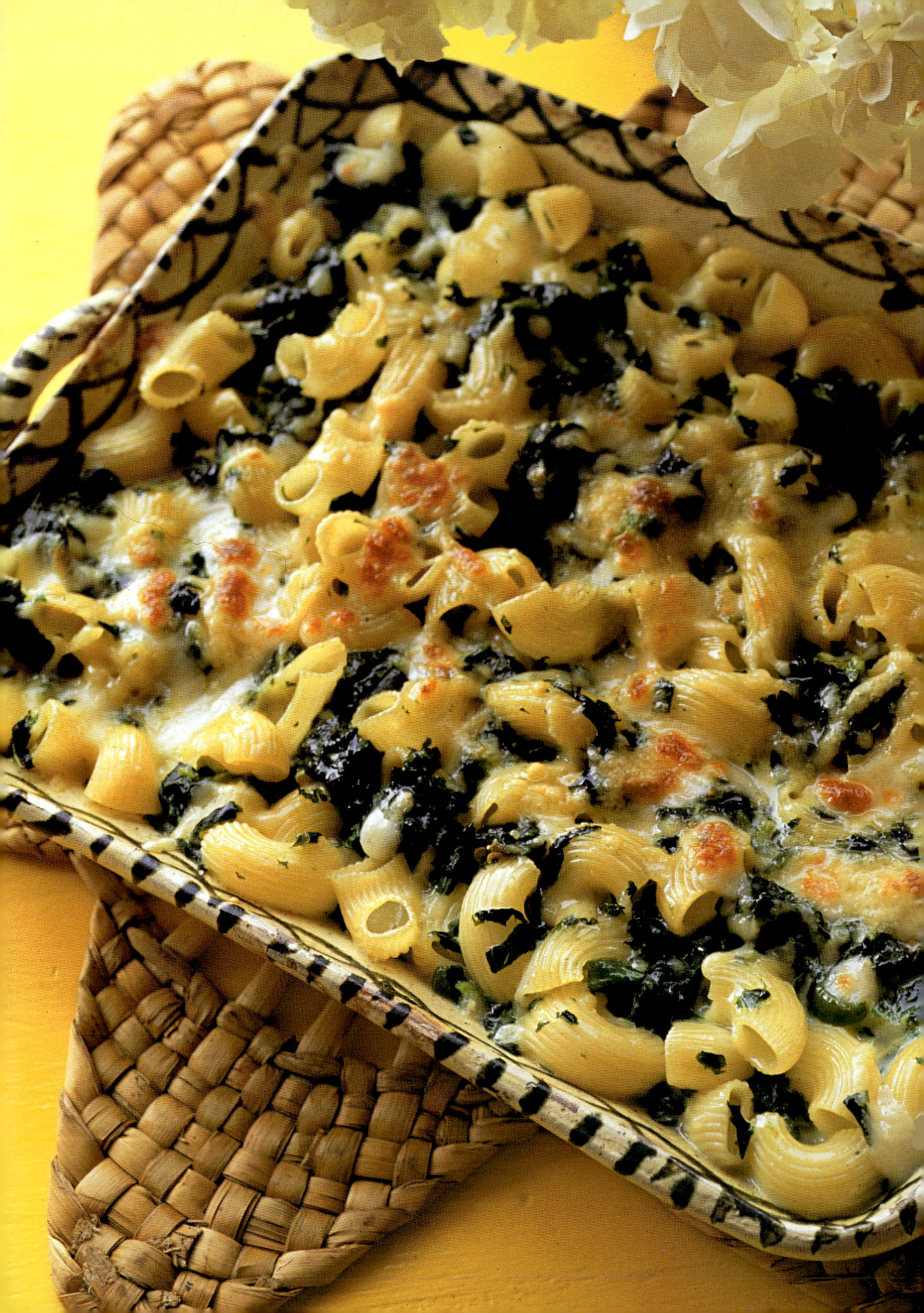

MENÜ

—ˬ—

GEMÜSESUPPE MIT EIERKUCHEN

MAKKARONI-SPINAT-GRATIN

GEBRATENES HUHN IN ERDNUSS-MANDEL-SAUCE

DEFTIGER FLEISCHEINTOPF MIT PULQUE

GUAVEN IN ZIMTSIRUP

QUITTENBROT

MANDELPLÄTZCHEN

Sopa de Jocoque
Gemüsesuppe mit Eierkuchen

EIERKUCHEN

2 Eiweiß
4 Eigelb
500 ml jocoque (siehe Glossar) oder saure Sahne
4 EL Mehl
2 EL Zucker
Salz
Butter zum Einfetten der Form

GEMÜSESUPPE

1 mittelgroße Zwiebel, in feine Scheiben geschnitten
250 g Karotten, geschält und in dünne Scheiben geschnitten
4 EL Olivenöl
250 g Zucchini, in dünne Scheiben geschnitten
2 große Tomaten, geröstet (siehe Glossar), enthäutet, püriert und durchpassiert
2 Stengel Petersilie
2 Stengel Oregano
2 l Hühnerbrühe

Eiweiß und Eigelb leicht miteinander verquirlen. *Jocoque* oder saure Sahne, Mehl, Zucker und Salz nach Geschmack einrühren. Die Mischung in eine rechteckige, mit Butter eingefettete Form füllen und diese in einen mit heißem Wasser gefüllten Bräter setzen. Im vorgeheizten Ofen bei 175 °C (Gasherd Stufe 2) etwa 20 Minuten backen. Der Eierkuchen ist fertig, wenn an einem Zahnstocher kein Teig haftenbleibt.

Für die Suppe die Zwiebelscheiben mit den Karotten in dem Olivenöl dünsten, bis die Zwiebeln glasig sind. Die Zucchini hinzufügen und 1 Minute unter Rühren mitdünsten. Das Tomatenpüree zugeben und das Ganze köcheln lassen, bis die Flüssigkeit reduziert ist. Die Petersilie, den Oregano und die Hühnerbrühe hinzufügen und die Suppe noch 5 Minuten köcheln lassen.

Den Eierkuchen in acht Vierecke schneiden und die Stücke in eine Suppenterrine oder in acht einzelne Suppenschalen geben. Mit der heißen Suppe beschöpfen.

Für 8 Personen

Macarrones con Espinacos
Makkaroni-Spinat-Gratin

1,5 kg frischer Spinat
3–4 chiles serranos (siehe Glossar), gehackt
Salz und frisch gemahlener Pfeffer
3 EL Butter
3 EL Mehl
500 ml heiße Milch
250 ml Sahne
1 kg Makkaroni
120 g queso añejo (siehe Glossar) oder Emmentaler, gerieben
Butter zum Einfetten der Form

Den Spinat gründlich waschen und die Stiele entfernen. Ohne Zugabe von Wasser in einen Topf geben. Die Chilischoten und etwas Salz hinzufügen und den Spinat dünsten, bis er zusammengefallen ist, dann grobhacken.

Die Butter zerlassen, das Mehl hineinrühren und kurz anschwitzen. Mit dem Schneebesen Milch und Sahne sowie Salz und Pfeffer nach Geschmack einrühren.

Die Sauce einige Minuten reduzieren, dann den grobgehackten Spinat hinzufügen.

Die Makkaroni in sprudelndem Salzwasser *al dente* kochen, abgießen und gründlich abtropfen lassen. Etwas Spinatsauce in einer mit Butter eingefetteten ofenfesten Form verteilen. Die Makkaroni mit der restlichen Sauce einfüllen. Mit geriebenem *queso añejo* oder Emmentaler bestreuen und etwa 20 Minuten im vorgeheizten Ofen bei 175 °C (Gasherd Stufe 2) backen, bis der Käse leicht gebräunt ist.

Für 8 Personen

Pollo Frito en Almendrado
Gebratenes Huhn in Erdnuß-Mandel-Sauce

2 Hühnchen, in Portionsstücke zerlegt
Salz und frisch gemahlener Pfeffer
Schweineschmalz oder Maiskeimöl
6 Eier, getrennt
250 g Kräcker, zerkrümelt
Zimtpulver

ERDNUSS-MANDEL-SAUCE

150 g Erdnußkerne, geröstet und enthäutet
150 g Mandeln, blanchiert und enthäutet
1 l Milch
1–2 EL Zucker

Die Hühnerteile nach Geschmack salzen und pfeffern. Reichlich Schmalz oder Öl (etwa 2,5 cm hoch) in einer schweren Pfanne erhitzen. Die Hühnerteile braten und dabei gelegentlich wenden, bis sie gar und goldgelb gebräunt sind. Auf Küchenpapier abtropfen lassen.

Die Eigelb zu dickem Schaum, die Eiweiß zu festem Schnee schlagen und beides vermischen. Die Hühnerteile in den Kräckerkrümeln wenden und anschließend durch die Eimischung ziehen. Kurz in dem Schmalz oder Öl braten und zum Abtropfen auf Küchenpapier geben.

Für die Sauce alle Zutaten im Mixer pürieren, das Püree durch ein Sieb streichen, salzen und in einer Pfanne erhitzen.

Die Hühnerteile in die leise köchelnde Sauce geben und einige Minuten ziehen lassen. Auf einer Servierplatte anrichten, mit Zimt bestäuben und servieren.

Für 8 Personen

Oben: *Diego Rivera und Frida Kahlo umarmen sich auf dem Gerüst vor einem Wandbild von Diego Rivera in Detroit.*

OKTOBER

Carne con Pulque
Deftiger Fleischeintopf mit Pulque

1 kg Schweinskarree ohne Knochen
750 g Schweinsleber
8 kleine Kalbsnieren
Salz
2 EL Schweineschmalz oder Maiskeimöl
2 Zwiebeln, gehackt
1,5 kg Tomaten, enthäutet, entkernt und gehackt
8 chiles serranos (siehe Glossar) gehackt
1 TL getrockneter Majoran
10 Pimentkörner
3 EL gehackte Petersilie
1 l Pulque (siehe Glossar) oder Bier
1 EL Zucker

Alle Fleischsorten in mittelgroße Stücke schneiden. Das Schweinskarree mit Wasser bedecken und etwa 45 Minuten kochen lassen, bis es gar ist. In einem zweiten Topf die Schweinsleber und die Kalbsnieren ebenfalls mit Wasser bedecken und einmal aufkochen lassen. Abgießen und zu dem Schweinskarree geben. Das Ganze nach Geschmack salzen und leise köchelnd etwa 20 Minuten garen, bis das Fleisch weich und zart ist.

Das Schmalz oder Öl erhitzen und die Zwiebeln darin dünsten, bis sie glasig sind. Tomaten, Chilischoten, Majoran, Piment, Petersilie, Pulque und Salz nach Geschmack hinzufügen. Die Sauce etwa 15 Minuten köcheln lassen. Das Fleisch an die Sauce geben, den Eintopf zuckern und noch etwa 10 Minuten garen, bis alle Aromen gut vermischt sind.

Für 12 Personen

Guayabas en Sancocho
Guaven in Zimtsirup

1 l Wasser
450 g piloncillo (siehe Glossar), zerbröselt, oder brauner Zucker
2 Zimtstangen
1,8 kg nicht zu reife Guaven, geschält, halbiert und entkernt

Oben: *Quittenbrot und Panela-Käse auf einem Holzbrett.*

Das Wasser mit dem Zucker und den Zimtstangen in einem großen Topf erhitzen und dabei rühren, bis der Zucker sich aufgelöst hat und der Sirup aufwallt.

Die Guaven hineinlegen und im leise sprudelnden Sirup etwa 20 Minuten ziehen lassen. Die Zimtstangen entfernen. Das Dessert kalt oder zimmerwarm servieren.

Für 8 Personen

DULCE DE MEMBRILLO
Quittenbrot

1 kg Quitten
500 ml Wasser
850 g Zucker

Die Quitten gründlich waschen und vierteln. In einem Topf mit Wasser bedecken und etwa 45 Minuten leise köcheln lassen, bis sie weich sind. Abtropfen lassen, schälen, die Kerngehäuse entfernen und das noch warme Fruchtfleisch im Mixer pürieren.

Das Wasser mit dem Zucker in einen hohen Topf geben und unter ständigem Rühren mit dem Kochlöffel erhitzen, bis sich der Zucker auflöst. Den Sirup weiter kochen lassen, bis sich aus einer kleinen Menge, in Eiswasser getaucht, zwischen Daumen und Zeigefinger eine weiche Kugel bilden läßt (115 °C auf dem Zuckerthermometer). Das Quittenpüree hinzufügen und die Mischung kochen lassen, dabei ständig rühren, bis sich die Masse vom Topfrand löst.

In Formen gießen und etwa 4 Tage stehenlassen. Die Paste aus den Formen lösen und, wenn möglich, in die Sonne stellen, bis sie richtig durchgetrocknet ist und eine ledrige Konsistenz hat.

<u>Anmerkung:</u> Quittenbrot mit *panela*, einem mexikanischen weißen Frischkäse, ist ein beliebtes Dessert. Gut paßt auch kalifornischer Monterey Jack oder Frischkäse.

Für 8 Personen

MILITARES DE PARÍS
Mandelplätzchen

300 g Mehl
300 g Maismehl
400 g Zucker
200 g Mandeln, blanchiert, enthäutet, geröstet und gemahlen
400 g Butter, zimmerwarm
6 Eigelb
50 ganze Mandeln, blanchiert und enthäutet oder Rosinen

BAISER-MASSE

4 Eiweiß
60 g Puderzucker, gesiebt

Die beiden Mehlsorten auf die Arbeitsfläche oder in eine Schüssel sieben. In der Mitte eine Mulde formen und den Zucker, die gemahlenen Mandeln, die Butter und die Eigelb hineingeben. Die Zutaten miteinander vermengen und kneten, bis ein glatter Teig entstanden ist. Kleine Kugeln formen und auf ein mit Butter eingefettetes Backblech setzen. Die Plätzchen im vorgeheizten Ofen bei 175 °C (Gasherd Stufe 2) 15–20 Minuten backen, bis sie zart gebräunt sind. Erkalten lassen.

Die Eiweiß zu festem Schnee schlagen und nach und nach den Puderzucker unterziehen. Auf jedes Plätzchen einen Klecks Baiser-Masse setzen und eine Mandel oder eine Rosine hineindrücken. Die Mandelplätzchen bei 80 °C (Gasherd niedrigste Stufe bei leicht geöffneter Backofentür) etwa 2 Stunden eher trocknen als backen.

Für 8 Personen

NOVEMBER
Der Tag der Toten

Frida in Tehuana dress.

Am letzten Tag im Oktober herrschte im Blauen Haus rege Betriebsamkeit. Am Vorabend hatte Inés der Schreiner letzte Hand an den Tisch gelegt, auf dem wir unsere Gaben für die Toten der Familie aufbauen wollten, unter ihnen Fridas Mutter, Doña Matilde. Es handelte sich dabei um einen der ältesten, am tiefsten verwurzelten Bräuche des mexikanischen Volkes.

Da Doña Matilde in Oaxaca geboren war, bat Frida den Schreiner, den Tisch im Stil dieses schönen südlichen Staates zu bauen, und Inés hielt sich bis ins Detail an die

Anweisungen. Das Fest umfaßte zwei aufeinanderfolgende Tage: den 1. November, an dem die toten Kinder der Familie geehrt wurden, und den 2. November, den Tag der Toten, auch Tag der Teuren Dahingeschiedenen genannt.

Inés hatte in der Nacht des 31. Oktober im Garten der Familie *cempasúchil*-Blüten (Studentenblume) geschnitten. Einige davon verstreute er über den Tisch, damit »die kleinen Engel bei ihrer Rückkehr von der leuchtenden, glänzenden Farbe dieser Blume begrüßt werden, der Farbe der Sonne«. Aus anderen Blüten flocht er Girlanden, die er dann auf drei hölzerne, bereits mit goldenen Blüten geschmückte Truhen legte.

»Fridu«, wie ich sie gern nannte, hatte auf dem Markt von Coyoacán bereits alles Nötige eingekauft: Früchte für den Punsch, *chiles* und andere Zutaten für die *moles*. Sie kaufte auch *tamales* und andere Gerichte, die ihre Mutter geliebt hatte, weil nach dem Volksglauben die Toten der Familie, unter ihnen Doña Matilde, am 2. November zurückkehren würden, um sich an ihren Leibspeisen gütlich zu tun, die man deshalb zubereiten und appetitlich anrichten mußte.

Am Nachmittag fuhren Frida und ich in das alte Viertel Merced in der Innenstadt, um ihre Freundin Carmen Caballero Sevilla abzuholen, eine für ihre Pappmaché-Arbeiten berühmte Künstlerin. Ihre *calaveras* (Zucker-Totenschädel) und tanzenden Skelette wurden von Kennern dieses volkstümlichen Genres als echte Kunstwerke geschätzt.

Frida dekorierte den Opfertisch mit den kleinsten der tanzenden Skelette und mit Zuckerfigürchen von Lämmern, Hühnern, Stieren und Enten sowie mit *calaveras*. Diejenigen, die Carmen Caballero Sevilla angefertigt hatte, zierten die Wände des Eßzimmers und von Fridas Atelier. Das Haus verwandelte sich in einen Ort, an dem der Tod Gegenstand von Verwunderung und Respekt war.

Am ersten Tag des Festes stellte Eulalia Kindernahrung auf den Tisch – Tassen mit *atole*, Teller mit Bohnen und anderen mild gewürzten Speisen, Obst und Süßigkeiten. Frida sorgte für die Nachspeisen: Bonbons aus Zuckerpaste, Kürbis mit traditionellem braunem Zuckersirup und Zucker-Totenschädel mit den Namen der verstorbenen Familienmitglieder in Zuckerschrift.

Jahr für Jahr produzierten die Konditoreien Zucker-Totenschädel in allen Größen, von wahrhaft erschreckenden Exemplaren in natürlicher Größe bis hin zu winzigen Stücken, die ein Kind auf einmal in den Mund stecken konnte. Frida kaufte vier der größten und ließ die Namen Matilde und Guillermo (ihre Eltern) sowie Diego und Frida darauf schreiben. Die Namen der erwachsenen Mitglieder von Fridas Familie wurden auf mittelgroße Schädel geschrieben, während die kleinsten die Na-

Seite 77: *Eine mit Frida Kahlos Namen verzierte Calavera.*
Seite 78: *Teil eines Totengedenktags-Opfers für Frida.*

men von Isolda und Toñito (den Kindern ihrer Schwester Cristina) sowie Ruth und Lupe trugen – also die der vier Jüngsten im Haus. Riesige Kürbisse wurden mit kleinen Silber- und Goldfahnen verziert, und in der Mitte des Tisches stand eine Oaxaca-Schale, auf der sich die Lieblingsfrüchte und -nüsse von Fridas Mutter stapelten: Zuckerrohr, Limonen, Mandarinorangen, Erdnüsse und *jícamas*. Auch diese wurden mit bunten Fähnchen geschmückt. Schließlich verteilte Frida noch Figürchen aus Zuckerpaste auf dem Tisch und stellte Kerzen an die vier Ecken eines aus Papierblumen gebildeten kleinen Grabes.

Am folgenden Tag, dem 2. November, wurde der Altar den Teuren Dahingeschiedenen geweiht, mit besonderer Beachtung von Doña Matilde. Am Morgen legte Frida ein Bild ihrer Mutter auf das kleine Grab. Das war ihre Rolle bei dem Ritual. Inés und Eulalia hatten die Aufgabe, die Opfergaben für die Kinder durch Nahrungsmittel und Süßigkeiten für Erwachsene zu ersetzen.

Den ganzen Tag über wurden traditionelle Speisen gereicht. Zum Frühstück gab es *atole* und Schokolade, Allerheiligen-Brot, Kekse in der Form kleiner Knochen, Bohnen, Tortillas und *chile-pasilla*-Sauce, dazu die braunen Mais-*tlacoyos* (rautenförmige, dicke Tortillas), die Matilde Kahlo besonders geschätzt hatte. Das Mittagessen bestand aus gelben und roten *moles*, Huhn in pikanter Sesam-Mandel-Sauce, Kürbis in Sirup, *tamales* in Bananenblättern, Erdbeer-*atole* und gemischten tropischen Früchten in Sirup.

Zu der Zeit unterrichtete Frida Malerei an der öffentlichen Kunstschule La Esmeralda, die der Förderung der mexikanischen Tradition der Wandmalerei gewidmet war. Ein paar von Fridas Studenten bemalten die Mauern einer kleinen *pulquería* (Schenke, in der Pulque serviert wird) an der Ecke Jardín Centenario und Londres-Straße in Coyoacán. »*La Rosita*«, die Besitzerin der *pulquería*, hatte sich damit einverstanden erklärt, daß Fridas Studenten Estrada, Bustos und Fanny Rabel ihre Mauern als Übungsflächen verwendeten.

Die Studenten statteten Frida am 3. November einen Besuch ab. Sie war stolz auf die Opfergaben, führte die Studenten an den Tisch und forderte sie auf, von dem zu essen, was noch übrig war, nachdem die Verstorbenen davon gekostet hatten. Es gehörte zum Brauchtum, daß die Lebenden alles aufaßen und sogar noch die Teller abwischten.

Obwohl es sonst nicht üblich war, durfte an diesem Tag der Toten Alkohol getrunken werden. Fridas Studenten steuerten köstlichen frischen Pulque bei, den ihnen die Besitzerin der *pulquería* für ihre berühmte Lehrerin mitgegeben hatte. Frida bot ihren Gästen auch Whisky und Brandy an, was sie sich in New York und Paris angewöhnt hatte. Aber wenn mein Vater heimkam, trank sie Tequila.

Folgende Seite: *Für den Tag der Toten wurde in einer Ecke von Diego Riveras Ateliermuseum eine Opfergabe für Frida Kahlo aufgebaut.*

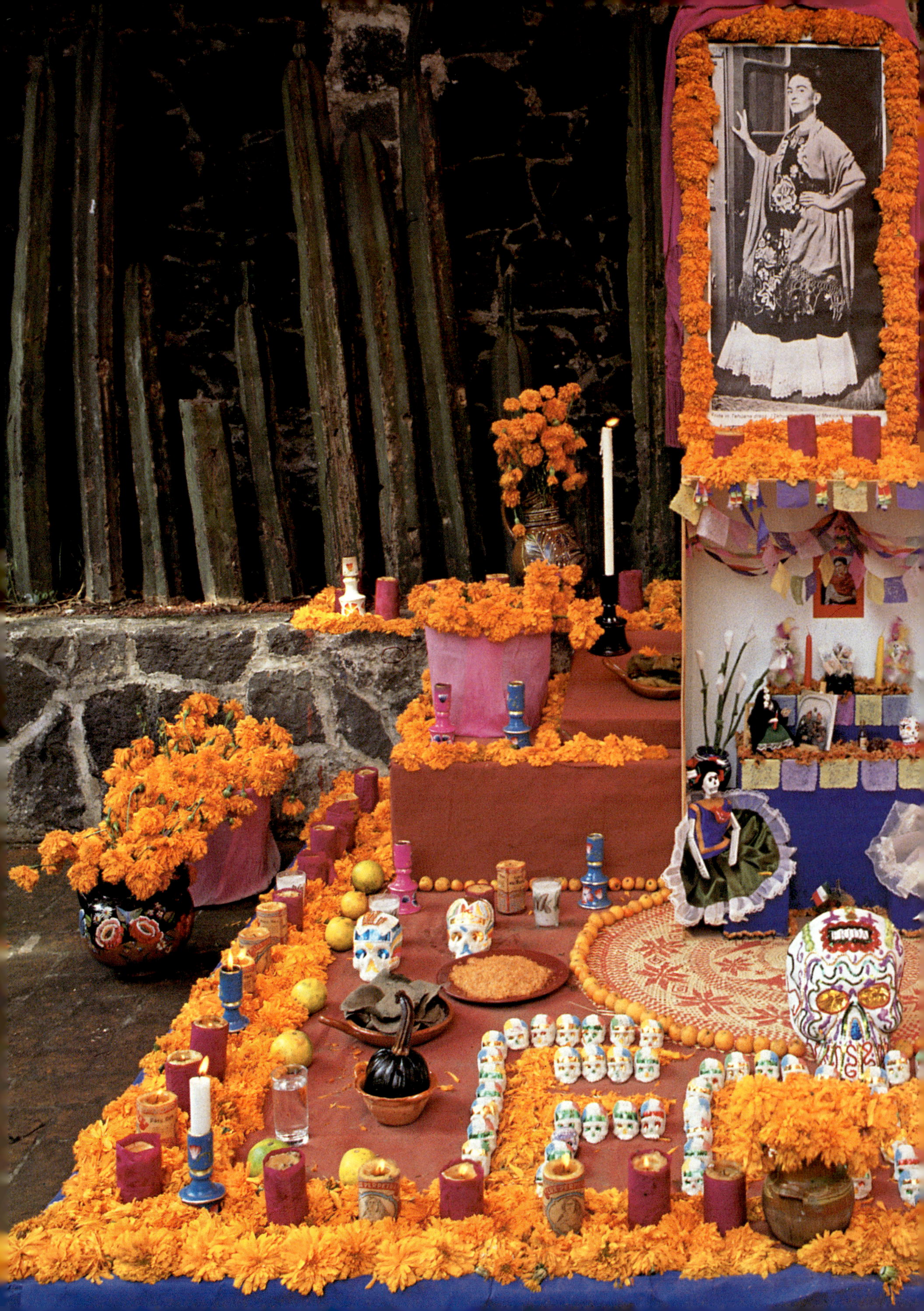

MENÜ

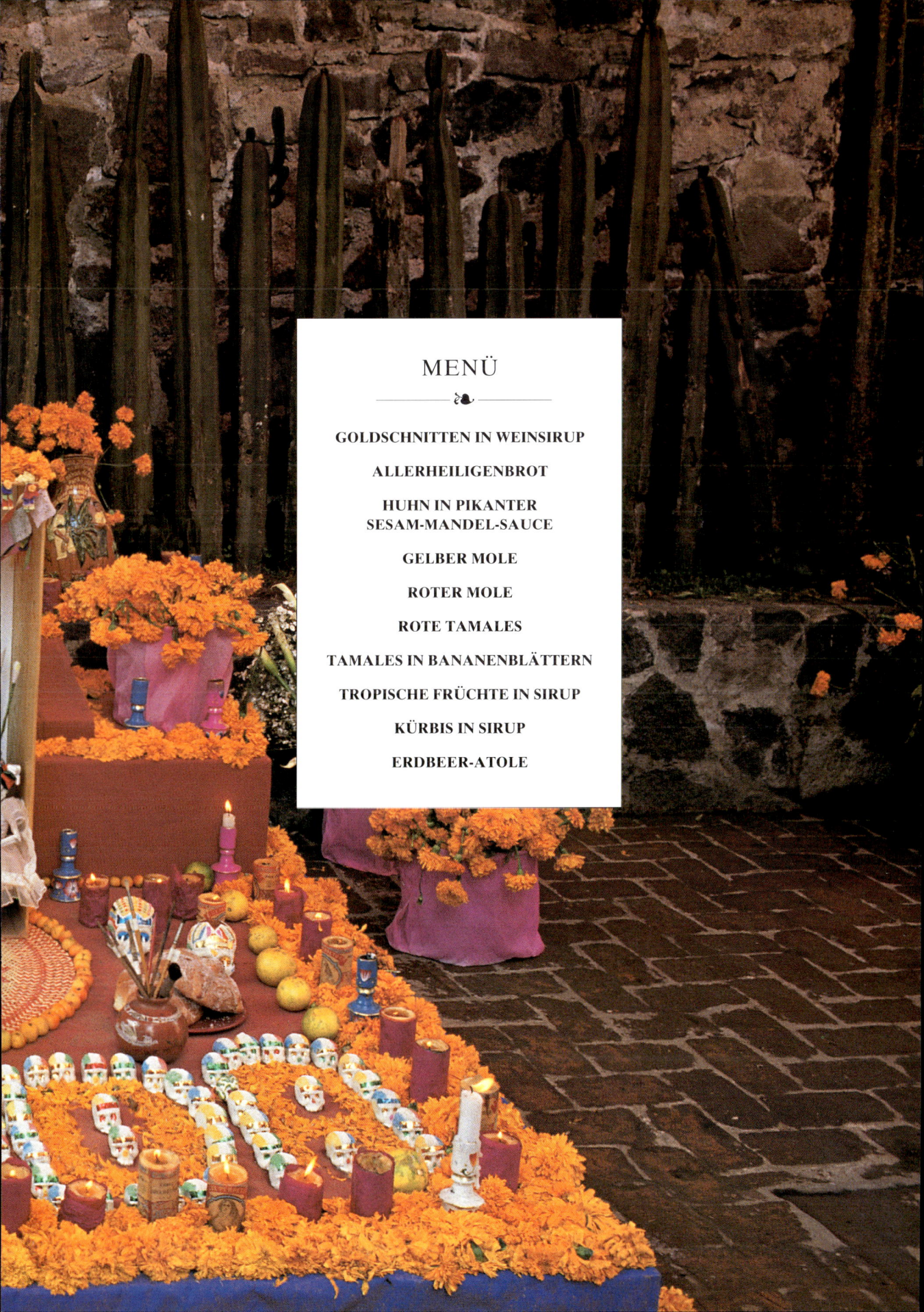

❧

GOLDSCHNITTEN IN WEINSIRUP

ALLERHEILIGENBROT

**HUHN IN PIKANTER
SESAM-MANDEL-SAUCE**

GELBER MOLE

ROTER MOLE

ROTE TAMALES

TAMALES IN BANANENBLÄTTERN

TROPISCHE FRÜCHTE IN SIRUP

KÜRBIS IN SIRUP

ERDBEER-ATOLE

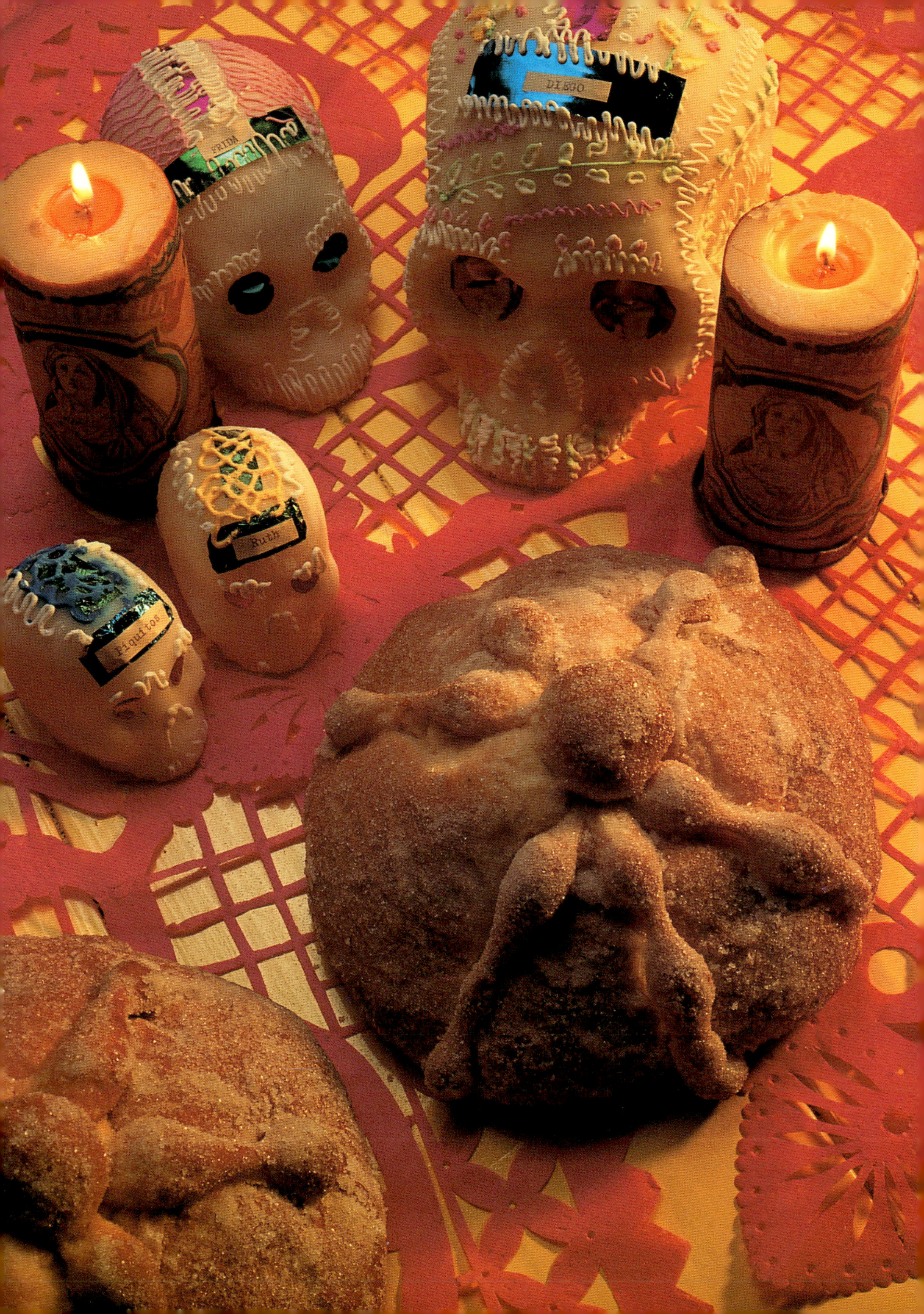
DIEGO
FRIDA
Ruth
Piquitos

TORREJAS
Goldschnitten in Weinsirup

1 Laib Weißbrot, möglichst vom Vortag
500 ml warme Milch
3 EL Zucker
3 Eier
Öl

SIRUP
500 ml Wasser
100 g Zucker
1 Zimtstange
1 Sternanisfrucht
250 ml Weißwein

Das Brot in knapp 2 cm dicke Scheiben schneiden und in eine tiefe Schüssel geben. Die Milch mit dem Zucker süßen, das Brot damit übergießen und 20 Minuten ziehen lassen.

Inzwischen für den Sirup das Wasser mit dem Zucker, dem Zimt und dem Sternanis etwa 8 Minuten kochen. Den Wein hinzufügen und den Sirup weitere 5 Minuten kochen lassen. Vom Herd nehmen und leicht abkühlen lassen.

Die Eier wie für die Zubereitung eines Omelettes leicht verquirlen. Die Brotscheiben mit einem Schaumlöffel einzeln aus der Milch nehmen, in die Eier tauchen und in heißem Öl braten, bis sie eine goldgelbe Farbe angenommen haben. Zum Aufsaugen von überschüssigem Fett auf Küchenpapier geben.

Die gebratenen Brotscheiben auf einer großen Servierplatte anrichten und mit dem heißen Sirup überziehen.

Anmerkung: Anstelle von Weißbrot kann man für dieses Rezept auch Allerheiligenbrot (Rezept rechts) verwenden. Dafür wird der Teig nicht zu Kugeln geformt, sondern in Kastenformen gebacken (die Formen nur zu zwei Dritteln Höhe füllen). Den Teig $1^{1}/_{2}$ Stunden gehen lassen und dann etwa 40 Minuten backen, bis es hohl klingt, wenn man von unten gegen das Brot klopft.

Für 8 Personen

PAN DE MUERTO O DE HUEVO
Allerheiligenbrot oder Eierbrot

1 kg Mehl, gesiebt
400 g Zucker sowie weiterer Zucker zum Bestreuen
250 g sowie 2 EL Butter
2 Tütchen Trockenhefe, in 5 EL warmer Milch aufgelöst
12 kleine Eier
1 EL Schweineschmalz
2 TL Zimtpulver
2 TL Vanille-Extrakt
125 ml Milch

Das Mehl in eine Schüssel häufen und in die Mitte eine Mulde drücken. Zucker, 250 g Butter, Hefe, Eier, Schmalz, Zimt, Vanille-Extrakt und Milch hineingeben. Alles gründlich verkneten, bis der Teig sich vom Schüsselrand löst. Falls nötig, weiteres Mehl einarbeiten. Den Teig zu einer Kugel formen, einfetten, leicht einmehlen und in eine eingefettete Schüssel geben. An einem warmen Ort auf das doppelte Volumen aufgehen lassen; dies dauert etwa $2^{1}/_{2}$ Stunden. Mit einem Tuch abgedeckt über Nacht in den Kühlschrank stellen.

Aus dem Teig pfirsichgroße Kugeln formen und diese oben mit Teigstreifen verzieren – sie sollen Knochen darstellen. Die Kugeln auf eingefettete Backbleche setzen und erneut etwa $1^{1}/_{2}$ Stunden gehen lassen – das Volumen muß sich wieder verdoppeln.

Die Kugeln mit Zucker bestreuen und im vorgeheizten Ofen bei 175 °C (Gasherd Stufe 2) etwa $^{1}/_{2}$ Stunde backen, bis es hohl klingt, wenn man von unten dagegen klopft.

Ergibt 30 Gebäckstücke

Linke Seite: Allerheiligenbrot und Calaveras, Totenköpfe aus Zucker, für den Tag der Toten.

Pipián Blanco
Huhn in pikanter Sesam-Mandel-Sauce

2 Hühnchen, in Stücke zerlegt
1,5 l Wasser
2 Karotten, längs halbiert
1 Zwiebel, geviertelt
2 Knoblauchzehen
1 Lorbeerblatt
1 Stange Bleichsellerie
2 Stengel Petersilie
4 TL Salz
4 schwarze Pfefferkörner

SESAM-MANDEL-SAUCE

150 g Sesamsamen
150 g Mandeln, blanchiert und enthäutet
1 EL Maiskeimöl oder Schweineschmalz
2 TL gekörnte Hühnerbrühe (Fertigprodukt)
6 chiles güeros (siehe Glossar) oder türkische längliche Paprikaschoten
150 g Oliven
2 TL Kapern

Die Hühnerteile mit dem Wasser, den Gemüsen und den Gewürzen in einen Topf geben und kochen, bis sie gar sind. Abgießen, die Brühe auffangen und durchseihen. Das Hühnerfleisch enthäuten und die Knochen entfernen. Die Hühnerbrühe beiseite stellen.

Für die Sauce die Sesamsamen in einer Pfanne unter ständigem Rühren leicht anrösten. Mit den Mandeln und 500 ml Hühnerbrühe im Mixer pürieren. Das Öl oder Schmalz erhitzen, den Mixerinhalt hinzufügen und in 5–8 Minuten reduzieren. Weitere 500–700 ml Hühnerbrühe sowie die 2 Teelöffel Instant-Brühe dazugeben und das Ganze noch 5 Minuten leise köcheln lassen. Die Chilischoten, die Oliven, die Kapern und das Hühnerfleisch in die Sauce geben. Das Ganze noch 10 Minuten bei geringer Hitze durchwärmen und servieren.

Für 4 Personen

Mole Amarillito de Oaxaca
Gelber Mole aus Oaxaca

1 kg Schweinefleisch ohne Knochen
1 kg Schweineknochen
1,5 l Wasser
1 Karotte, längs halbiert
2 Zwiebeln, halbiert
3 Knoblauchzehen
4 TL Salz
4 schwarze Pfefferkörner

SAUCE

18 chiles guajillos (siehe Glossar)
125 ml Wasser
1 kg tomatillos (siehe Glossar), enthäutet
3 grüne Tomaten, gehackt
2 Knoblauchzehen, geschält
1 Zwiebel, gehackt
3 EL Schweineschmalz oder Maiskeimöl
5 hierba-santa-Blätter (siehe Glossar) oder Fenchelkraut nach Geschmack
1 Avocadoblatt
Salz
500 g grüne Bohnen, geputzt
6 Zucchini, in Streifen geschnitten

KLÖSSCHEN

125 g Schweineschmalz
250 g masa harina (siehe Glossar)
Salz

Das Schweinefleisch, die Knochen, die Gemüse und die Gewürze mit dem Wasser in einen Topf geben und etwa 1 Stunde kochen, bis das Fleisch zart ist. Abgießen, die Brühe auffangen und durchseihen, das Fleisch in Scheiben schneiden.

Für die Sauce die Chilischoten in einer Eisenpfanne rösten (siehe Glossar), Samen und Scheidewände entfernen. Die Schoten etwa 3 Minuten in dem Wasser kochen und anschließend 10 Minuten ziehen lassen. Abgießen und mit den *tomatillos*, den grünen Tomaten, dem Knoblauch, der Zwiebel und

375 ml der Fleischbrühe im Mixer pürieren. Das Schmalz oder Öl in einem Topf stark erhitzen. Das Püree, die *hierba santa*-Blätter, das Avocadoblatt und Salz nach Geschmack hinzufügen. Das Ganze 20 Minuten bei niedriger Temperatur köcheln lassen und bei Bedarf weitere Brühe angießen.

Inzwischen für die Klößchen das Schmalz mit der *masa harina* und Salz nach Geschmack gründlich mit einem Holzlöffel vermengen. Aus der Masse kleine Bällchen formen und mit dem Finger in die Mitte jeweils ein Loch drücken.

Nach Ablauf der 20 Minuten die grünen Bohnen, die Zucchini und die Klößchen in die Sauce geben. Weitere 20 Minuten köcheln lassen, bis die Gemüse gar sind.

Für 8 Personen

MOLE COLORADITO
Roter Mole

1,5 kg Schweinskarree
1 Zwiebel, geviertelt
1 Knoblauchknolle
1 Lorbeerblatt
Salz

SAUCE

8 chiles anchos (siehe Glossar)
8 chiles guajillos (siehe Glossar)
3 Tomaten, geröstet (siehe Glossar) und enthäutet
8 Pimentkörner
3 Gewürznelken
1 Zimtstange
100 g Sesamsamen, geröstet
1 reife Kochbanane, geschält und in Stücke geschnitten
1 mittelgroße Zwiebel, gehackt
3 EL Schweineschmalz
Salz
3 hierba santa-Blätter, gehackt
8 mittelgroße Kartoffeln, geschält und gewürfelt

KLÖSSCHEN

250 g masa harina (siehe Glossar)
125 g Schweineschmalz
Salz

Das Fleisch mit der Zwiebel, dem Knoblauch, dem Lorbeerblatt und Salz nach Geschmack in einen Topf geben. Alles mit Wasser bedecken und etwa 1 Stunde kochen, bis das Fleisch gar ist. Das Fleisch herausnehmen, etwas abkühlen lassen und in Scheiben schneiden. Die Brühe durchseihen und beiseite stellen.

Die Chilischoten einige Sekunden in einer schweren Eisenpfanne rösten (siehe Glossar), die Samen entfernen und die Schoten 20 Minuten in sehr heißem Wasser einweichen. Mit dem Einweichwasser pürieren und durch ein Sieb streichen. Die Tomaten mit den Pimentkörnern, den Gewürznelken, der Zimtstange, zwei Dritteln der Sesamsamen und der Kochbanane ebenfalls im Mixer pürieren und anschließend durchpassieren.

Die Zwiebeln in heißem Schmalz unter Rühren glasig werden lassen. Das Tomatenpüree hinzufügen und 5 Minuten kochen. Die pürierten Chillies und Salz nach Geschmack dazugeben und die Mischung weitere 5 Minuten kochen. Die *hierba santa*-Blätter, die Kartoffelwürfel und so viel Brühe hinzufügen, daß sich eine Sauce von nicht zu flüssiger, aber auch nicht zu sämiger Konsistenz ergibt. Alles etwa 20 Minuten köcheln lassen, bis die Kartoffeln gar sind.

In der Zwischenzeit die *masa harina* mit dem Schmalz und Salz nach Geschmack gründlich vermengen. Kleine Bällchen formen und mit dem Finger in die Mitte jeweils ein Loch drücken.

Die Fleischscheiben und die Klößchen in die Sauce geben, vorsichtig umrühren und alles noch 10 Minuten köcheln lassen. Die restlichen Sesamsamen darüberstreuen und das Gericht servieren.

Für 8 Personen

Folgende Seite: *Roter Mole und Huhn in pikanter Sesam-Mandel-Sauce (Rezept linke Seite).*

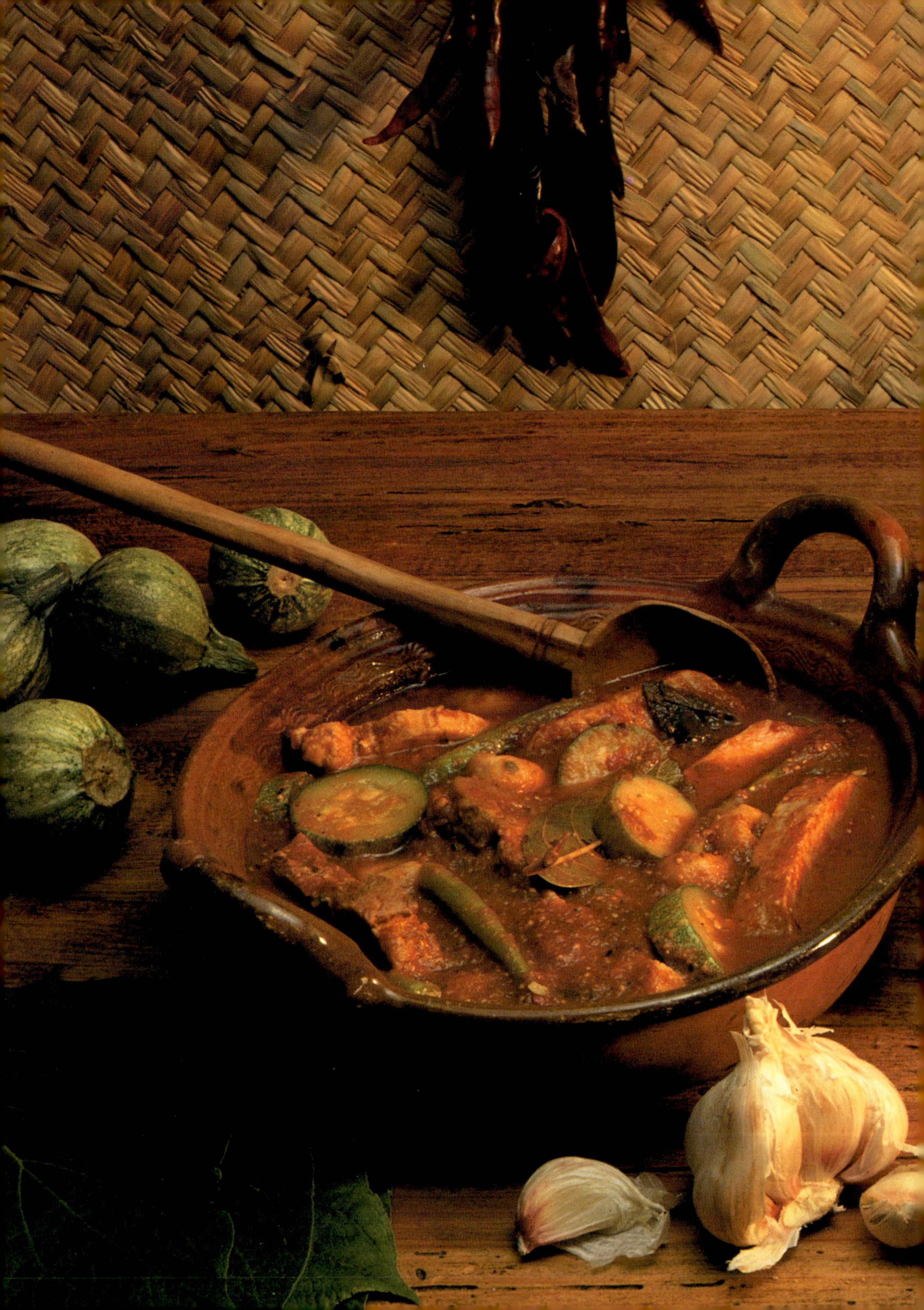

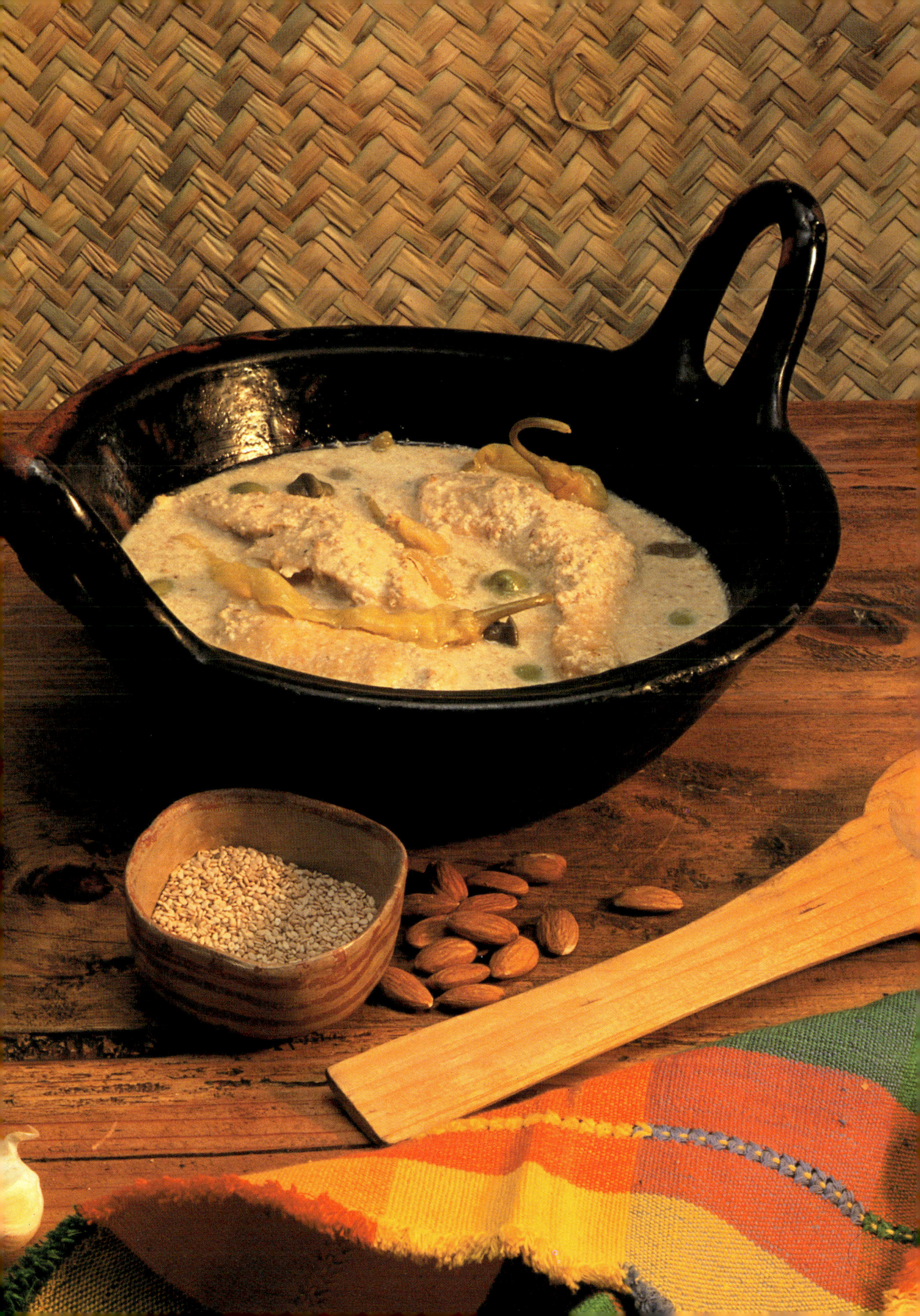

Tamales Rojos
Rote Tamales

FÜLLUNG

500 g Schweinefleisch ohne Knochen, in Stücke geschnitten
4 Knoblauchzehen
1 Zwiebel
60 g chiles anchos, die Samen entfernt
500 ml heißes Wasser
1 EL Schweineschmalz
Salz

MASA

1 kg masa harina (siehe Glossar)
200 g Schweineschmalz
2 TL Backpulver
1 EL Salz
40 getrocknete Maishüllblätter (siehe Glossar), in kaltem Wasser eingeweicht und abgetropft

Das Fleisch in einem Topf mit Wasser bedecken, 2 Knoblauchzehen und die Zwiebel hinzufügen, einen Deckel auflegen und das Fleisch etwa 45 Minuten kochen, bis es zart ist. Abgießen und die Brühe auffangen. Das Fleisch in dünne Streifen schneiden und beiseite stellen.

Die Chilischoten 10 Minuten in 500 ml heißem Wasser ziehen lassen und anschließend mit den restlichen 2 Knoblauchzehen im Mixer pürieren. Das Püree 3 Minuten in heißem Schmalz unter Rühren erhitzen. Das Fleisch hinzufügen, nach Geschmack salzen und das Ganze weitere 3 Minuten kochen, bis die Sauce eingedickt ist.

Die *masa harina* mit 250 ml der Fleischbrühe in einer Schüssel gründlich verrühren und 10 Minuten stehenlassen. In einer zweiten Schüssel das Schmalz schaumig schlagen und dann zusammen mit dem Backpulver und dem Salz an die *masa harina* geben. Alles gründlich vermengen. Auf jedes Maishüllblatt 1 Eßlöffel der Mischung und darauf etwas von der Fleischfüllung geben. Die Blattränder zur Mitte hin umschlagen – die Füllung soll abgedeckt sein. Nun die Enden so darüberfalten, daß kompakte Päckchen – die *tamales* (siehe Abbildung S. 128) – entstehen.

In einen großen Dämpftopf Wasser füllen – in Mexiko verwendet man hierfür eine *tamalera*. Den Dämpfeinsatz mit Maishüllblättern auslegen. Die *tamales* am Rand entlang aufrecht hineinsetzen und zugedeckt 1 Stunde dämpfen, bis sie durch und durch gar sind. Zur Probe ein *tamal* öffnen: Die Füllung muß sich leicht von der Hülle lösen.

Für 8–10 Personen

Tamales en Hoja de Plátano
Tamales in Bananenblättern

FÜLLUNG

500 g Schweinefleisch oder Hühnerfleisch ohne Knochen
2 Zwiebeln
2 Knoblauchzehen
Salz
1 EL Maiskeimöl oder Schmalz
1 kg Tomaten, püriert und abgetropft
3 EL gehacktes Koriandergrün

TAMALES

500 g masa harina (siehe Glossar)
125 g Schmalz
Salz
3 große Bananenblätter

Das Fleisch mit 1 halbierten Zwiebel, 1 Knoblauchzehe und Salz nach Geschmack in Wasser sanft garen, bis es ganz zart ist. Aus dem Topf nehmen, abkühlen lassen und mit zwei Gabeln zerpflücken.

Das Öl oder Schmalz in einem großen Topf erhitzen. Je 1 Zwiebel und Knoblauchzehe feinhacken und in dem Fett glasig schwitzen. Das Fleisch hinzufügen und 2 Minuten unter Rühren braten. Das Tomatenpüree und das Koriandergrün dazugeben und das Ganze mit Salz abschmecken. Etwa 10 Minuten köcheln lassen, bis das Tomatenpüree merklich eingedickt ist.

Für die *tamales* die *masa harina* mit dem Schmalz – 2 Eßlöffel für später reservieren – und Salz nach Geschmack etwa 5 Minuten energisch verrühren, bis eine schaumige Creme entsteht.

Die Bananenblätter einige Sekunden über eine offene Flamme halten, bis sie weich und biegsam werden. Ein großes Blatt in 15 cm große Quadrate schneiden und diese außen mit den 2 Eßlöffeln Schmalz bestreichen. Auf jedes Stück eine Portion *masa* und darauf 1½ Eßlöffel der Fleischfüllung geben. Jeweils die beiden gegenüberliegenden Blattränder über die Füllung klappen, so daß die Füllung schließlich fest eingeschlossen ist und rechteckige Päckchen entstehen. Nach Belieben jedes *tamal* mit einem schmalen Blattstreifen zusammenbinden.

Eine *tamalera* oder einen großen Dämpftopf mit Blättern auslegen und diese mit Wasser bedecken. Die *tamales* in den Einsatz geben und zugedeckt etwa 1 Stunde dämpfen.

Für 8 Personen

Oben: *Tamales in Bananenblättern.*

Dulce de Tejocote, Caña, Guayaba y Naranja
Tropische Früchte in Sirup

1 l Wasser
250 g piloncillo *(siehe Glossar), in Stücke geteilt, oder brauner Zucker*
1 Zimtstange
12 große tejocotes *(siehe Glossar)*
4 Stücke Zuckerrohr à 7 cm, geschält und in Streifen geschnitten
3 Orangen, geschält und in Scheiben geschnitten
6 Guaven (siehe Glossar), halbiert und entkernt

Das Wasser mit dem Zucker und dem Zimt etwa 15 Minuten kochen, bis der Sirup etwas eindickt. Die Früchte hineingeben und etwa 15 Minuten pochieren, bis sie weich sind. Vom Herd nehmen und erkalten lassen.

Für 8 Personen

Calabaza en Tacha
Kürbis in Sirup

370 ml Wasser
2 kg piloncillo *(siehe Glossar) oder brauner Zucker*
1 Gartenkürbis, etwa 5 kg

Das Wasser mit dem Zucker in einem Topf bei niedriger Temperatur und unter häufigem Rühren zu Sirup verkochen.

Den Kürbis waschen und in Stücke schneiden, Fasern und Kerne entfernen. Aus dem Kürbisfleisch Rautenformen ausschneiden. Diese in einen großen Emailtopf schichten, wobei man die erste Lage mit der Schalenseite nach oben und die folgenden Lagen umgekehrt einfüllt. Den Sirup angießen und den Kürbis zugedeckt bei mittlerer Temperatur etwa 2½ Stunden garen, bis er mit dem Sirup getränkt ist und einen tiefen Karamelton angenommen hat.

Für 8–10 Personen

Atole de Fresa
Erdbeer-Atole

170 g masa harina *(siehe Glossar)*
1,5 l Wasser
250 g Erdbeeren, gewaschen und geputzt
150 g brauner Zucker

Die *masa harina* in 1 l Wasser verrühren, 15 Minuten quellen lassen und anschließend durchseihen. Das Maiswasser auffangen.

Die Erdbeeren mit 500 ml Wasser und dem Zucker im Mixer pürieren. Das Püree abtropfen lassen. Maiswasser und Erdbeerpüree in einen großen Topf geben und unter ständigem Rühren kochend eindicken lassen. Heiß servieren.

Für 8 Personen

Oben: *Erdbeer-Atole in einer handbemalten Tasse aus Guanajuato.*
Rechte Seite: *Tropische Früchte in Sirup.*

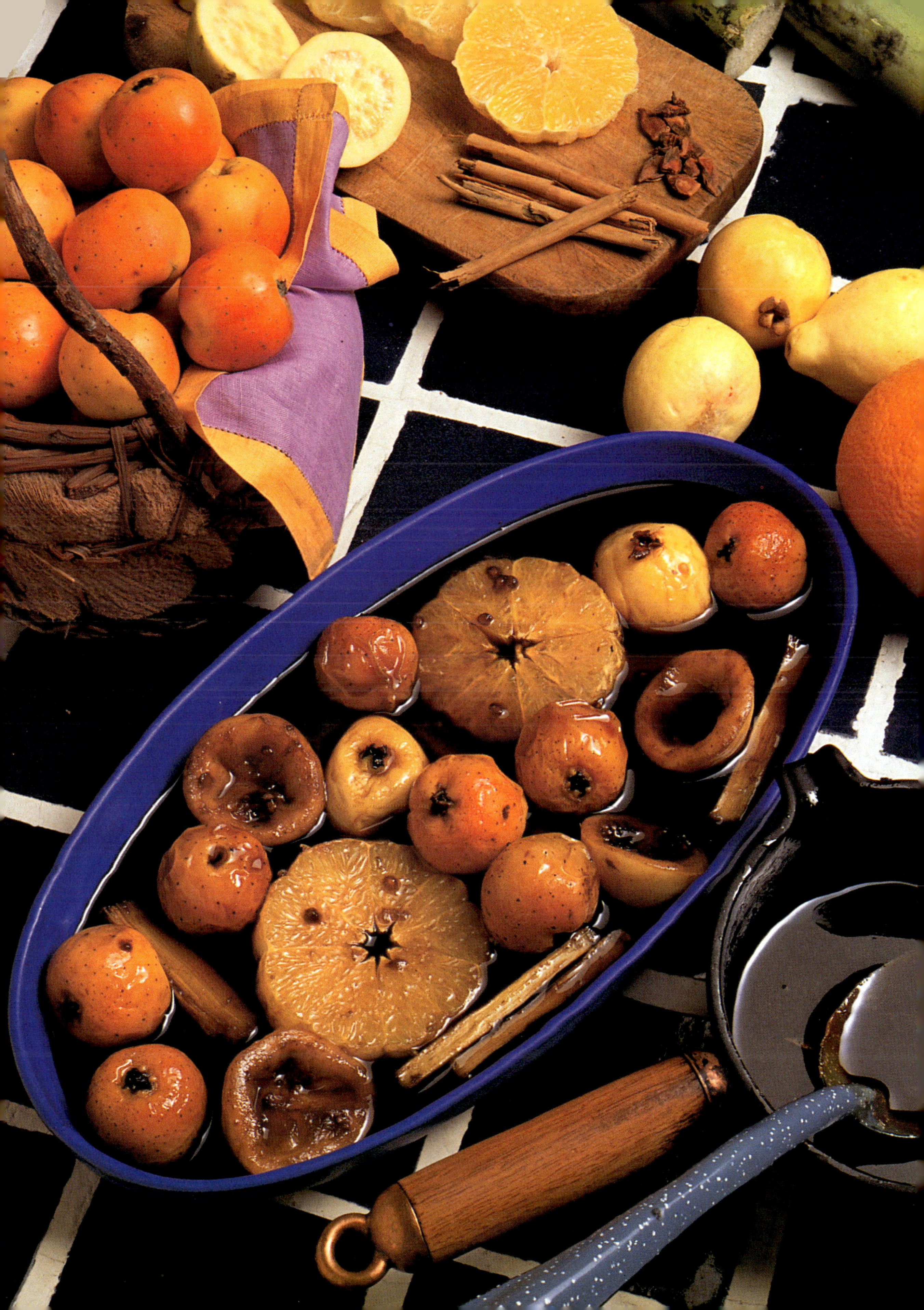

DEZEMBER
Die Posadas

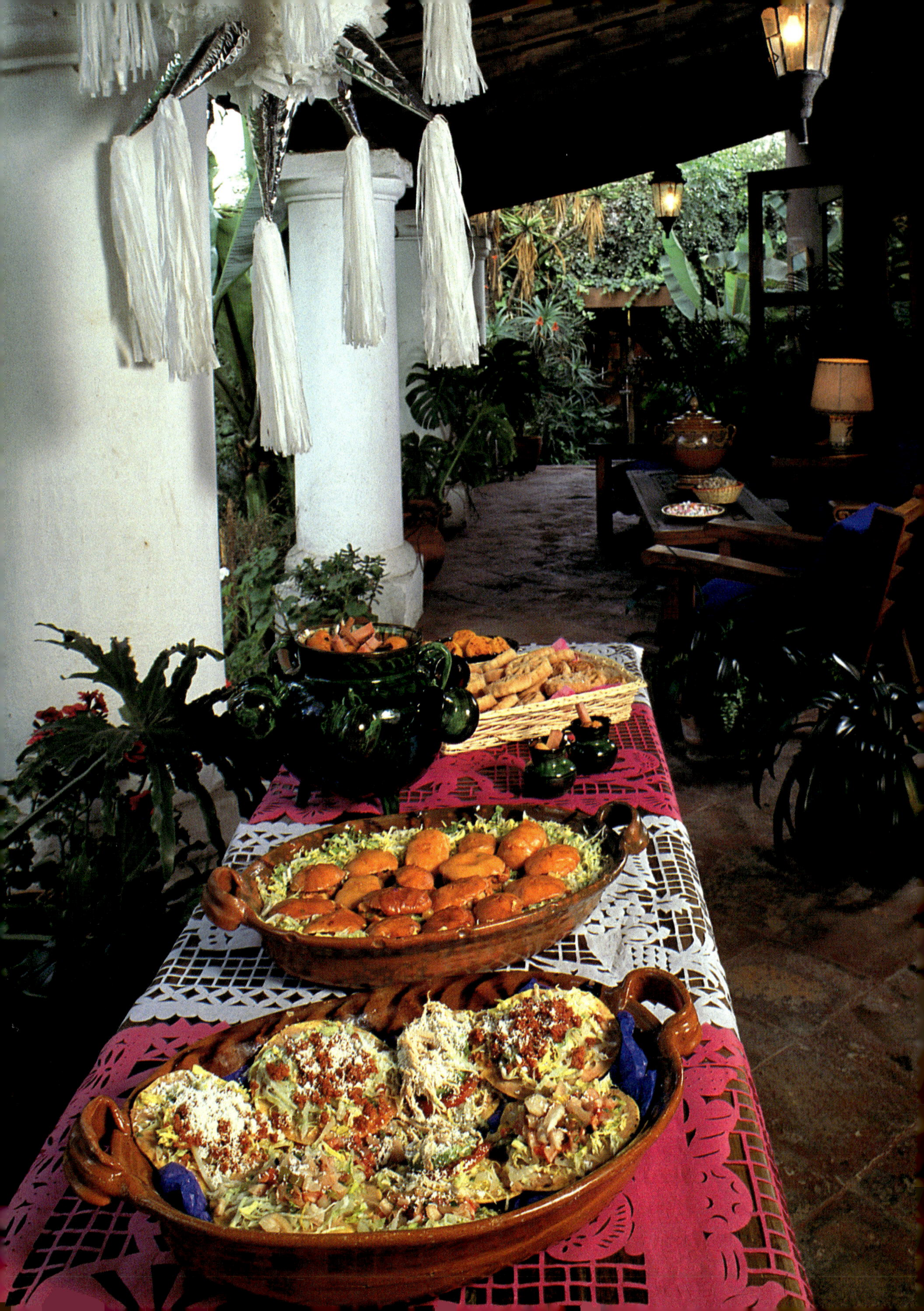

Frida wuchs in Coyoacán in der klösterlich abgeschiedenen Welt Mexikos um die Jahrhundertwende auf. Damals wie heute fand eine Reihe von Festen statt, die am 12. Dezember begannen, dem Tag der Jungfrau von Guadalupe, der Schutzheiligen von Mexiko. Diese Festlichkeiten sind teils religiös und teils weltlich, haben aber alle mit dem Marienkult und mit Christi Geburt zu tun. Im Blauen Haus war der Dezember ein besonders festlicher Monat, weil Diego Riveras Geburtstag stets groß gefeiert wurde – der 8. Dezember, außerdem der

Tag der Unbefleckten Empfängnis. Manche Freunde nannten Diego »Concho«, getreu der Tradition, daß an diesem Tag geborene Jungen und Mädchen »Concho« und »Concha« genannt werden müssen, wobei es sich um die männliche bzw. weibliche Verkleinerungsform des spanischen Wortes für Empfängnis, »Concepción«, handelt.

Vom 16. Dezember bis zum Heiligen Abend gab es jeden Abend in dem einen oder anderen Viertel von Coyoacán ein Fest. Bei diesen sogenannten *posadas* (so heißen die Hausbälle, die in Mexiko während der neun Tage vor Weihnachten gegeben werden) vollzogen Kinder und Erwachsene Rituale, die teils weltlicher, teils auch religiöser Natur waren. Anschließend wurden *piñatas* (geschmückte Tongefäße) zerschlagen. Dann wurden Süßigkeiten und traditionelle Spielsachen verteilt, und ein Festmahl wurde aufgetragen. Am 24. Dezember – auf spanisch *noche buena* – war es der Brauch, einen speziellen Weihnachtssalat und Truthahn – der in Mexiko *guajalote* heißt – zu essen. Früher wurde dieses Essen nach der Mitternachtsmesse gereicht. Am 31. Dezember wurde dann die Dankmesse abgehalten, die auch »die Hahnenmesse« genannt wurde: Es war seit alters her üblich, das Essen erst nach 24 Uhr zu servieren, so daß man das neue Jahr dadurch begrüßen konnte, daß man rasch hintereinander zwölf Trauben aß, je eine bei jedem Schlag der Uhr um Mitternacht.

Der nächste Feiertag war der 6. Januar. Dies war das Fest Epiphanias, bei dem es *rosca de reyes* (Dreikönigskranz) gab. Derjenige, der in seinem Stück eine kleine Figur des Christuskindes fand, mußte am 2. Februar, also an Lichtmeß, das *tamale*-Essen ausrichten.

Frida war von all diesen Festen am Jahresende entzückt; vielleicht deshalb, weil sie mit glücklichen Erinnerungen verbunden waren. Aber wie auch immer, solange ich bei ihr und meinem Vater lebte, hielt sie sich bis in die kleinste Einzelheit an das althergebrachte Brauchtum.

So wäre es Frida auch im Winter 1942 nicht in den Sinn gekommen, die *posadas* und die Weihnachtsbräuche oder die Kinder in der Nachbarschaft zu vernachlässigen. Sie gab sich sogar besondere Mühe, jeden einzelnen der Feiertage im Dezember würdig zu begehen. Von Diegos Geburtstag bis zum 2. Februar standen die Türen des Blauen Hauses für Kinder, Nachbarn, die ungestüme Kahlo-Familie sowie alle Freunde, die in der Nähe wohnten, weit offen.

Am Tag vor der ersten *posada*, die Frida 1942 organisierte, absolvierten wir den traditionellen Besuch auf dem Markt La Merced, wo wir drei *piñatas* (Gefäß mit Süßigkeiten, das bei Festlichkeiten zerschlagen wird) – ein Boot, einen Stern und eine Rose – sowie alles kauften, was wir hineintun wollten – die *tejacotes* (mexikanischer Weißdorn), Limonen, Orangen und Erdnüsse, die herausfallen würden, wenn die

---

Seite 95: *Weihnachts-Truthahn (siehe Rezept auf Seite 106); die Terrine befindet sich im Besitz der Familie Rivera.*
Seite 96: *Weihnachts-Posada in Lupe Riveras Haus. Auf dem Tisch gefüllte Pambazas und Tostadas (siehe Rezepte auf Seite 108) sowie ausgebackene Fladen mit Zucker und Zimt (siehe Rezept auf Seite 110).*

DIE POSADAS

Kinder die *piñatas* mit Stöckchen aufschlugen. Außerdem kauften wir kleine, aus Palmwedeln geflochtene Körbchen in verschiedenen Farben für die Leckereien und einfachen Spielsachen, die am Ende der Feier verteilt werden sollten.

Die *posada* begann, als die Kinder aus der Londres-Straße sich von denen absonderten, die aus anderen Teilen von Coyoacán gekommen waren, und in den Patio des Blauen Hauses kamen. Die anderen, die draußen blieben, fragten die, die drinnen waren, nach einem Raum in der Herberge *(posada)*, wurden aber abschlägig beschieden.

Diese ritualisierte Wechselrede hat folgenden Wortlaut:

(draußen) *En el nombre del cielo
os pido posada,
pues no puede andar
mi esposa amada.*

(drinnen) *Aquí no es mesón
sigan adelante,
yo no he de abrir
no sea algún'tunante.*

(draußen) *No seaís inhumano
dadnos caridad,
que el Dios de los cielos
te lo premiará.*

(drinnen) *Ya se pueden ir
y no molestar,
porque si me enfado
os voy apalear.*

(draußen) *Venimos rendidos
desde Nazaret,
yo soy carpintero
de nombre José.*

(drinnen) *No me importa el nombre
dejenme dormir,
pues que yo les digo
que no hemos de abrir ...*

(Deutsche Übersetzung auf S. 219.)

Als die Tür endlich aufging, liefen die Jungen und Mädchen an die Stelle, wo die *piñatas* aufgehängt waren, und ließen sich die Augen verbinden, um dann blind auf die *piñatas* einzuschlagen, bis diese barsten und ihren Inhalt entließen.

Hinterher gab es Essen für die Kinder und für die Erwachsenen, die sich nach dem Dunkelwerden einfanden. Frida hatte drei der besten Köchinnen vom Markt von Coyoacán engagiert. Während diese die *pambazos rellenos* brieten und die köstlichen Füllungen für *tostadas* und Hühnchen sowie Bohnen in grüner oder roter Sauce zubereiteten, machten andere Frauen die Tortillas. Diese wurden mit Kurbisbluten, Schweinsfußen, Kase oder Kartoffeln gefüllt und sofort gebraten, so daß die Gäste frische *quesadillas* genießen konnten.

Daß Frida den Weihnachtsabend nach altem Brauch feiern wollte, hatte mehr mit ihrem Sinn für Tradition als mit religiöser Überzeugung zu tun. Sie schlug vor, einen Spaziergang durch den Jardín

Centenario zu machen und anschließend zum Abendessen zu ihrer älteren Schwester Matilde zu gehen. Frida führte mich, Ruth und ein paar von unseren Freundinnen auf den Jahrmarkt, der über die Weihnachtsfeiertage in dem Park stattfand. Überall waren Stände, die Süßigkeiten aus dem ganzen Land feilboten, aber Frida interessierte sich besonders für Weihnachtsspielsachen, die sie sammelte.

Besonders angetan war sie von Puppen aus Pappe, die als Akrobaten gekleidet waren, sowie von bunten Stoffpuppen mit schwarzen Haarschöpfen aus Stoff, die wie alte Perücken aussahen. Je kleiner die Puppe, um so besser gefiel sie ihr.

Schließlich überwanden wir alle Hindernisse und gelangten zum eigentlichen Jahrmarkt. Ich glaube, wir fuhren mit allem, was es gab: Karussells, Autoscooter und Glücksrad. Auf dem letzteren flogen Frida auf dem höchsten Punkt jeder Umdrehung die Röcke hoch über den Kopf, und die Zuschauermenge unten wurde zusehends größer. Bei dieser Gelegenheit erfuhren die Menschen von Coyoacán, daß die berühmte Malerin keine Unterhosen trug. Man stelle sich den Skandal vor!

Zum Abschluß des Abends gingen wir in die Mitternachtsmesse, und das regte die Leute noch mehr auf als Fridas Fahrt auf dem Glücksrad. Keiner achtete auf die Predigt, so sehr waren alle abgelenkt durch »diese gottlose Kommunistin Frida Kahlo«, die ihrerseits ganz still und züchtig dasaß und dem Priester lauschte.

Es war schon lange nach Mitternacht, als wir in Matildes Haus ankamen. Meine Freundinnen staunten nicht schlecht über Fridas Ausdauer und Begeisterung, aber das Beste sollte erst noch kommen. Mein Vater hatte nichts zu Abend gegessen: Er starb vor Hunger und war übelster Laune. Offenkundig entschlossen, alle Anwesenden zu beleidigen, setzte er sich an den Tisch und beschimpfte die katholische Kirche und ihre Priester mit Ausdrücken, die sogar für ihn ungewöhnlich waren. Der Entrüstungssturm, der sich daraufhin erhob, sorgte dafür, daß es tatsächlich noch eine traditionelle Weihnachtsfeier im Rivera-Stil wurde.

Oben: *Nahaufnahme von einer von Frida Kahlos Tehuana-Trachten.*

Oben: »*Selbstbildnis mit Affe und Papagei*«, 1942.
Folgende Seite: *Weihnachtsmahl bei Guadalupe Rivera.
In den beiden Nischen eine Sammlung von antikem
Porzellan und Stilleben, die Frida gehörte.*

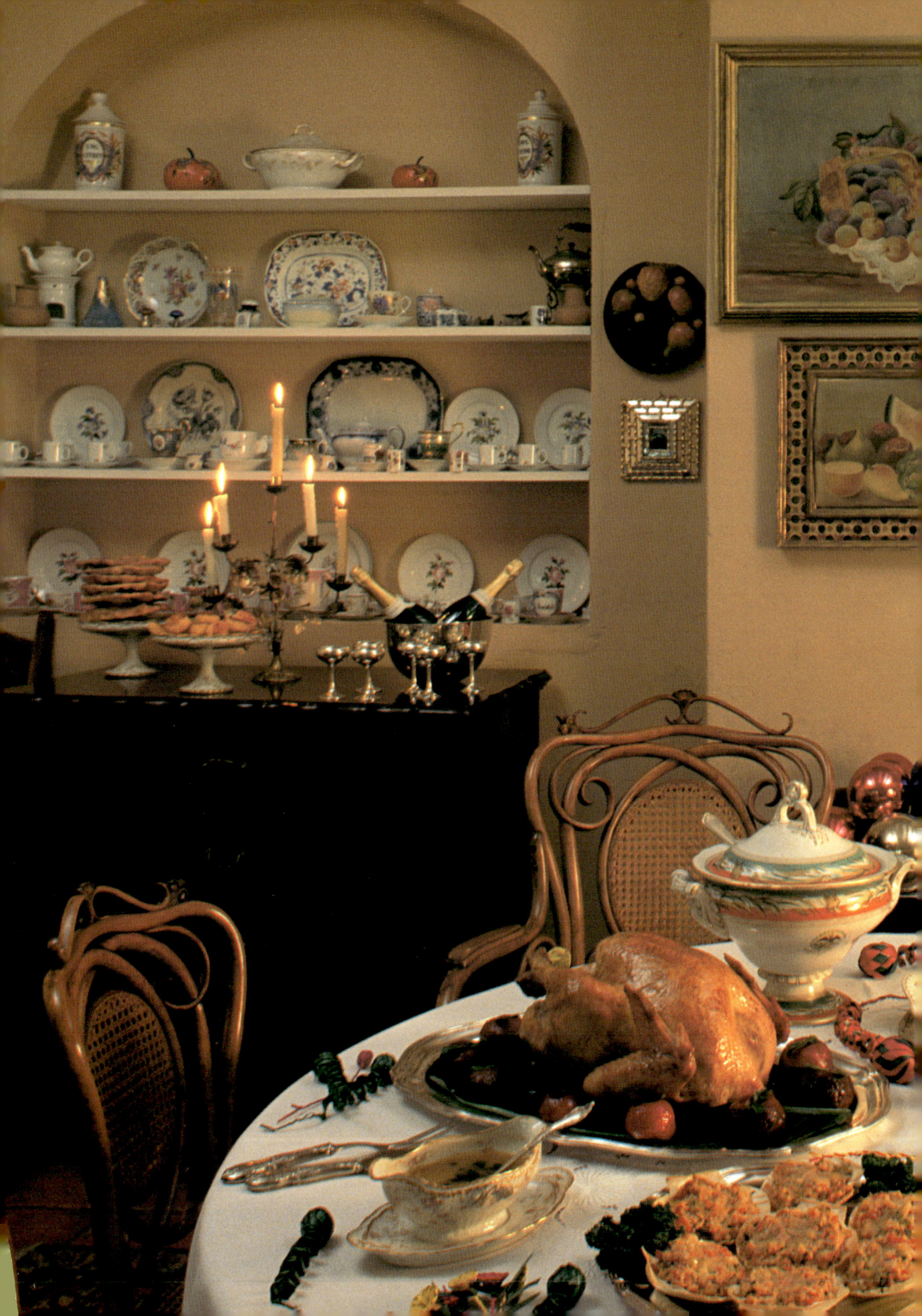

MENÜ

ERDNUSS-SAHNE-SUPPE

FISCH-GRATIN IN MUSCHELSCHALEN

WEIHNACHTSTRUTHAHN

WEIHNACHTSSALAT

QUESADILLAS MIT KÜRBISBLÜTEN

GEFÜLLTE PAMBAZOS

TOSTADAS

GARNELENKÜCHLEIN IN PIKANTER SAUCE

AUSGEBACKENE FLADEN MIT ZUCKER UND ZIMT

KOKOSDESSERT

Crema de Cacahuate
Erdnuß-Sahne-Suppe

1 große Tomate
½ mittelgroße Zwiebel
4 EL Wasser
3 EL Maiskeimöl
300 g Erdnußkerne
Salz und frisch gemahlener Pfeffer
1 l Hühnerbrühe
250 ml Sahne
Feingehackte Petersilie
Weitere Erdnußkerne

Die Tomate mit der Zwiebel und dem Wasser pürieren, das Püree abtropfen lassen.
Das Öl in einem großen Topf erhitzen. Die Erdnußkerne 1 Minute unter ständigem Rühren anrösten und danach mit einem Schaumlöffel herausnehmen. Im gleichen Öl das Tomaten-Zwiebel-Püree erhitzen, salzen und pfeffern und köchelnd eindicken lassen.

Die Erdnußkerne mit der Hühnerbrühe in den Mixer geben und grob pürieren. Die Mischung in den Topf geben und alles bei niedriger Hitze 10 Minuten köcheln lassen. Die Sahne hinzufügen und die Suppe, falls nötig, mit Salz abschmecken. Mit gehackter Petersilie und ganzen Erdnußkernen garnieren und servieren.

Für 8 Personen

Conchitas de Robalo
Fisch-Gratin in Muschelschalen

750 g Filets vom Wolfsbarsch oder Red Snapper oder von einem anderen Fisch mit festem, weißem Fleisch
2 Zwiebeln
1 Lorbeerblatt
6 Pfefferkörner
2 Gewürznelken
2 TL Salz
Saft von ½ Limette
1 l Wasser

SAUCE
1 große Zwiebel, gehackt
4 EL Öl
3 chiles jalapeños (siehe Glossar), gehackt
3 große Tomaten, enthäutet, entkernt und gehackt
2 EL gehackte Petersilie
Salz und frisch gemahlener Pfeffer

8 Jakobsmuschelschalen
70 g Butter, zimmerwarm
Semmelbrösel

Den Fisch mit den Zwiebeln, den Gewürzen, dem Limettensaft und dem Wasser in einen Topf geben. Einmal aufkochen lassen, 10 Minuten leise köchelnd garen, dann den Topf vom Herd nehmen. Abgießen und den Fisch, wenn er etwas abgekühlt ist, zerpflücken.

Für die Sauce die Zwiebeln in dem Öl glasig werden lassen. Die Chilischoten einige Sekunden mitdünsten, dann die Tomaten und die Petersilie hinzufügen. Das Ganze mit Salz und Pfeffer abschmecken und köchelnd eindicken lassen. Den Fisch hinzufügen und alles noch einige Minuten köcheln lassen, bis sich der volle Geschmack entfaltet hat.

Acht Jakobsmuschelschalen oder ofenfeste Teller mit Butter bestreichen. Die Fischmischung darauf verteilen, mit Semmelbröseln bestreuen und Butterflöckchen darauf verteilen. Im vorgeheizten Ofen bei 175 °C (Gasherd Stufe 2) 10 Minuten gratinieren und dann servieren.

Für 8 Personen

Rechte Seite: *Fisch-Gratin in Muschelschalen.*

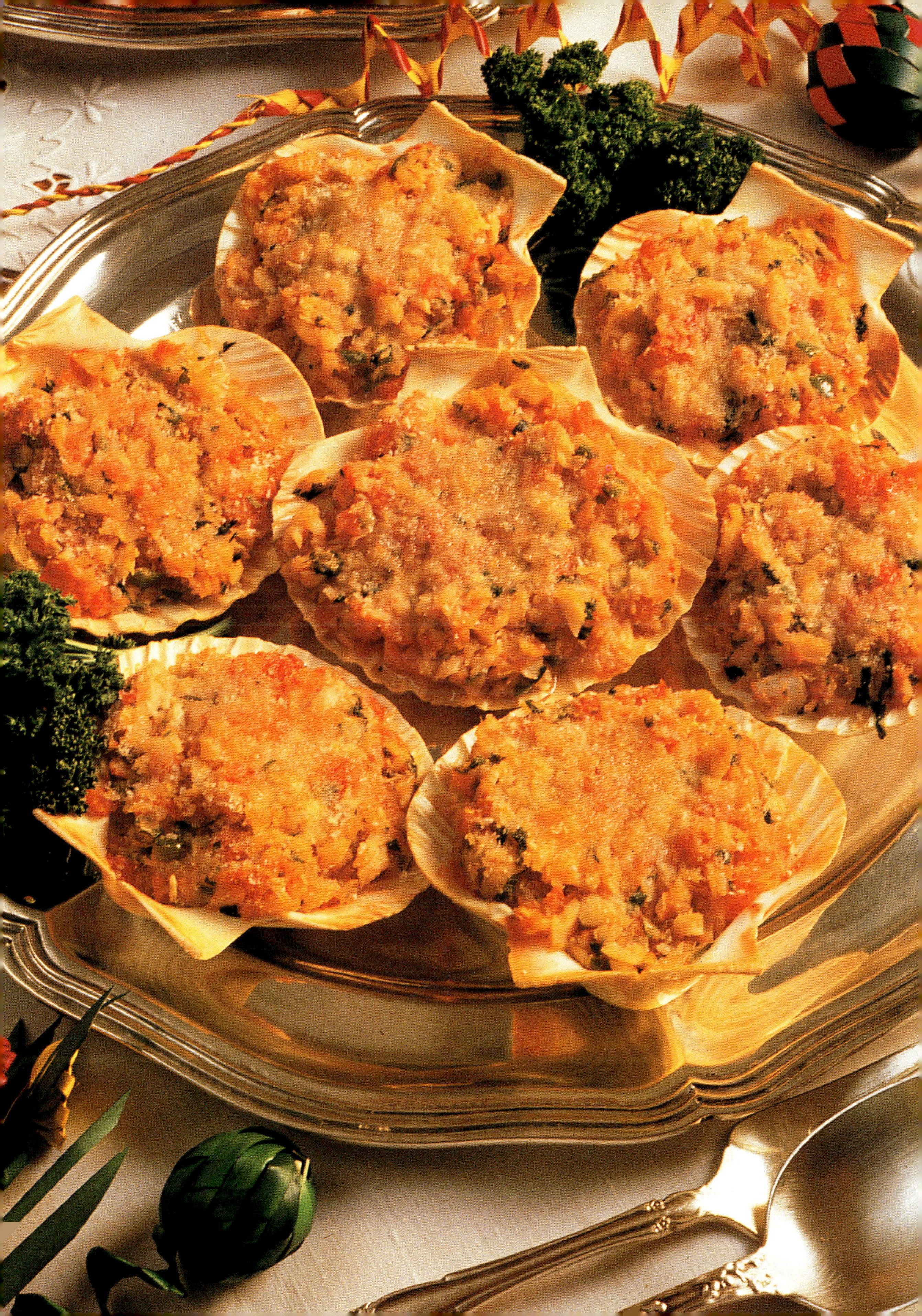

PAVO NAVIDEÑO
Weihnachtstruthahn

1 Truthahn (etwa 6 kg)
Salz und frisch gemahlener Pfeffer
250 g Butter, zimmerwarm

FÜLLUNG

4 altbackene Brötchen
375 ml Milch
1 große Zwiebel, gehackt
100 g Schweineschmalz
Innereien des Truthahns, gewaschen und gehackt
400 g Bleichsellerie, gehackt
2 saure Äpfel, geschält und gehackt
15 Pflaumen, entsteint und gehackt
70 g Walnußkerne oder Pekannüsse, gehackt
½ TL getrockneter Thymian
Salz und frisch gemahlener Pfeffer

Für die Füllung die Brötchen zerteilen und in der Milch einweichen, anschließend gründlich ausdrücken. Die Zwiebeln in heißem Schmalz glasig schwitzen. Die Innereien einige Minuten unter Rühren mitbraten. Den Sellerie, die Äpfel, die Pflaumen und die Nüsse hinzufügen. Alles 2 Minuten garen, dann das ausgedrückte Brot, den Thymian sowie Salz und Pfeffer nach Geschmack dazugeben. Die Mischung einige Minuten kochen, bis sie trocken wird. Vom Herd nehmen und vor der weiteren Verarbeitung leicht abkühlen lassen.

Inzwischen den Truthahn gründlich waschen. Außen und innen sorgfältig trockentupfen und mit Salz und Pfeffer einreiben. Die Füllung hineingeben, den Truthahn zunähen und mit der Hälfte der Butter einreiben. Mit der Brust nach unten auf einen Rost setzen und diesen über der Fettpfanne in den Ofen schieben. Den Truthahn im vorgeheizten Ofen bei 220 °C (Gasherd Stufe 2–3) etwa 15 Minuten braten, danach wenden und auf der zweiten Seite ebenfalls 15 Minuten braten. Aus dem Ofen nehmen und ringsum mit der restlichen Butter bestreichen. Den Truthahn bei 180 °C erneut für etwa 2½ Stunden in den Ofen schieben, alle 20 Minuten mit dem Bratensaft beschöpfen. Der Truthahn ist gar, wenn beim Einstechen in den Schenkel klarer Saft austritt.

Für 10 Personen

ENSALADA DE NAVIDAD
Weihnachtssalat

2 mittelgroße jícamas (siehe Glossar), geschält und in Scheiben geschnitten
2 Orangen, geschält und in Scheiben geschnitten
2 mittelgroße rote Beten, gekocht, geschält und in Scheiben geschnitten
100 g Erdnußkerne, gehackt

DRESSING

6 EL Olivenöl
3 EL Essig
1 TL Honig
Salz und frisch gemahlener Pfeffer

Die *jícama*-Scheiben kreisförmig am Rand einer großen, runden Servierplatte auslegen. Als nächstes folgen die Orangen und schließlich in der Mitte die roten Beten.

Die Zutaten für das Dressing in ein Glas mit fest sitzendem Deckel geben und durch kräftiges Schütteln vermischen.

Den Salat mit dem Dressing beträufeln und mit den gehackten Erdnußkernen bestreuen.

Für 8 Personen

QUESADILLAS DE FLOR DE CALABAZA
Quesadillas mit Kürbisblüten

500 g masa harina (siehe Glossar)
Salz
Öl
Wasser
Maiskeimöl oder Schweineschmalz

FÜLLUNG

1 mittelgroße Zwiebel, feingehackt
3 chiles serranos (siehe Glossar), feingehackt
2 EL Öl
30 Kürbisblüten, die Stiele und Stempel entfernt, die Blüten gehackt
250 ml Wasser
Salz

Zunächst die Füllung zubereiten. Dafür die Zwiebeln mit den Chilischoten in heißem Öl dünsten, bis sie glasig sind. Die Kürbisblüten hinzufügen, 1 Minute dünsten und dann das Wasser angießen. Die Mischung nach Geschmack salzen und kurz kochen, bis sie eingedickt ist und sich der volle Geschmack entfaltet hat. Den Topf vom Herd nehmen.

Die *masa harina* mit so viel Salz, Öl und Wasser verkneten, daß sich ein geschmeidiger Teig ergibt. Aus diesem Teig dünne Tortillas formen und in die Mitte jeweils etwas von der Füllung geben. Die Tortillas zur Hälfte zusammenklappen und die Teigränder zusammendrücken. Jeweils eine bis zwei Tortillas in heißem Öl braten. Zum Abtropfen auf Küchenpapier geben und heiß servieren.

<u>Anmerkung:</u> *Quesadillas* lassen sich auch gut mit *queso de Oaxaca* (siehe Glossar) oder jedem anderen leicht schmelzenden Käse, wie etwa Raclette oder Fontina, füllen.

Für 4 Personen

Oben: *Ein Stilleben mit der mexikanischen Flagge, nach einem Gemälde von Frida Kahlo.*

Pambazos Rellenos
Gefüllte Pambazos

PAMBAZOS

500 g Mehl
½ TL Weinstein
3 TL Backpulver
Salz
100 g Butter
4 Eier
125 ml Milch
Maiskeimöl oder Schmalz

FÜLLUNG

1 große Zwiebel, gehackt
1 EL Schweineschmalz
500 g chorizo (siehe Glossar) oder herzhafte Mettwurst, enthäutet und zerpflückt
3 Kartoffeln, geschält, gewürfelt und gegart
3 eingelegte chiles chipotles (siehe Glossar) aus der Dose, gehackt
Salz

BEIGABEN

2 reife Avocados, zerdrückt
1 Römischer Salat, in feine Streifen geschnitten

DRESSING

6 EL Olivenöl
3 EL Essig
1 TL Zucker
Salz und frisch gemahlener Pfeffer

Für die Füllung die gehackte Zwiebel in heißem Öl glasig werden lassen. Die Wurst hinzufügen und braten, bis das Fleisch weich ist. Die Kartoffeln, die Chilischoten und Salz nach Geschmack hinzufügen und das Ganze garen, bis es eindickt. Die Zutaten für das Dressing in ein Glas mit fest schließendem Deckel geben und durch energisches Schütteln gründlich vermischen. Nun die *pambazos* herstellen. Dafür Mehl, Weinstein, Backpulver und Salz auf die Arbeitsfläche sieben. Die Butter hineinschneiden und mit den Fingern einarbeiten, so daß sich kleine Streusel bilden. Die Eier und so viel Milch hinzufügen, daß ein geschmeidiger Teig entsteht. Auf der bemehlten Arbeitsfläche ausrollen, 10–12 cm große Kreise ausstechen und mit dem Nudelholz zu Ovalen ausrollen. In die Mitte jedes Ovals mit einem scharfen Messer ein Kreuz ritzen, ohne den Teig bis zum Boden einzuschneiden. Die *pambazos* in heißem Fett braten, bis sie locker aufgegangen und goldgelb sind. Auf Küchenpapier abtropfen lassen. Die vorbereitete Füllung in die Vertiefung geben. Das Dressing über den Salat träufeln. Die *pambazos* mit dem Avocadopüree und dem Salat anrichten und heiß servieren.

Für 8 Personen

Tostadas
Knusprige Tortillas mit Hühnchen, Schweinefleisch und Avocado

24 Tortillas
Öl
375 ml Bohnenpüree (Rezept S. 151)
Grüne Sauce (Rezept S. 123)
Rote Sauce (Rezept S. 123)
1 Römischer Salat, in feine Streifen geschnitten
3 Schweinsfüße in Tomatensauce (Rezept S. 215), gehackt
1 Hühnerbrüstchen, gegart und in sehr feine Streifen geschnitten
4 chorizos (siehe Glossar) oder herzhafte Mettwurst, enthäutet, zerpflückt und in wenig Öl gebraten
Tomatenscheiben
Avocadoscheiben
Saure Sahne
Queso añejo (siehe Glossar) oder Parmesan, gerieben
Salz und frisch gemahlener Pfeffer

Die Tortillas im heißen Backofen rösten. In heißem Öl knusprig braten und auf Küchenpapier abtropfen lassen. Das Bohnenpüree, bei Bedarf mit etwas Wasser geschmeidig gerührt, auf den Tortillas verstreichen. Darauf nach Geschmack grüne oder rote Sauce sowie die Salatstreifen geben. Nun auf jeweils acht Tortillas die gehackten Schweinsfüße, das Hühnerfleisch und die Wurst verteilen. Auf die *tostadas* mit Hühnerfleisch- und Wurstbelag Tomatenscheiben legen. Danach alle drei Sorten mit Avocadoscheiben belegen, saure Sahne darüber verteilen und schließlich geriebenen Käse darüberstreuen. Die *tostadas* nach Geschmack salzen und pfeffern und sofort servieren.

Für 8 Personen

REVOLTIJO
Garnelenküchlein in pikanter Sauce

1 kg romeritos (siehe Glossar) oder Spinat, sorgfältig gewaschen
6 nopales (siehe Glossar), in Streifen geschnitten
14 chiles guajillos (siehe Glossar)
2 chiles anchos (siehe Glossar)
500 ml Wasser
1 Tomate, geröstet (siehe Glossar)
1 kleine Zwiebel, geröstet (siehe Glossar)
1 Knoblauchzehe
4 EL Schweineschmalz
750 g kleine Kartoffeln, gekocht und geschält
150 g getrocknete Garnelen (siehe Glossar), eingeweicht
180 g frische Garnelen, küchenfertig vorbereitet

GARNELENKÜCHLEIN

2 Eier, getrennt
125 g getrocknete und gemahlene Garnelen (siehe Glossar)
1 EL Semmelbrösel
Öl

Die *romeritos* 15 Minuten in Salzwasser kochen oder den Spinat blanchieren, anschließend gut abtropfen lassen. Auch die *nopales* 15 Minuten in Salzwasser kochen und abtropfen lassen.

Unterdessen die Garnelenküchlein vorbereiten. Die Eiweiß steif schlagen, die Eigelb gründlich verquirlen und vorsichtig unter den Eischnee ziehen. Die gemahlenen Garnelen und die Semmelbrösel daruntermischen. Aus der Masse Küchlein formen und diese in heißem Öl braten, bis sie eine goldbraune Farbe angenommen haben. Zum Abtropfen auf Küchenpapier geben.

Die Chillies rösten (siehe Glossar), die Scheidewände entfernen und die Schoten mit 500 ml Wasser in einen Topf geben. Einmal aufwallen lassen, kurz leise köchelnd garen und dann die Schoten mit dem Wasser pürieren. Das Ganze durch ein Sieb streichen. Die Tomate mit der Zwiebel und dem Knoblauch ebenfalls im Mixer pürieren und anschließend durchpassieren. In einem großen Topf das Schmalz erhitzen. Das Tomatenpüree darin einige Minuten köcheln lassen. Die pürierten Chilischoten hinzufügen und etwa 10 Minuten mitkochen. *Romeritos* oder Spinat, *nopales,* Kartoffeln, getrocknete und frische Garnelen in die Sauce geben und alles 5 Minuten garen. Gründlich umrühren und die Garnelenküchlein in die Sauce legen, die bei Bedarf noch mit etwas Fleischbrühe verflüssigt wird.

Für 8 Personen

DEZEMBER

BUÑUELOS DE RODILLA
Ausgebackene Fladen mit Zucker und Zimt

Etwa 500 g Mehl
1½ TL Backpulver
1 EL Zucker
½ TL Salz
4 EL Butter, zerlassen
2 Eier
125 ml Milch
Schweineschmalz
Zucker und Zimt

Das Mehl mit dem Backpulver, dem Zucker und dem Salz in eine Schüssel sieben. In einer zweiten Schüssel die Butter mit den Eiern und der Milch verrühren. Portionsweise die Mehlmischung hinzufügen und untermengen, so daß sich ein glatter, geschmeidiger Teig ergibt. Weiteres Mehl hinzufügen und energisch rühren, bis man einen festen Teig erhält. Diesen auf einer leicht bemehlten Arbeitsfläche ausrollen. Zu walnußgroßen Bällchen formen und mit zerlassenem Schmalz bestreichen. Zugedeckt 20 Minuten ruhen lassen.

Die Bällchen zu dünnen Fladen ausrollen und erneut 10 Minuten ruhen lassen.

Die Fladen in reichlich heißem Schmalz ausbacken, bis sie eine goldgelbe Farbe angenommen haben. Zum Aufsaugen von überschüssigem Fett auf Küchenpapier legen und zuletzt mit einer Zucker-Zimt-Mischung bestreuen.

<u>Anmerkung:</u> Gut schmecken diese Fladen auch mit Zucker-Zimt-Sirup, zubereitet aus *piloncillo* (siehe Glossar) oder braunem Zucker, einem Stück Zimtstange und Wasser.

Ergibt 12–15 Stück

COCADA
Kokosdessert

1 l Milch
450 g Zucker
1 Kokosnuß, geraspelt
6 Eigelb, verquirlt

Die Milch mit dem Zucker kochen, bis sie eindickt. Die Kokosraspel hinzufügen und 30 Minuten leise köchelnd garen. Den Topf vom Herd nehmen. Die Eigelb langsam mit dem Schneebesen einrühren; es sollte eine puddingartige Creme entstehen. Die *cocada* in eine hitzebeständige Form füllen und im vorgeheizten Backofen bei 175 °C (Gasherd Stufe 2) backen, bis sie leicht gebräunt ist.

Oben: *Medaillon mit einem Porträt Frida Kahlos.*
Rechte Seite: *Ausgebackene Fladen mit Zucker und Zimt, daneben Weihnachtsgebäck, auf Gebäckschalen serviert.*

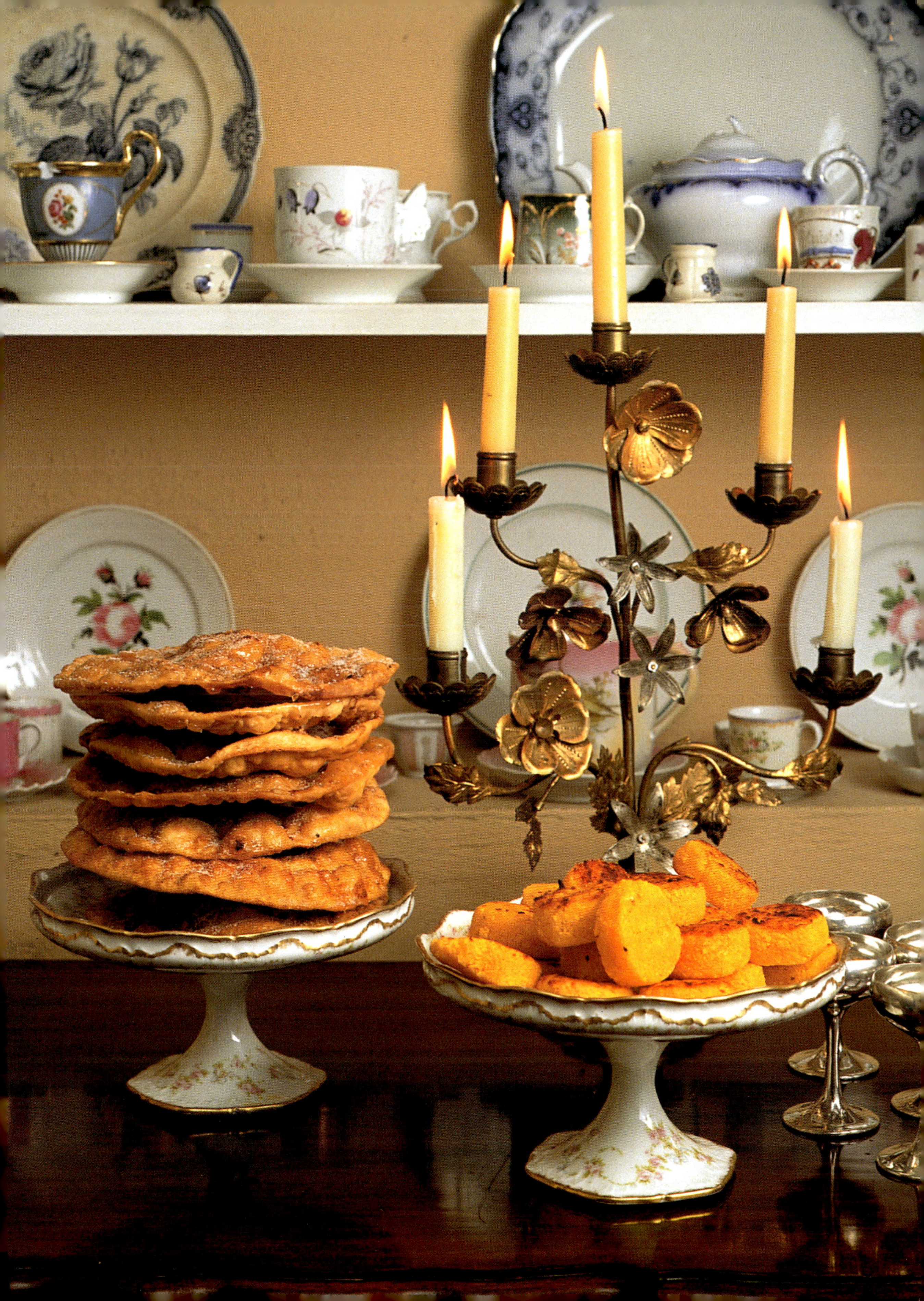

JANUAR
La Rosca de Reyes

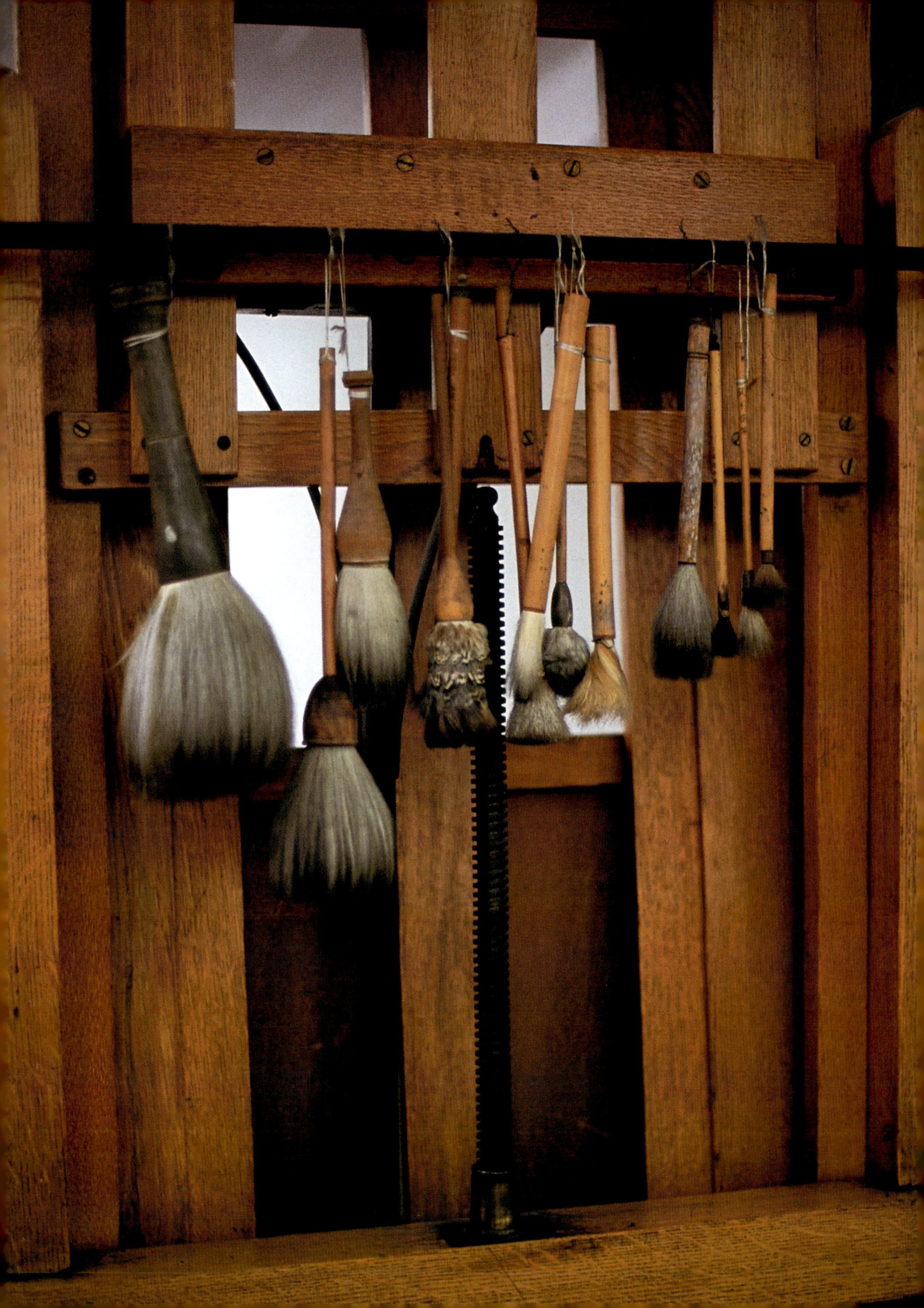

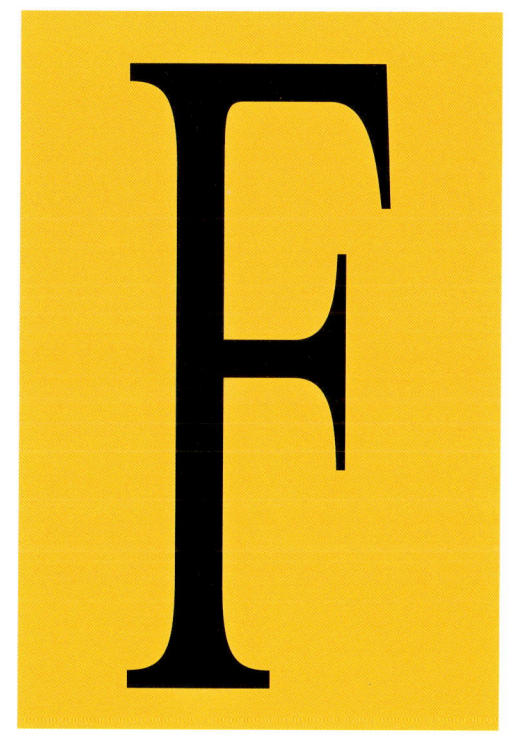

Frida beschloß am Vorabend des Dreikönigsfestes – Epiphanias –, daß im Blauen Haus nach alter Familientradition die *rosca de reyes* (Dreikönigskranz) im geselligen Kreis angeschnitten werden müsse. Sie erzählte allen davon und teilte jedem eine bestimmte Aufgabe zu. Da sie immer nach Vorwänden suchte, in die Stadt fahren zu können, beschloß sie, die *rosca* im »La Flor de México« zu kaufen, einem der besten Cafés.

Das Café war an der Kreuzung zweier berühmter Straßen: Venustiano Carranza und Bolívar. Es war ein beliebter

Treffpunkt der mächtigsten Mitglieder der alten Aristokratie aus den Tagen von Porfirio Diaz. Diese Angehörigen der Oberschicht, die natürlich entschieden für die Erhaltung der traditionellen Institutionen eintraten und die Revolution scharf verurteilten, gingen gerne in die Cafés dieses mondänen Viertels, wenn sie den Tag über eingekauft oder sich um ihre Geldanlagen gekümmert hatten.

Frida, die seit ihrer Kindheit den Ruf des »La Flor de México« kannte, stürmte unbeeindruckt in das Café, das bis auf den letzten Platz mit vornehmen Leuten besetzt war. Frida spielte gern den Bürgerschreck, wie mein Vater oft sagte, und nahm besonders gern diejenigen aufs Korn, die sie als »Kleinbürger und Möchtegern-Aristokraten« bezeichnete. Kaum hatten wir das Café betreten, drehten sich alle Köpfe nach uns um. Mit ihrem auffallend prächtigen, extravaganten Kleid und ihrem antiken Schmuck zog sie die Aufmerksamkeit auf sich, und als sie nach wenigen Augenblicken als »die kommunistische Malerin, die Frau von diesem Monstrum Diego Rivera« identifiziert wurde, setzte es gehässige Bemerkungen. Ich wäre am liebsten im Boden versunken, aber Frida lachte nur und sagte mit lauter Stimme: »Mach dir nichts draus, Piquitos. Bei solchen Leuten gibt's nur eins: Man muß ihnen sagen, daß sie sich zum Teufel scheren sollen.«

Eine Kellnerin in schwarzem Kleid mit weißem Kragen, weißer Schürze und weißer Mütze führte uns zu einem Ecktisch im Patio. Das war ein geradezu märchenhafter Ort. Riesige Farne und Azaleen in den verschiedensten Farben wetteiferten mit dem Geißblatt und dem Jasmin, die an Spalieren wuchsen und die Luft mit ihrem süßen, betäubenden Duft erfüllten.

Die Strahlen der untergehenden Sonne wärmten uns, während wir unsere Schokolade tranken. Frida bestellte die größte und teuerste *rosca*, die auf der Speisekarte stand. Während wir darauf warteten, daß man sie uns einpackte, tranken wir Sherry und aßen Katzenzungen.

Plötzlich kamen zwei der ältesten und teuersten Freunde der Familien Rivera und Kahlo in das Café: der Maler Jesús »Chucho« Reyes und der unvergleichliche Jesús Rios y Valles, den Frida seit ihrer Grundschulzeit »Chucho Landschaften« nannte (Chucho ist eine Verkleinerungsform von Jesús, und Rios y Valles bedeutet »Flüsse und Täler«). Von dem Moment an, da sie sich an unseren Tisch setzten, kamen wir aus dem Lachen nicht mehr heraus. Das brachte die vornehmen Damen und Herren, die bis zu unserer Ankunft in ruhiger, gepflegter Atmosphäre ihr Eierbrot in schöne, stilvolle Porzellantassen getaucht hatten, noch mehr gegen uns auf.

Ehe wir uns versahen, war es dunkel. Frida lud die beiden Chuchos ein, mit uns

Seite 113: *Reisauflauf mit gratiniertem Eischnee* (siehe Rezept auf Seite 122) *in grüner Töpferware aus Oaxaca.*
Seite 114: *Fridas Pinsel hängen immer noch an ihrer Staffelei im Atelier des Blauen Hauses.*

nach Coyoacán zurückzufahren. Die Kahlos erwarteten uns schon mit großer Ungeduld. Don Guillermo war außer sich vor Empörung über die neueste Eskapade seiner Tochter.

Fridas Schwestern Luisa, Adriana und Matilde fürchteten den Zorn ihres Vaters. Cristina bedrängte Frida, sie solle sich entschuldigen. Adrianas Mann Veraza – »el guerito« (der kleine Blonde) – machte alles noch schlimmer, indem er stolperte und gegen den Eßtisch stieß. Das sah so lächerlich aus, daß wir alle in Gelächter ausbrachen, und Don Guillermo wurde noch wütender und stürmte aus dem Zimmer.

Als wir uns wieder beruhigt hatten, schnitten wir die rosca vom »La Flor de México« auf. Cristinas Sohn Toñito, der Jüngste von uns, bekam das erste Stück; die übrigen Stücke wurden genau nach der Altersfolge verteilt. Das Figürchen war in Adrianas Stück, und das bedeutete, daß sie das Fest am 2. Februar (Lichtmeß oder Mariä Reinigung) ausrichten mußte, bei dem nach altem Brauch jeder tamales der verschiedensten Sorten essen mußte.

Frida und ich sowie Chucho Reyes und »Chucho Landschaften« staunten über die vielen Leckereien: Milchschokolade, Kakao, schwarzer Tee und Zitronentee, Schinkenröllchen, torta de cielo, tacos mit Sauerrahm, flautas, rote und grüne chalupas und eine Fülle von Desserts, Keksen und Kleingebäck. Dies alles hatte Frida zur Ergänzung der rosca bestellt. Den größten Eindruck auf die Gäste machten die torta de cielo und die tacos mit Sauerrahm – zwei der am häufigsten gelobten Rezepte des Blauen Hauses. Torta de cielo hatten wir auch immer in meinem Elternhaus in Guanajuato gemacht. Das ist ein typisches regionales Gericht mit einer für diese Stadt charakteristischen Besonderheit: Die oberste Schicht besteht aus Eischnee, der mit Zucker bestreut wird. In Mexiko gilt dies als ausgefallenes Zwischengericht bei einem formellen Diner.

Auch die tacos wurden nach einem alten Rezept aus der Zeit zubereitet, als man Sauerrahm noch selbst ansetzte (heutzutage nimmt man ersatzweise Joghurt). Andere Rezepte waren typisch für die Küche von Guadalajara und Puebla, so daß die Speisenfolge die ganze Vielfalt der mexikanischen Küche widerspiegelte.

Zum Schluß hielt Frida noch eine Überraschung für uns bereit: Sie ging hinaus und brachte zwei riesige Platten mit ihren Lieblingsdesserts, Makronen und gaznates, die sie selbst gebacken hatte. »Chucho Landschaften« schlug vor, wir sollten wie früher in der Grundschule eine Münze werfen; wer »Kopf« hatte, sollte ein gaznate bekommen, und »Zahl« sollte eine Makrone bedeuten. Wir spielten dieses lustige Spiel, bis das Gebäck aufgegessen und das Epiphanias-Fest vorbei war.

Linke Seite: Die Zutaten für den Dreikönigskranz, das traditionelle Dessert für das Festmahl am Epiphaniastag.

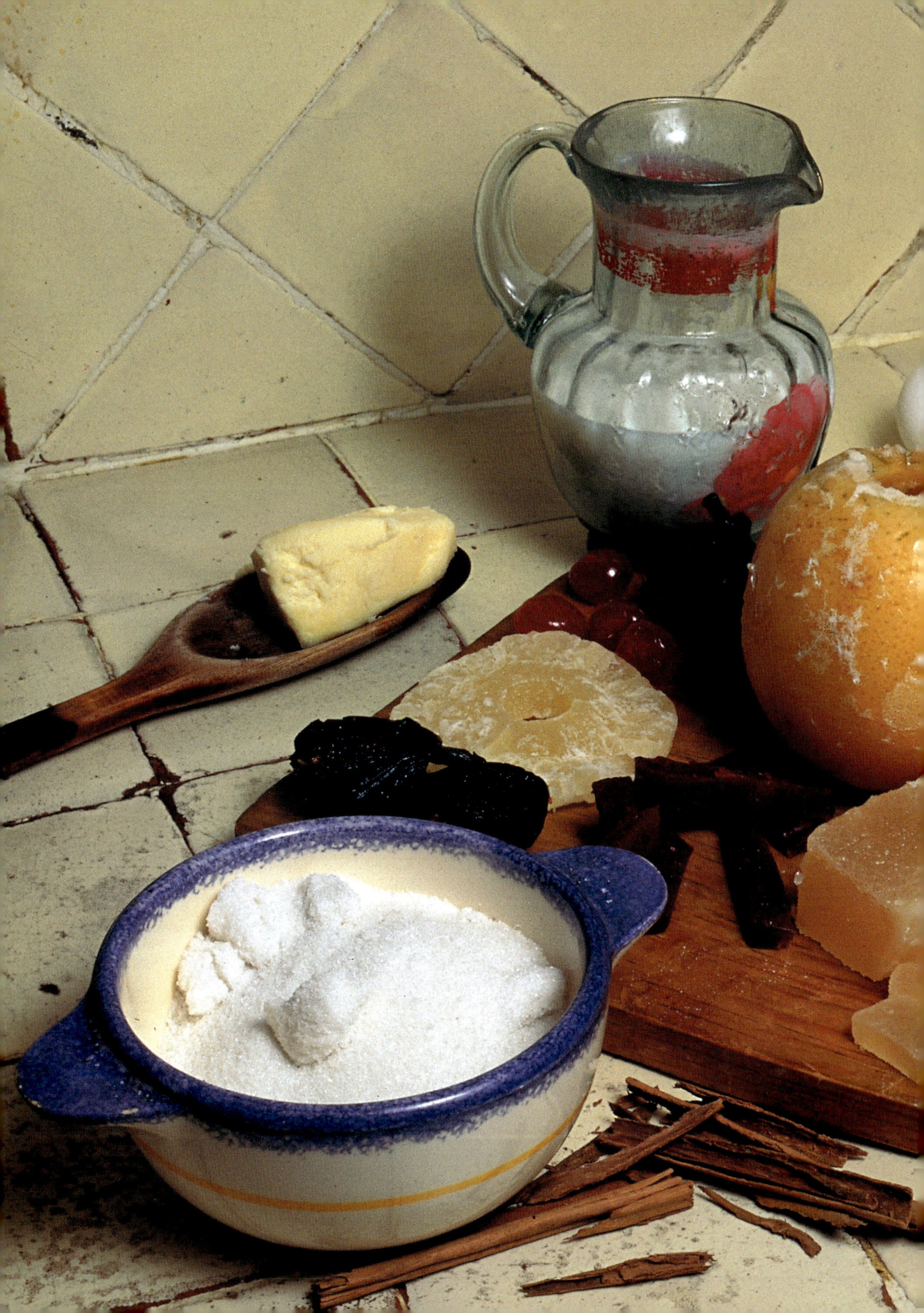

MENÜ

❧

DREIKÖNIGSKRANZ

HEISSE SCHOKOLADE

**REISAUFLAUF MIT
GRATINIERTEM EISCHNEE**

TACOS MIT SAURER SAHNE

**GEFÜLLTE TORTILLAS MIT ROTER
UND GRÜNER SAUCE**

ROTE UND GRÜNE CHALUPAS

MANDELMAKRONEN

AUSGEBACKENE EIERRÖLLCHEN

EIERLIKÖRPUDDING

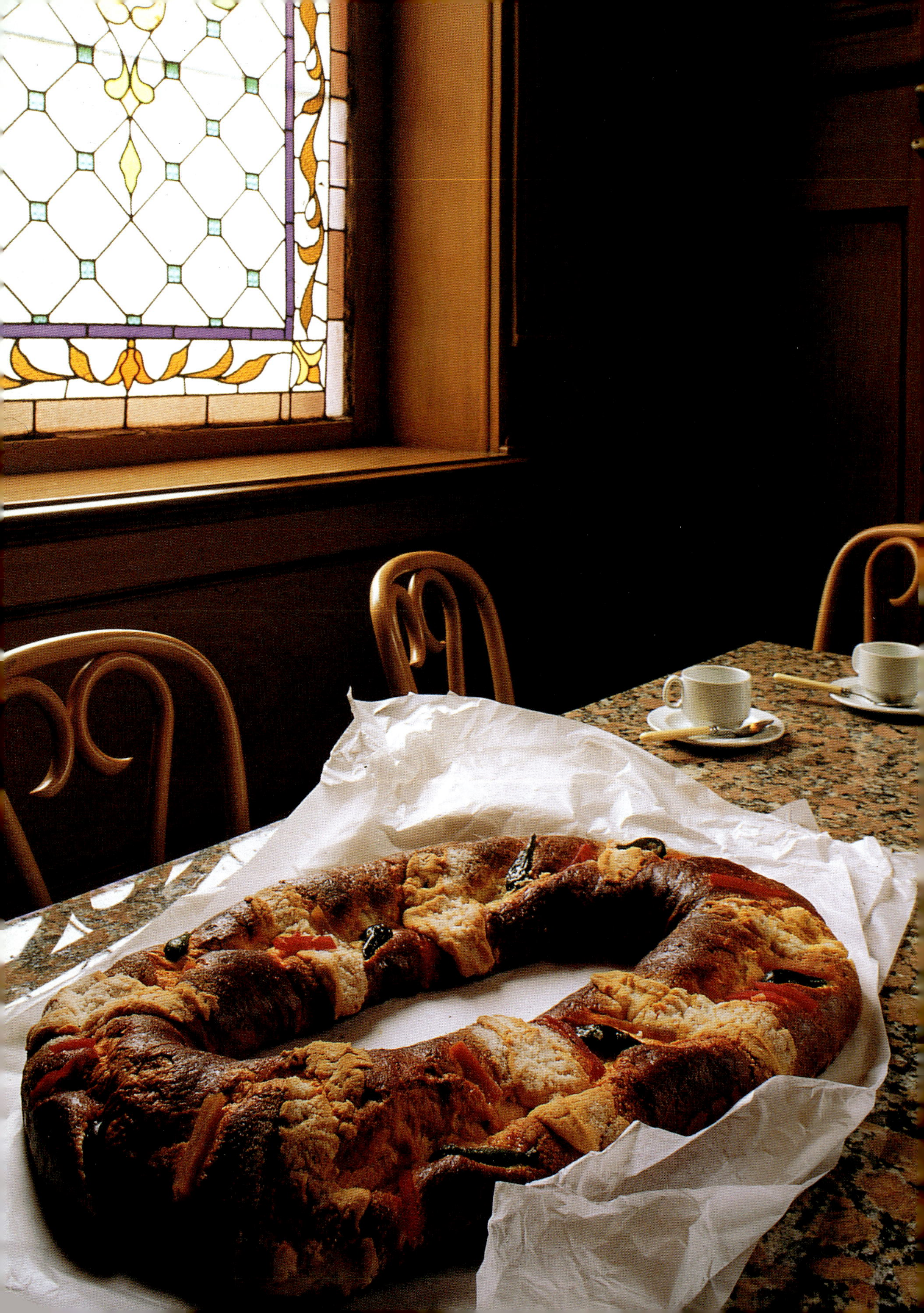

Rosca de Reyes
Dreikönigskranz

450 g Mehl
1 Tütchen Trockenhefe, in 5 EL warmer Milch aufgelöst
150 g Zucker
7 Eier
125 g Butter, zimmerwarm
4 EL warme Milch
Salz
2 TL Zimtpulver
¼ TL Anissamen
100 g Rosinen
1 TL Vanille-Extrakt
1 kleine Porzellanpuppe
60 g getrocknete Feigen, in Streifen geschnitten
60 g kandierte Kirschen
60 g Zitronat, in Streifen geschnitten
60 g Orangeat, in Streifen geschnitten
60 g kandierte Zitrone, in Streifen geschnitten
1 Ei, verquirlt
Zucker

Das Mehl auf die Arbeitsfläche häufen. In die Mitte eine Mulde drücken, die aufgelöste Hefe hineingeben und mit etwas Mehl zu einem dicken Brei verarbeiten. Dann den Zucker, die Eier, die Butter (bis auf 2 Eßlöffel), die Milch, eine Prise Salz, den Zimt, den Anis, die Rosinen und den Vanille-Extrakt hineingeben. Alles vermengen und etwa 20 Minuten energisch kneten, bis sich der Teig von der Arbeitsfläche löst. Eine Kugel formen, mit Butter bestreichen und in eine mit Butter eingefettete Schüssel geben. Mit einem Tuch abdecken und an einem warmen Ort in 2–3 Stunden auf das doppelte Volumen aufgehen lassen.

Den Teig auf der bemehlten Arbeitsfläche nochmals kräftig durchkneten und zu einem Kranz formen. Diesen auf ein mit Butter eingefettetes Backblech geben und die Puppe hineindrücken. Den Kranz mit den kandierten Früchten verzieren und erneut 1½ Stunden gehen lassen, bis sich sein Volumen verdoppelt hat. Mit dem verquirlten Ei bestreichen, mit Zucker bestreuen und im vorgeheizten Ofen bei 190 °C (Gasherd Stufe 3) etwa 40 Minuten backen. Der Dreikönigskranz ist fertig, wenn beim Klopfen gegen den Boden ein hohler Klang ertönt.

Chocolate de Molinillo
Heiße Schokolade

2 l Milch
250 g mexikanische Schokolade (siehe Glossar), oder Halbbitterschokolade, in Stücke gebrochen, und etwas Zimt
Zucker

Die Milch mit der Schokolade erhitzen und dabei ständig rühren, bis die Schokolade geschmolzen ist. Nach Geschmack zuckern und noch einige Minuten köcheln lassen. Mit einem Schneebesen schaumig schlagen und sofort servieren.

Für 8 Personen

Linke Seite: Dreikönigskranz, fotografiert in einem Speisesaal im Pariser Stil in Mexiko Stadt.
Oben: Ein Detail der Wanddekoration im Speisesaal des Blauen Hauses.

Torta de Cielo
Reisauflauf mit gratiniertem Eischnee

6 Eier, getrennt
2 EL Zucker sowie Zucker zum Bestreuen
Einfache Menge »Weißer Reis« (Rezept S. 56)
Einfache Menge picadillo vom Huhn
  (Rezept S. 136)
Butter zum Einfetten der Form

Die Eiweiß mit 2 Eßlöffeln Zucker zu festem Schnee schlagen. Die Eigelb verquirlen und behutsam unter den Eischnee ziehen.

Ein Drittel dieser Mischung beiseite stellen, den Rest unter den kalten oder lauwarmen Reis heben. Die Hälfte der Reismasse in eine mit Butter eingefettete runde oder rechteckige feuerfeste Form füllen und den *picadillo* darauf verteilen. Den restlichen Reis daraufgeben, mit der beiseite gestellten Eimischung überziehen. Mit Zucker bestreuen.

Die Form für 20–25 Minuten in den auf 175 °C (Gasherd Stufe 2) vorgeheizten Ofen schieben, bis der Auflauf durch und durch heiß und die Eimasse leicht aufgegangen ist.

Für 8 Personen

Tacos de Jocoque
Tacos mit saurer Sahne

1,5 kg tomatillos (siehe Glossar), enthäutet
125 ml Wasser
6 chiles serranos (siehe Glossar), geröstet
  (siehe Glossar)
Salz
Schweineschmalz oder Maiskeimöl
24 Tortillas
500 g panela (siehe Glossar) oder milder Feta, in Streifen geschnitten
500 ml jocoque (siehe Glossar) oder saure Sahne

Die *tomatillos* in leise sprudelndem Wasser garen und anschließend mit den Chillies und Salz pürieren. In 2 Eßlöffeln Schmalz oder Öl das Püree erhitzen und etwa 5 Minuten köcheln lassen, bis es eingedickt ist.

In einer zweiten Pfanne das Fett erhitzen. Die Tortillas zuerst kurz in das heiße Fett und dann in die Sauce tauchen. Die Käsestreifen und etwas von der Sauce darauf verteilen. Die Tortillas zusammenrollen, in eine Backform legen und mit der restlichen Sauce und der sauren Sahne überziehen. Bei niedriger Temperatur im Backofen durchwärmen.

Für 8 Personen

Flautas
Gefüllte Tortillas mit roter und grüner Sauce

20 große Tortillas
1 Hühnerbrust, gekocht und in feine Streifen
  geschnitten
300 g Lammfleisch, gekocht und in feine Streifen
  geschnitten
Maiskeimöl
250 ml Crème fraîche
1 Römischer Salat, in feine Streifen geschnitten
250 g queso añejo (siehe Glossar) oder
  Parmesan, zerkrümelt

ROTE SAUCE

12 chiles guajillos (siehe Glossar), geröstet
  (siehe Glossar)
1–2 Knoblauchzehen, geröstet (siehe Glossar)
Salz

GRÜNE SAUCE

20 tomatillos (siehe Glossar)
4 chiles serranos (siehe Glossar)
1 Knoblauchzehe
Salz
1 Avocado, geschält und zerdrückt

Zunächst die rote Sauce zubereiten. Dafür die Chilischoten 15 Minuten in heißem Wasser einweichen. Mit dem Knoblauch, Salz nach Geschmack und so viel Wasser im Mixer pürieren, daß sich eine nicht zu dünnflüssige Sauce ergibt.

Für die grüne Sauce die *tomatillos* mit den Chilischoten und dem Knoblauch in etwas Salzwasser kochen. Anschließend pürieren und das Püree mit dem Avocadomus verrühren.

Die eine Hälfte der Tortillas mit Lammfleisch, die andere mit Hühnerfleisch belegen und die Tortillas fest zusammenrollen. In sehr heißem Öl braten und auf Küchenpapier abtropfen lassen. Die *flautas* auf eine Servierplatte legen und das eine Ende mit roter, das andere mit grüner Sauce überziehen. Die Crème fraîche dazwischen verteilen, so daß das Ganze aussieht wie die mexikanische Flagge. Mit Salatstreifen garnieren und mit dem Käse bestreuen.

Für 6–8 Personen

CHALUPAS VERDES Y ROJOS
Rote und grüne Chalupas

1,5 kg masa harina (siehe Glossar)
2,2 l lauwarmes Wasser
6 EL Schweineschmalz
1 1/2 Hühnerbrüstchen, gegart und in feine Streifen geschnitten
250 g queso añejo (siehe Glossar) oder Parmesan, zerkrümelt
1 mittelgroße Zwiebel, feingehackt

GRÜNE SAUCE MIT KORIANDERGRÜN

1 kleine Zwiebel, feingehackt
15–18 tomatillos (siehe Glossar)
30 g Koriandergrün, gehackt
4 chiles serranos (siehe Glossar)
Salz
1 EL Schweineschmalz

ROTE SAUCE

2 große Tomaten, geröstet, enthäutet und gehackt
1/2 mittelgroße Zwiebel, feingehackt
1 Knoblauchzehe
4 chiles serranos (siehe Glossar), geröstet (siehe Glossar)
1 EL Schweineschmalz

Alle Zutaten für die grüne Sauce außer dem Schmalz im Mixer pürieren. Das Schmalz erhitzen und das Püree darin reduzieren.

Die rote Sauce aus den angegebenen Zutaten auf dieselbe Weise zubereiten.

Die *masa harina* mit dem Wasser verkneten und den Teig 10 Minuten ruhen lassen. Aus dem Teig 18 dünne, leicht ovale Fladen formen und in einer schweren Eisenpfanne ohne Fett backen. Den Rand der Tortillas so hochziehen, daß sie eine Tellerform erhalten. Die Tortillas wieder in die Pfanne geben und mit je 1 Teelöffel Schmalz bestreichen. Die Hälfte der *chalupas* mit grüner und die andere Hälfte mit roter Sauce bestreichen. Jeweils etwas Hühnerfleisch, Käse und Zwiebeln daraufgeben und sehr heiß servieren.

Für 8 Personen

Oben: *Rote und grüne Chalupas auf einem grünen Keramikteller aus Oaxaca.*

JANUAR

MOSTACHONES
Mandelmakronen

350 g Mandeln, enthäutet und grobgehackt
100 g Zucker
Eiweiß nach Bedarf

Im Mixer 300 g Mandeln zusammen mit dem Zucker mahlen. Nach und nach so viele Eiweiß daruntermengen, daß sich schließlich ein weicher Teig ergibt. Diesen eßlöffelweise auf ein gefettetes Backblech geben. Die restlichen Mandeln hacken und auf die Makronen streuen. Die Makronen 10 Minuten im vorgeheizten Ofen bei 175 °C (Gasherd Stufe 2) backen.

Ergibt etwa 40 Stück

GAZNATES
Ausgebackene Eierröllchen

4 Eigelb
½ TL Natron
50 g Mehl
Aguardiente (siehe Glossar) oder Rum
Eiweiß
Schweineschmalz oder Öl zum Ausbacken
Puderzucker mit Zimtpulver gemischt

Die Eigelb gründlich mit dem Natron verquirlen. Langsam das Mehl einrühren, so daß schließlich ein geschmeidiger Teig entsteht. Aus dem Teig eine Kugel formen, die Hände mit *aguardiente* befeuchten und den Teig flachklopfen. Diesen Vorgang dreimal wiederholen, danach den Teig mit einem Tuch abdecken und 10 Minuten ruhen lassen.

Von dem Teiglaib eine kleine Portion abnehmen und möglichst dünn ausrollen. (Der restliche Teig bleibt zugedeckt, damit er nicht austrocknet.) Mittelgroße Quadrate ausschneiden, zwei gegenüberliegende Ecken mit Eiweiß bestreichen und so zusammendrücken, daß Röllchen entstehen. Die Röllchen in heißem Schmalz schwimmend ausbacken. Auf Küchenpapier abtropfen lassen und in Zucker und Zimt wälzen. Die Röllchen können auch mit Konditorcreme oder *cocada* (Rezept S. 60) gefüllt werden.

Ergibt 18–24 Stück

GELATINA DE ROMPOPE
Eierlikörpudding

30 g Gelatinepulver
125 ml kaltes Wasser
1 l Milch
1 l rompope (siehe Glossar) oder Eierlikör

Die Gelatine in dem Wasser etwa 6 Minuten quellen lassen. Die Milch mit dem Eierlikör unter Rühren zum Kochen bringen. Den Topf vom Herd nehmen und die Gelatine einrühren. Die Mischung in eine Puddingform füllen und für etwa 2 Stunden in den Kühlschrank stellen. Den erstarrten Pudding kurz vor dem Servieren auf eine runde Platte stürzen.

Oben: *Eierlikörpudding auf einem Servierteller aus Puebla.*
Rechte Seite: *Gaznates und Mandelmakronen auf dem Tisch in dem Teil des Ateliers, den Diego Rivera für Frida Kahlo an das Blaue Haus anbauen ließ.*

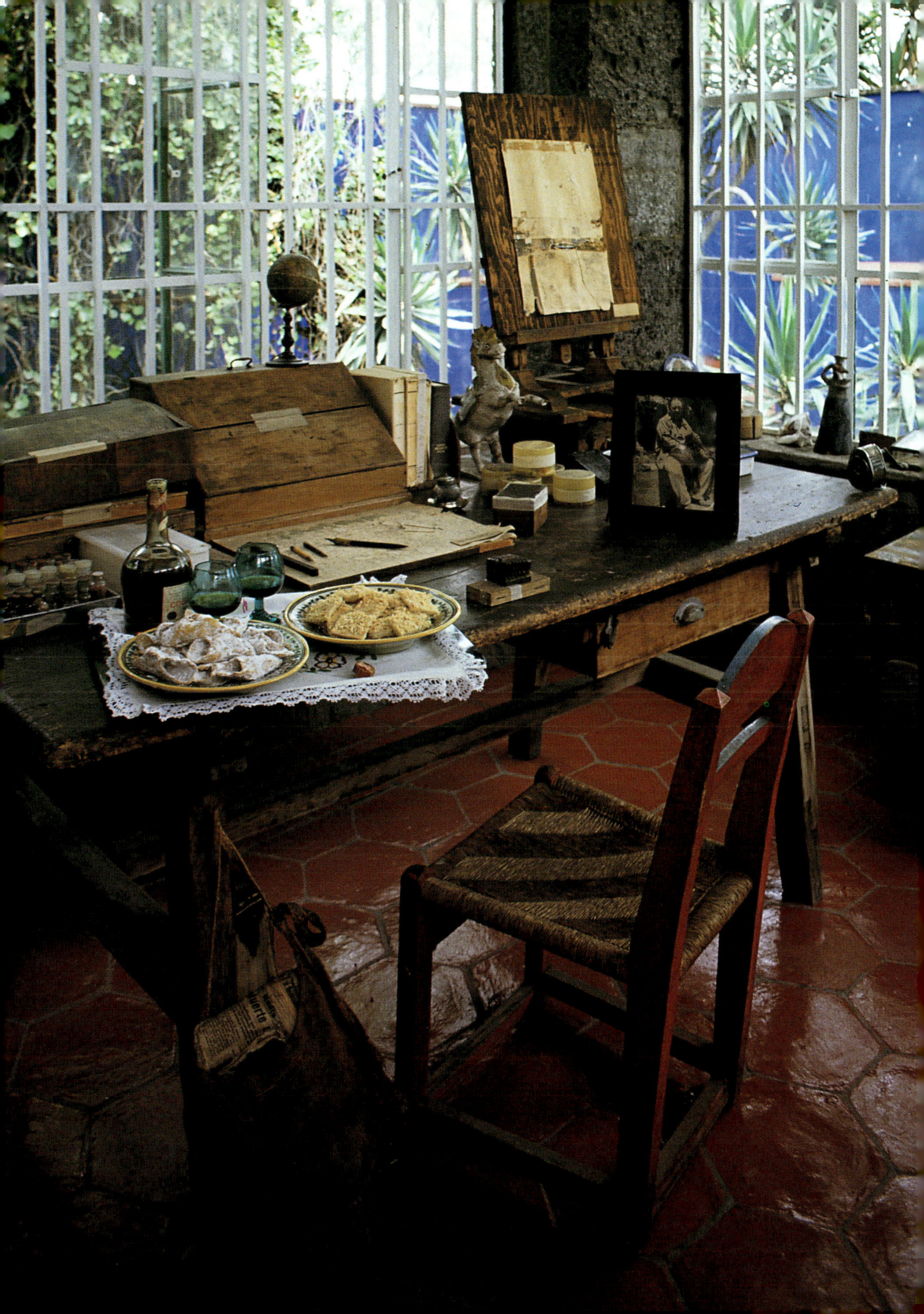

FEBRUAR
Eine Taufe an Lichtmeß

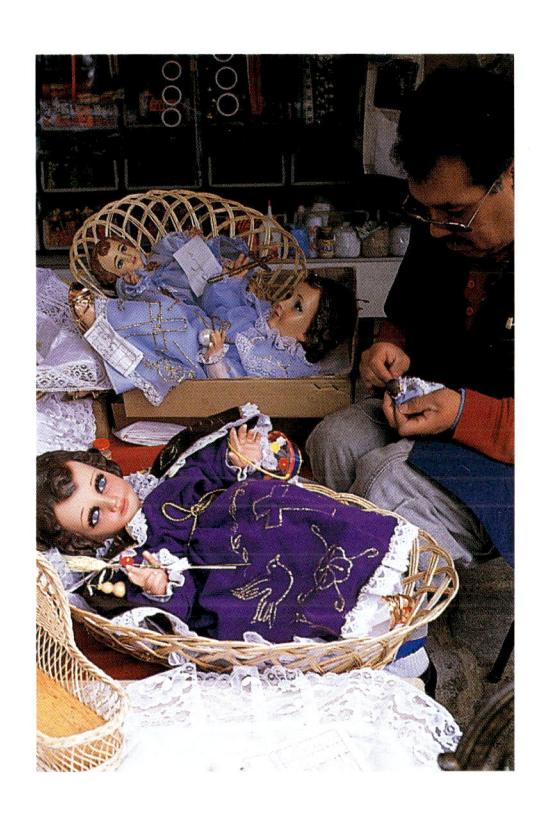

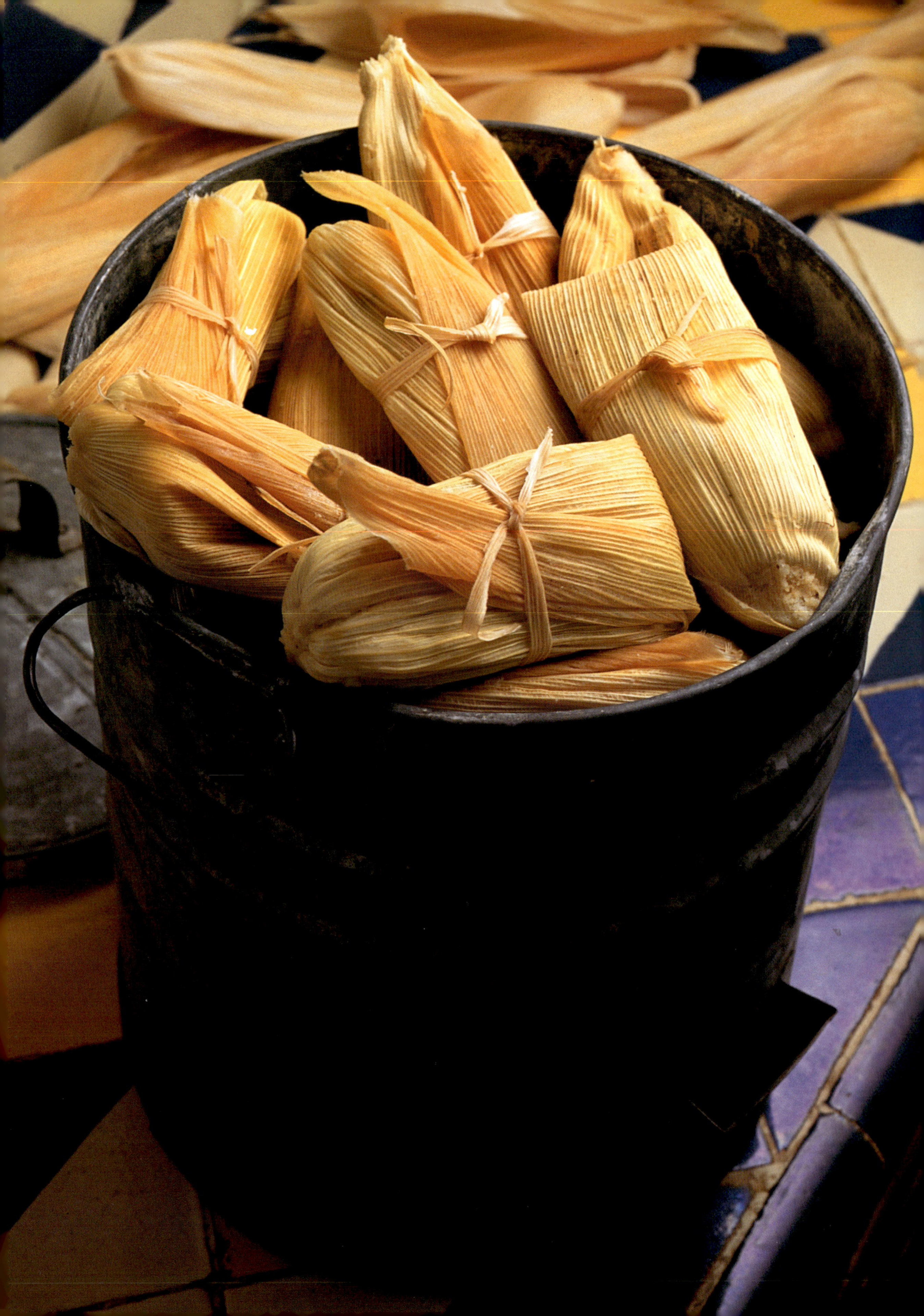

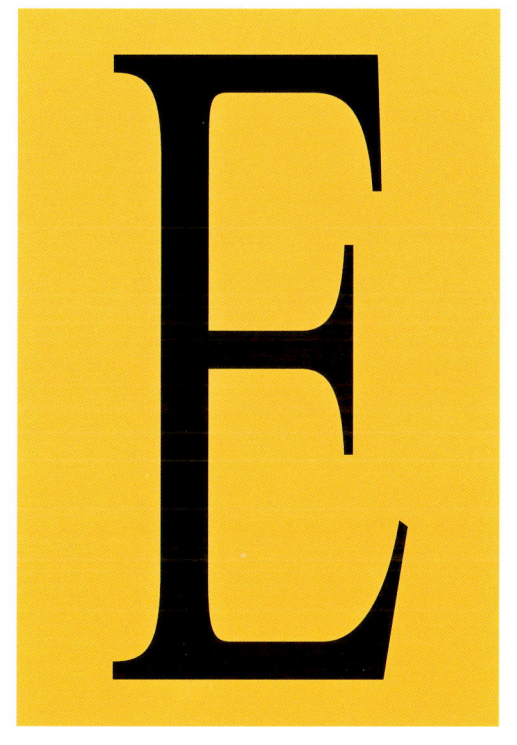

Eines Sonntagmorgens Anfang 1943 kam Doña Micaela zu Besuch. Sie besaß eine Lehmhütte in dem Maisfeld gegenüber dem Blauen Haus, auf der anderen Seite der Allende-Straße. In der Erntezeit verkaufte sie Frida frischen Mais, Kürbisblüten, grüne *chiles* und Bohnen. Außerdem brachte sie frisches Gemüse aus der nahen, an einem See gelegenen Stadt Xochimilco mit, die im ganzen Hochbecken von Mexiko für ihre vorzüglichen Blumen und Gemüsesorten berühmt ist, die dort seit präkolumbischen Zeiten angebaut werden.

Zweck von Doña Micaelas Besuch war es, die »kleine Chefin«, wie sie Frida liebevoll nannte, zu bitten, die Taufe für ein neugeborenes Kind auszurichten. Nach ihrer Berechnung mußte Doña Micaelas Baby noch vor Lichtmeß, also vor dem 2. Februar, zur Welt kommen, und daher meinte sie, das müsse doch ein guter Tag für die Taufe sein. Frida war sofort einverstanden und schlug die Namen María Candelaria für ein Mädchen und Diego Maria für einen Jungen vor. In der Woche darauf gebar Doña Micaela ein bezauberndes kleines Mädchen. Frida hatte zu der Zeit Ferien und ich ebenso. Wir beschlossen, in das Viertel La Lagunilla zu fahren, wo wir die schönsten Taufkleider kaufen und außerdem in Antiquariate, Antiquitätenhandlungen und die Geschäfte gehen konnten, in denen es die schönsten Papierblumen der ganzen Stadt gab.

Nachdem wir ein riesiges Bukett von Papierrosen in Hellgelb, Rosa und gedecktem Weiß gekauft hatten, machten wir uns auf die Suche nach Kleidchen, Häubchen, Schuhen und anderen Artikeln, die das zukünftige Patenkind für die Taufe brauchte. Vorher aßen wir zu Mittag in einem Restaurant, das uns als das beste im ganzen Viertel empfohlen worden war. Das stellte sich als absolut richtig heraus, denn die Besitzerin war eine Dame aus Guadalajara, und das Restaurant war auf die typischen Gerichte und Delikatessen aus dieser Region spezialisiert.

Als erstes aßen wir ein Sandwich mit geschmortem Schweinebraten. Frida bestellte auch eins für »General Falsches Abbiegen«, wie sie den Mann nannte, der uns im Ford-Kombiwagen meines Vaters chauffierte. Wir setzten uns gemeinsam an einen Tisch und bestellten drei Hauptgerichte – Schweinefleisch in Sesam-Mandel-Sauce für Frida, *birría,* ein Gericht aus Hammel- oder Ziegenfleisch, für »General Falsches Abbiegen« und *enchiladas tapatías* für mich. Sogar die Bohnen waren köstlich, weil der Koch oder die Köchin Maiskörner und gebratene *chiles serranos* beigegeben hatte, genau wie es meine Großmutter immer tat.

Nach dem Essen stöberten wir in Antiquariaten. In einem machten wir eine interessante Entdeckung, ein Album mit Fotografien, die Fridas Vater, Guillermo Kahlo, im Jahre 1910 aus Anlaß des hundertsten Jahrestages der mexikanischen Unabhängigkeit aufgenommen hatte. Zu unserer großen Freude waren die Fotografien in ausgezeichnetem Zustand.

Tags darauf machte die angehende Patin noch weitere Pläne für die Taufe von María Candelaria. Es sollte ein großes Fest werden, unter anderem mit einem opulenten Frühstück im Blauen Haus. Doña Micaela regelte inzwischen alles mit der Kirche La Conchita, einer winzigen Kapelle in Coyoacán, in der nach der Überlieferung Hernán Cortéz und seine Gattin Doña Marina la Malinche im Jahre

Seite 127: *Niños, kostümiert für das Lichtmeßfest auf dem Markt von Coyoacán.* Seite 128: *Die Tamales sind mit Picadillo vom Huhn gefüllt* (siehe Rezept auf Seite 136).

1526 die Messe besucht haben. Frida liebte diese romantische Geschichte und fand deshalb auch Gefallen an der kirchlichen Zeremonie.

Am Abend, als die Taufe vorüber war, gingen wir zur Lichtmeßfeier in Adrianas Haus; sie mußte ja das Essen ausrichten, weil der *niño della rosca* in ihrem Stück des Epiphanias-Kuchens gewesen war. Der Ursprung dieses Rituals im Hochbecken von Mexiko ist der präkolumbische Kult für den aztekischen Sonnengott Pilzintecuhtli.

Die meisten mexikanischen Häuser haben einen kleinen Altar, der dem Pilzintecuhtli geweiht ist; der Gott ist als eine aus Holz geschnitzte Figur dargestellt, die von den Großmüttern auf die Enkelinnen vererbt wird.

Am Heiligen Abend wird die Figur in eine Weihnachtskrippe gestellt. Am 2. Februar »aufersteht« der Gott dann vom Weihnachtsfest und erhält ein neues Gewand aus feinster weißer Seide sowie eine mit Pailletten und Perlen geschmückte Filzhaube. Als Gastgeberin brachte Adriana ihren eigenen *niño* und setzte ihn auf einen Stuhl, von dem aus er über das *tamales*-Festmahl präsidierte.

An Lichtmeß wurden nach altem Brauch die verschiedensten *tamales* serviert. Es gab sie in allen Größen und Farben – rot, grün, gefüllt mit *picadillo* vom Huhn oder frischem Mais. Adriana reichte Ananas-*atole* und *champurrado* (heiße Schokoladen-*atole*). Frida hatte überhaupt keine Lust, die »dummen alten *tamales*« zu essen; als Patin bei einer »erstklassigen Taufe« glaubte sie es sich schuldig zu sein, eigene Gerichte mitzubringen, die Eulalia sorgfältig zubereitet hatte.

Sichtlich stolz deckte sie einen Korb ab, der mit phantastischen Kürbisblüten sowie köstlichen gebackenen Bohnen mit Käse gefüllt war. Zum Nachtisch gab es goldgelbe Mürbeteigplätzchen und Frucht-*empanadas*.

Oben: *Ein Sandwich mit Schweinefleisch und pikanter Sauce* (siehe Rezept auf Seite 135) *auf einem handbemalten Teller aus Guanajuato.*
Folgende Seite: *Warenangebot auf dem Markt von Coyoacán anläßlich des Lichtmeßfestes.*

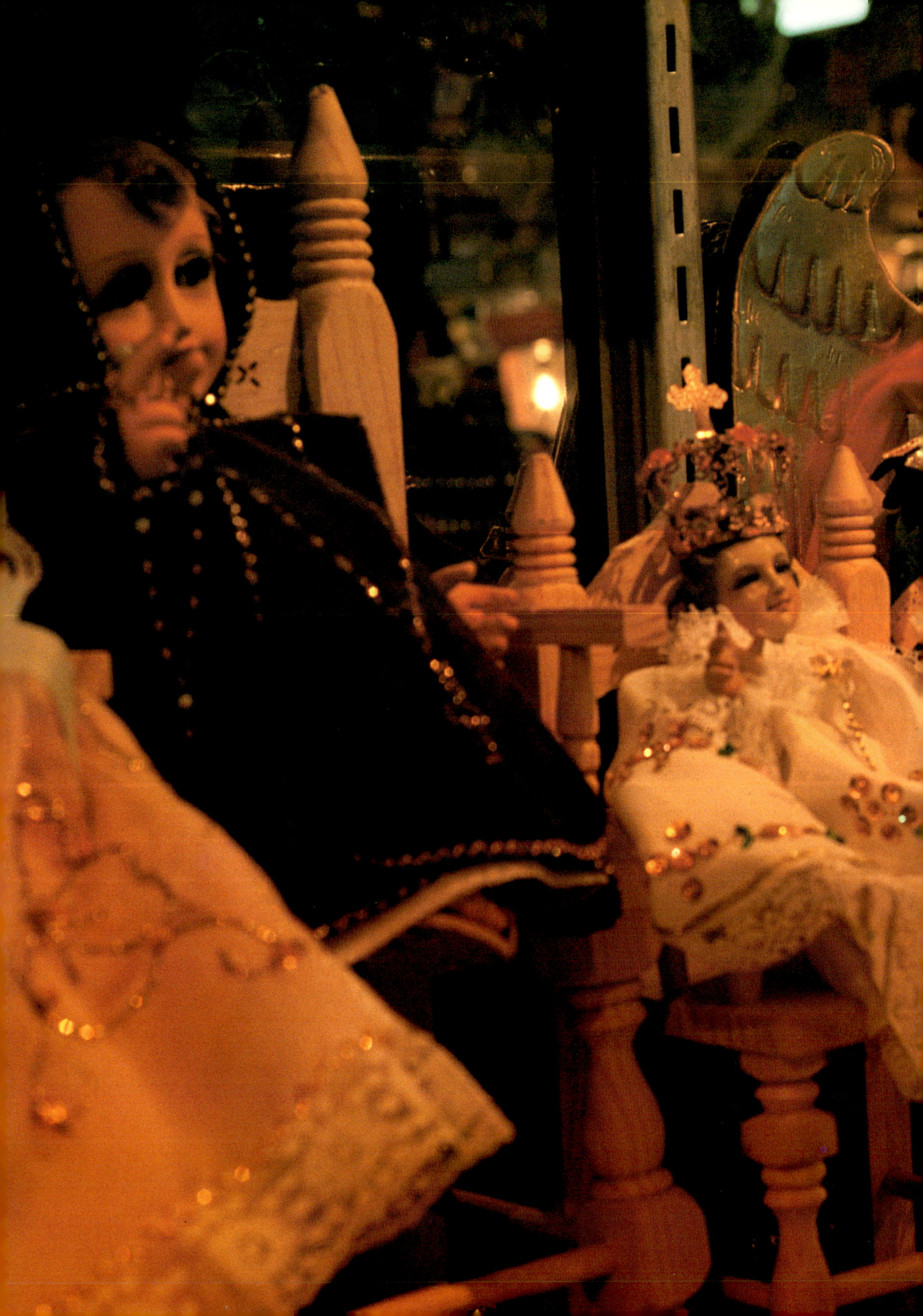

MENÜ

**SANDWICH MIT SCHWEINE-
FLEISCH UND PIKANTER SAUCE**

**TORTILLAS MIT HÜHNERBRUST
UND CHILISAUCE**

**TAMALES MIT PICADILLO VOM
HUHN**

**GRATINIERTE CRÊPES MIT
KÜRBISBLÜTEN**

FRISCHE MAISTAMALES

SCHOKOLADEN-ATOLE

MÜRBETEIGPLÄTZCHEN

KLEINE BAISERS

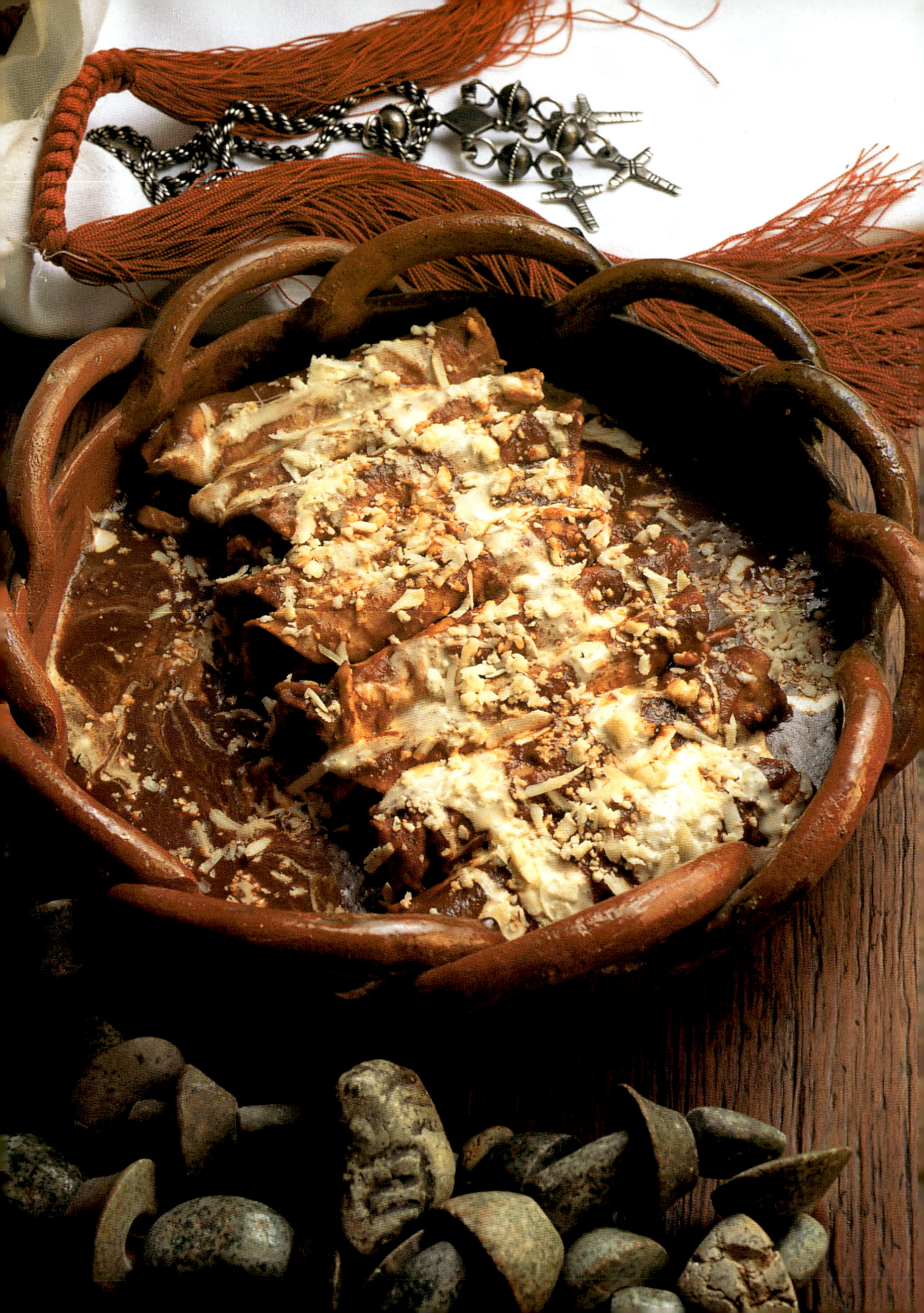

Tortas Ahogadas
Sandwich mit Schweinefleisch und pikanter Sauce

800 g Schweinskarree
1 Karotte, halbiert
1 große Zwiebel, geviertelt
3 Knoblauchzehen
3 TL Salz
8 knusprige Brötchen

TOMATENSAUCE

2 kg reife Tomaten
2 Knoblauchzehen
3 mittelgroße Zwiebeln, in dicke Scheiben geschnitten
125 ml Wasser
3 TL Salz

CHILISAUCE

60 g chiles cascabels (siehe Glossar)
60 g chiles de árbol
2 TL getrockneter Oregano
Salz
375 ml Wasser

Die Tomatensauce wird lauwarm oder kalt verwendet und daher zuerst zubereitet. Tomaten, Knoblauch und Zwiebeln mit Wasser und Salz nach Geschmack in einen Topf geben. Alles etwa 20 Minuten leise köcheln lassen, bis die Tomaten und die Zwiebeln gar sind. Vom Herd nehmen, leicht abkühlen lassen, pürieren und die Sauce durchpassieren.

Für die Chilisauce die *chiles* in einer schweren Eisenpfanne rösten (siehe Glossar) und die Stiele entfernen. Die Schoten mit dem Oregano, Salz nach Geschmack und Wasser im Mixer pürieren.

Das Fleisch mit Wasser bedecken. Karotte, Zwiebel, Knoblauch und Salz hinzufügen und das Fleisch etwa 45 Minuten kochen, bis es zart ist. Abkühlen lassen und dann in Streifen schneiden. Die Brötchen waagerecht auf-, aber nicht ganz durchschneiden und mit dem Fleisch füllen. Die Sandwiches jeweils zur Hälfte mit Tomatensauce überziehen. Nach Geschmack Chilisauce hinzufügen.

Für 8 Personen

Enchiladas Tapatías
Tortillas mit Hühnerbrust und Chilisauce

24 kleine Tortillas
Öl
1½ Hühnerbrüstchen, gegart und in feine Streifen geschnitten
250 ml saure Sahne
250 g queso añejo (siehe Glossar) oder Parmesan, zerbröckelt

CHILISAUCE

8–10 chiles anchos (siehe Glossar), geröstet (siehe Glossar), enthäutet und die Scheidewände entfernt
500 ml heißes Wasser
½ große Zwiebel, gehackt
2 kleine Knoblauchzehen
2 EL Öl
Salz

Für die Sauce die Chilischoten etwa 10 Minuten in dem heißen Wasser einweichen, pürieren und abtropfen lassen. Zwiebeln und Knoblauch in heißem Öl glasig dünsten. Das Chilipüree hinzufügen und nach Geschmack salzen. Die Sauce etwa 10 Minuten kochen, bis sich ihr volles Aroma entfaltet.

Die Tortillas kurz in heißem Öl braten. In die Sauce tauchen, mit Hühnerfleisch füllen und aufrollen. Auf einer Servierplatte anrichten, weitere Sauce und dann die saure Sahne darüber verteilen. Zum Schluß mit dem zerbröckelten Käse bestreuen.

Für 8 Personen

Linke Seite: Tortillas mit Hühnerbrust und Chilisauce in einer Schale mit gewelltem Rand aus Oaxaca. Die Halskette stammt aus Yalalag.

Tamales de Picadillo de Pollo
Tamales mit Picadillo vom Huhn

PICADILLO VOM HUHN

2 kleine Zucchini, gegart und gewürfelt
150 g Erbsen, gegart
2 kleine Karotten, gegart und gewürfelt
2 Kartoffeln, gegart und gewürfelt
150 g grüne Bohnen, gegart und kleingeschnitten
1½ Hühnerbrüstchen, gegart und in feine Streifen geschnitten
1 EL Schweineschmalz
200 ml Tomatenpüree, mit ½ großen Zwiebel püriert und abgetropft
3 chiles jalapeños (siehe Glossar), gehackt
30 g Mandeln, blanchiert, enthäutet und gehackt
30 g Rosinen
2 EL Essig
1 EL Zucker
¼ TL Zimtpulver
Salz

MASA

1 kg masa harina (siehe Glossar)
500 ml Hühnerbrühe
6 EL Zucker
Salz
500 g Schweineschmalz
40–50 getrocknete Maishüllblätter (siehe Glossar), 10 Minuten in kaltem Wasser eingeweicht und gut abgetropft

Für den *picadillo* die gegarten Gemüse mit dem Hühnerfleisch vermischen. In einer großen Pfanne das Schmalz erhitzen, das Tomatenpüree hinzufügen und 5 Minuten köcheln lassen, dabei häufig rühren. Die Gemüse-Fleisch-Mischung, Chilischoten, Mandeln, Rosinen, Essig, Zucker, Zimtpulver und Salz nach Geschmack dazugeben. Das Ganze einige Minuten kochen lassen, bis sich der volle Geschmack entfaltet.

Die *masa harina* mit der Hühnerbrühe, dem Zucker und Salz nach Geschmack vermengen und alles gründlich verrühren. 10 Minuten ruhen lassen. In einer separaten Schüssel das Schmalz schaumig schlagen. An die *masa harina* geben und die Mischung noch 2 Minuten mit dem Holzlöffel bearbeiten.

Auf jedes Maishüllblatt 1 gehäuften Eßlöffel *masa* geben und darauf den *picadillo* verteilen. Die Blattränder nach innen über die Füllung schlagen. Die Blattenden über der Mitte zusammenfalten (siehe Abbildung S. 128). Die Päckchen nach Belieben mit schmalen Blattstreifen zusammenbinden.

Einen großen Dämpftopf oder eine *tamalera* mit 1 Liter Wasser füllen. Den Dämpfeinsatz mit Maishüllblättern auslegen und die *tamales* am Rand entlang aufrecht hineinsetzen. Zugedeckt 1 Stunde dämpfen, bis sie richtig gar sind und die Füllung sich mühelos von den Blättern löst.

Für 8–10 Personen

Budín de Flor de Calabaza
Gratinierte Crêpes mit Kürbisblüten

CRÊPES

4 EL zerlassene Butter
6 Eier
100 g Mehl
180 ml Milch
Salz
2 EL Butter

FÜLLUNG

1 mittelgroße Zwiebel, feingehackt
2 EL Butter
1 kg Kürbisblüten, Stiele und Stempel entfernt, die Kelche gehackt
Salz und frisch gemahlener Pfeffer
375 ml abgetropftes Tomatenpüree

EINE TAUFE AN LICHTMESS

300 g panela *(siehe Glossar), oder* queso de Oaxaca *(siehe Glossar) oder Munster, gerieben*
375 ml Crème fraîche

Zunächst die Crêpes herstellen. Dafür alle Zutaten außer der Butter mit dem Schneebesen verrühren. Den Teig durch ein feines Sieb streichen und 1 Stunde ruhen lassen. In eine kleine, mit etwas Butter eingefettete Pfanne oder spezielle Crêpe-Pfanne 1 Eßlöffel Teig geben und rasch herumschwenken, so daß er sich gleichmäßig und dünn über den Boden verteilt. Die Crêpe wenden, von der anderen Seite noch einige Sekunden backen und dann sofort aus der Pfanne gleiten lassen. Während der Zubereitung der restlichen Crêpes die Pfanne nach Bedarf mit Butter einfetten.

Für die Füllung die Zwiebeln in der Butter anschwitzen, bis sie glasig sind. Die Kürbisblüten hinzufügen, nach Geschmack salzen und pfeffern und 4 Minuten dünsten. Das Tomatenpüree dazugeben und die Mischung einkochen lassen, bis sie die richtige Konsistenz für eine Füllung hat.

In eine ofenfeste Form eine Lage Crêpes geben, gefolgt von einer Schicht Kürbisblütenfüllung, einer Schicht Käse und 125 ml Crème fraîche. Diese Reihenfolge noch zweimal wiederholen.

Das Gericht anschließend etwa 25 Minuten im vorgeheizten Ofen bei 175 °C (Gasherd Stufe 2) backen, bis es durch und durch heiß und zart überkrustet ist..

Für 12 Personen

Oben: »Pitahayas«, 1938.
Folgende Seite: *Gratinierte Crêpes mit Kürbisblüten in einer Schale aus Patzcuaro. Die Biergläser aus Preßglas stammen aus Puebla.*

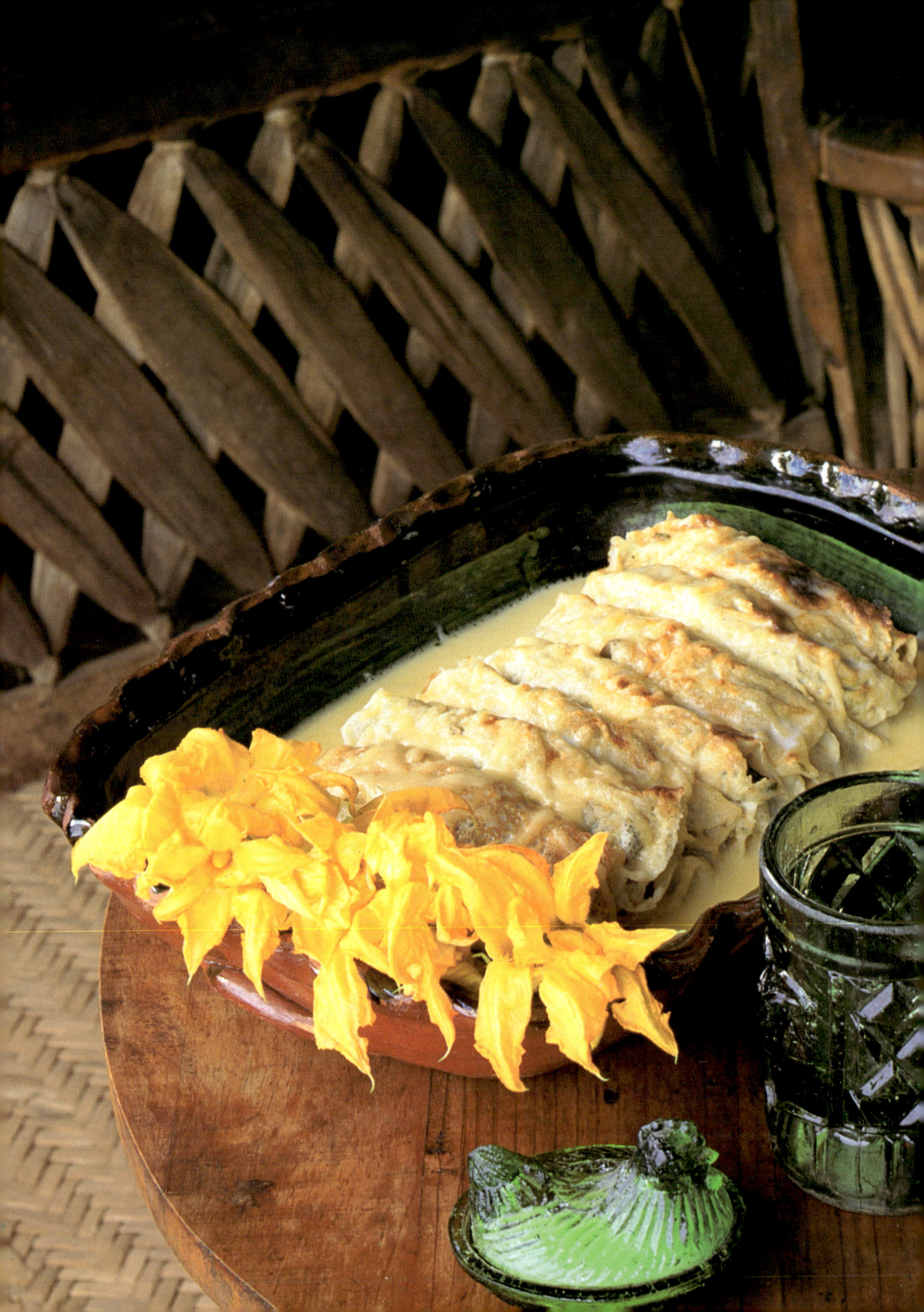

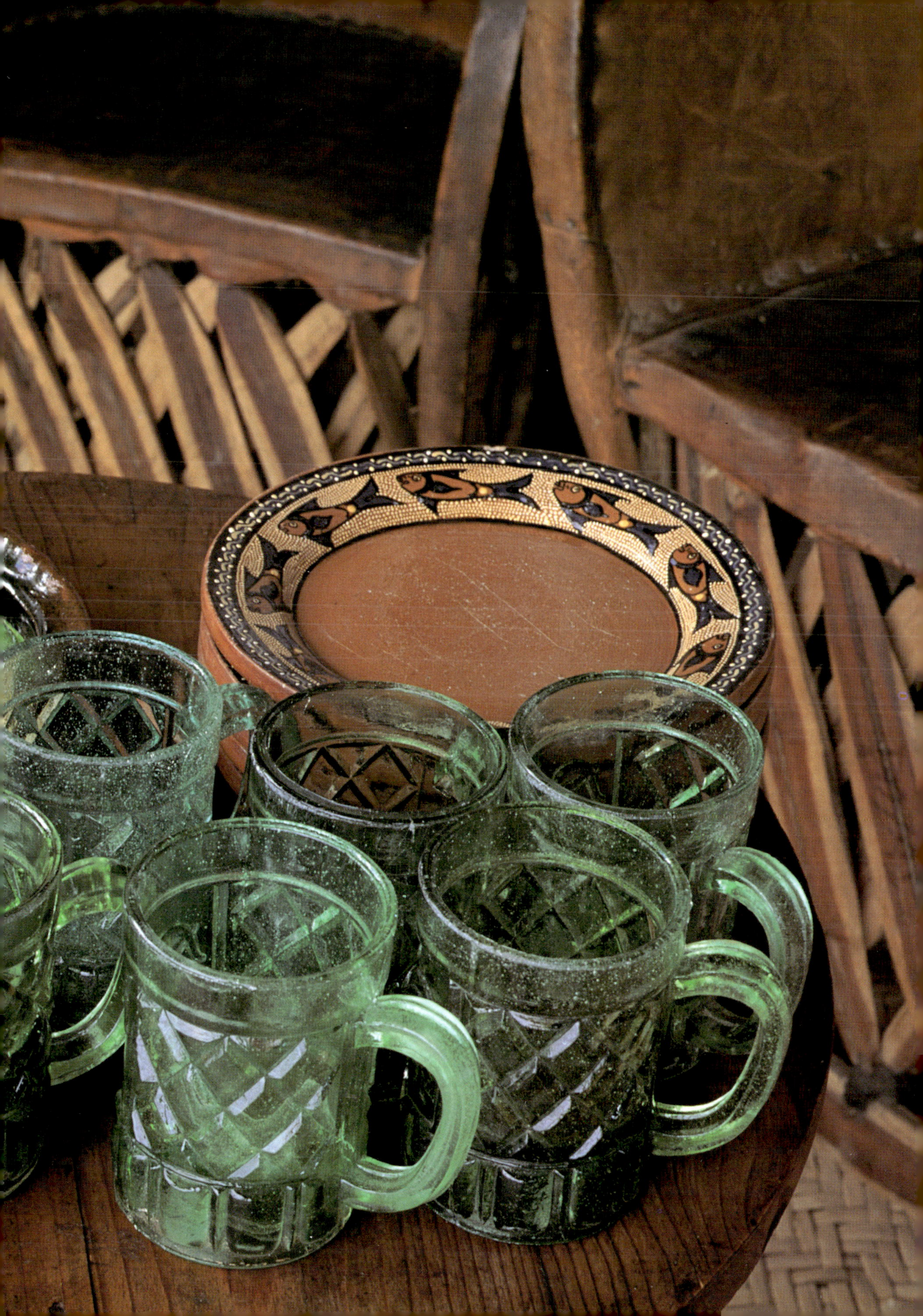

Tamales de Elote
Frische Maistamales

8 Maiskolben mit ihren Hüllblättern
180 g Butter
3 EL Zucker
2 EL Mehl
1½ TL Salz

Von den Maiskolben die Hüllblätter ablösen und beiseite legen. Die Körner im Mixer mahlen. Die Butter mit Zucker, Mehl und Salz verrühren. Das Maismehl untermengen und die Masse energisch mit dem Holzlöffel bearbeiten. Diese Füllung jeweils eßlöffelweise auf die Hüllblätter geben. Die Blätter zusammenfalten, so daß Päckchen entstehen (siehe Abbildung S. 128).

Wasser in einen Dämpftopf geben. Den Einsatz mit den restlichen Hüllblättern auslegen und die *tamales* am Rand entlang aufrecht hineinsetzen. Etwa 40 Minuten dämpfen.

Für 8 Personen

Champurrado
Schokoladen-Atole

250 g masa harina (siehe Glossar) und 3 l Wasser
100 g piloncillo (siehe Glossar), zerbröselt, oder brauner Zucker
250 g mexikanische Schokolade (siehe Glossar) oder Halbbitterschokolade

Die *masa harina* in 1 Liter Wasser einige Minuten quellen lassen. Durchseihen und die Flüssigkeit in einen großen Topf geben. Das restliche Wasser und den Zucker hinzufügen. Einmal aufkochen, dann leise köcheln lassen, bis sich der Zucker aufgelöst hat. Die Schokolade darin schmelzen lassen, gründlich umrühren und heiß servieren.

Für 8 Personen

Polvorones
Mürbeteigplätzchen

450 g Mehl, gesiebt
300 g Schweineschmalz
200 g extrafeiner Zucker
4 EL Rum
160 g Puderzucker
Schweineschmalz zum Einfetten der Backbleche

Das Mehl auf die Arbeitsfläche häufen. In die Mitte eine Mulde drücken und Schmalz, Zucker und Rum hineingeben. Zu einem glatten Teig verarbeiten und diesen 1,2 cm dick ausrollen. Kreise in der gewünschten Größe ausstechen und auf eingefettete Backbleche legen. Die Plätzchen im Ofen bei 180 °C (Gasherd Stufe 2–3) in 12–15 Minuten goldgelb backen. In Puderzucker wälzen.

Ergibt 25–30 Stück

Merenguitos
Kleine Baisers

4 Eiweiß, zimmerwarm
½ TL Vanille-Extrakt
200 g extrafeiner Zucker
Butter und Mehl für die Backbleche

Die Eiweiß zu Schnee mit weichen Spitzen schlagen. Den Vanille-Extrakt dazugeben. Den Zucker eßlöffelweise mit dem Schneebesen unterschlagen, wobei schließlich steifer Schnee entsteht. Die Baisermasse in einen Dressiersack füllen und in Häufchen beliebiger Größe auf die vorbereiteten Bleche spritzen. Die Baisers im vorgeheizten Ofen bei 95 °C (Gasherd niedrigste Stufe bei geöffneter Tür) in etwa 35–45 Minuten durchtrocknen lassen.

Ergibt 30–40 Stück

Rechte Seite: *Kleine Baisers auf einem Gebäckteller aus Michoacán.*

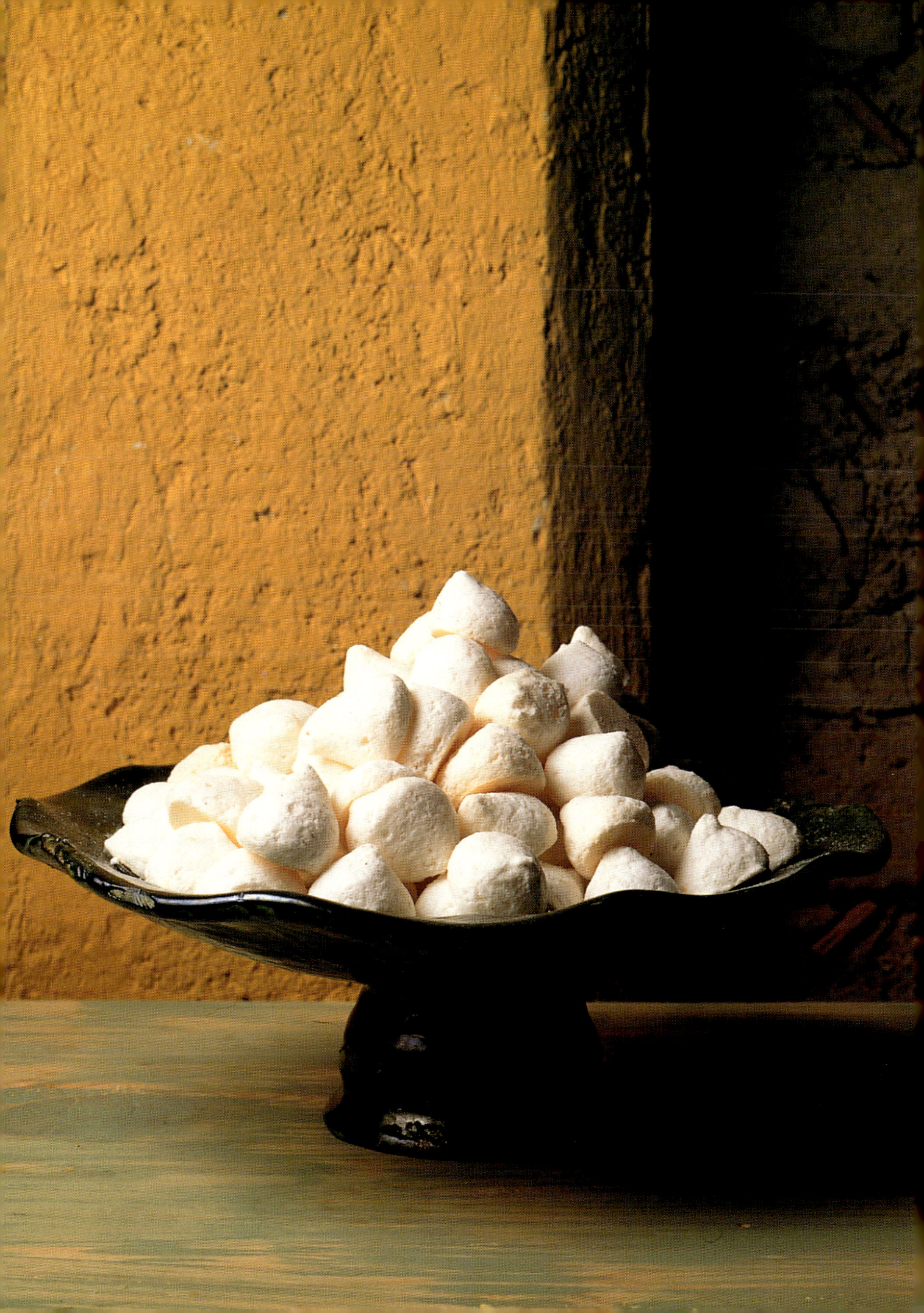

MÄRZ

Teotihuacán, wo Sonne und Mond zu Hause sind

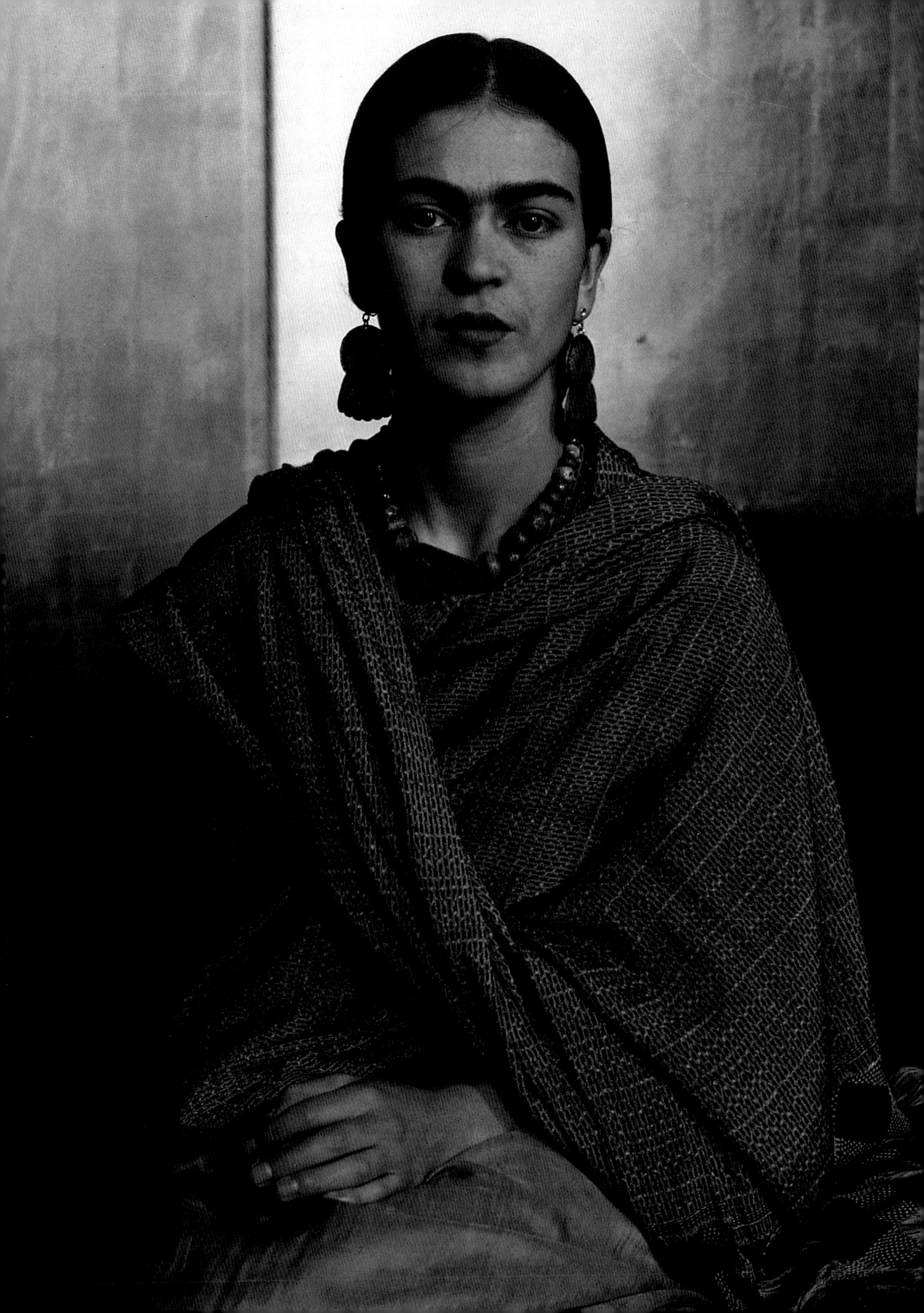

Die heißen Märzwinde wehten schon, als der Aschermittwoch und mit ihm die fleischlosen Fastengerichte herannahten.

Als wir uns an einem Donnerstag zu Tisch setzten, fiel mir auf, daß Frida verstimmt war. Sie hatte gerade einen Zeitungsartikel gelesen, der meinem Vater eine Affäre mit einer attraktiven ungarischen Malerin unterstellte. Die Reporterin behauptete, Rivera werde die Ungarin heiraten, sobald er sich von seiner derzeitigen Frau, der Malerin Frida Kahlo, habe scheiden lassen.

MÄRZ

»Wenigstens bleibt es unter Malern«, sagte Frida. »Du mußt zugeben, Piquitos, daß ich nicht überrascht bin. Es wird nicht das erste Mal sein, daß dein Vater eine Künstlerin wegen einer anderen verläßt. Denk nur daran, wie er Angelina Beloff wegen Marievna verließ, als beide schwanger waren!«

Dann sagte sie: »Komm, laß uns in die Bibliothek gehen. Dort können wir uns gemütlicher unterhalten.«

In der Bibliothek zeigte sie mir ihre geheimen Schätze. In zwei Vitrinen bewahrte sie den prachtvollen präkolumbischen Schmuck auf, den mein Vater ihr im Laufe der Jahre geschenkt hatte. Dort befanden sich auch ihre Sammlung von Volkskunst-Spielsachen und ihre *retablos* (Votivbilder). Sie zeigte mir auch Murmeln aus altem Glas, in allen Größen. Die buntschillernden Katzenaugen in der Mitte ließen sie wie magische Gegenstände erscheinen, deren wechselnde Farben die Zukunft prophezeien konnten.

Für den Rest des Nachmittags vertieften wir uns ins Werk Sigmund Freuds. Frida hatte beschlossen, ein Bild über den Propheten Moses zu malen, über den der Wiener Meister so geistreich geschrieben hatte. Sie wollte ihr Verständnis von Moses als mythologische Gestalt vertiefen. Ihre Zweifel darüber, inwieweit Moses als Mensch und inwieweit er als etwas anderes zu sehen war, spiegelten sich auch in ihrer Malerei, in der die Phantasie oft die Realität vertrat und sie dadurch von einer menschlichen Erfahrung in eine mythologische verwandelte.

Frida war so wütend auf meinen Vater, daß sie tags darauf vorschlug, wir sollten einfach verschwinden. So fuhren wir im Morgengrauen ab, mit Cristina Kahlo in ihrem kleinen Ford. Ich hatte keine Ahnung, wohin die Reise ging. Das einzige, was ich erkannte, nachdem wir die ganze Insurgentes-Straße von Süden nach Norden entlanggefahren waren, war die Straße nach Pachuca, der Hauptstadt des Staates Hidalgo. Dann wurde mir klar, daß wir nach San Juan Teotihuacán fuhren, einem magischen Ort nicht weit von Mexiko Stadt.

Im Nahuatl, also im Aztekischen, bedeutet Teotihuacán soviel wie »Stadt der Götter«. Damals lag über der Stätte noch die Stille eines heiligen Ortes. Als wir ankamen, brannte die Sonne auf die Pyramiden und Paläste der Stadt herab. Weil zu dieser Stunde die majestätischen Pyramiden der Sonne und des Mondes keine Schatten werfen, sahen sie aus wie zweidimensionale Zeichnungen auf dem klaren blauen Hintergrund des Himmels, und es war, als betrachteten wir ein Bühnenbild ohne Perspektive und Kontraste.

Frida war von der Atmosphäre des Ortes gänzlich gefangengenommen. Sie griff automatisch nach dem Skizzenbuch, das sie in ihrer im Otomi-Stil bestickten Stofftasche bei sich trug. Wieder einmal skiz-

Seite 143: *Die Sonnenpyramide in Teotihuacán.*
Seite 144: *Ein Porträt von Frida Kahlo.*

zierte sie die Silhouetten der Pyramiden und des Tempels der Schmetterlinge, der neben der Mondpyramide steht. Sie legte die Skizze genauso an wie damals, als sie das Porträt von Luz María gemalt hatte, der Enkelin von Don Tomás Teutli und seiner Frau Rosa, direkten Nachkommen der Erbauer von Teotihuacán.

Auf diesem Porträt trägt das Mädchen einen Pullover, der aus einheimischen Materialien in einem traditionellen Muster gewebt ist. Sie sitzt auf einem Stuhl; im Hintergrund sehen wir einen blassen Mond und eine wäßrige Sonne, Himmelskörper, die halb ausgelöscht sind durch die Anwesenheit des Kindes, das sichtlich stolz ist auf seine Identität. Auch die Silhouette der Pyramide ist verschwommen, und der Hintergrund ist so düster wie Fridas Stimmung an jenem Tage.

Später fuhr uns Cristina über eine holperige Straße zum Rand der heiligen Stadt. Hier stand Don Tomás' Haus, umgeben von Orgelpfeifenkakteen, Agaven und Feigenkakteen. Don Tomás stand in der Haustür, und als er uns sah, rief er: »Doña Frida! Wir warten schon seit gestern nachmittag auf Sie! Ich habe die Trauer gespürt, die Sie zu uns bringt. Ich bin sehr glücklich, daß Sie wohlbehalten angekommen sind. Bitte treten Sie ein, kommen Sie in mein Haus.«

Er gab uns zu trinken und bat dann Frida, mit ihm in den Garten zu gehen. Als er dies gesagt hatte und das Gespräch auf andere Themen kam, verwandelte sich dieser schlichte, stille Mann jäh in ein bedrohliches Wesen wie Quetzalcoatl, die Gottheit von Teotihuacán. In seinen Augen flammte ein merkwürdiges Licht auf, und er sprach prophetische Worte.

»*Niña Fridita*«, sagte er, »es liegt noch mehr Leid vor Ihnen, aber Sie werden im Schutz und in der Obhut des Mannes sterben, der Ihnen jetzt Schmerzen verursacht. Sie und Don Diego werden nicht imstande sein, getrennt zu leben. Manchmal sind Sie beide in Liebe und Zuneigung vereint, zu anderen Zeiten steht der Haß zwischen Ihnen. Aber nach Ihrem Tod werden Sie ein einziger leuchtender Stern sein, Sonne und Mond in Konjunktion. Zweifeln Sie nicht, mein liebes Mädchen; Sie sind dazu bestimmt, für immer in diesem Universum zu leben, jeder mit dem anderen vereint in ewiger Eklipse.«

Mit diesen Worten endete die Prophezeiung, und er war wieder der bescheidene, sanftmütige Bauer, der inmitten der Kakteen und Agaven auf uns gewartet hatte, in der Tür seines Hauses.

Nachdem sie uns die traditionelle Erfrischung *agua de chía* (Salbeigetränk) angeboten hatte, lud uns Doña Rosa zum Essen ein. Sie hatte mehrere Fastengerichte zubereitet, die man auf der ganzen zentralmexikanischen Ebene ißt. Doña Rosa und Don Tomás gewährten uns drei Tage Gastfreundschaft, Tage, in denen Wirklichkeit und Magie eins waren.

Folgende Seite: *Mittagessen im Haus von Don Tomás Teutli und seiner Frau Doña Rosa in Teotihuacán.*

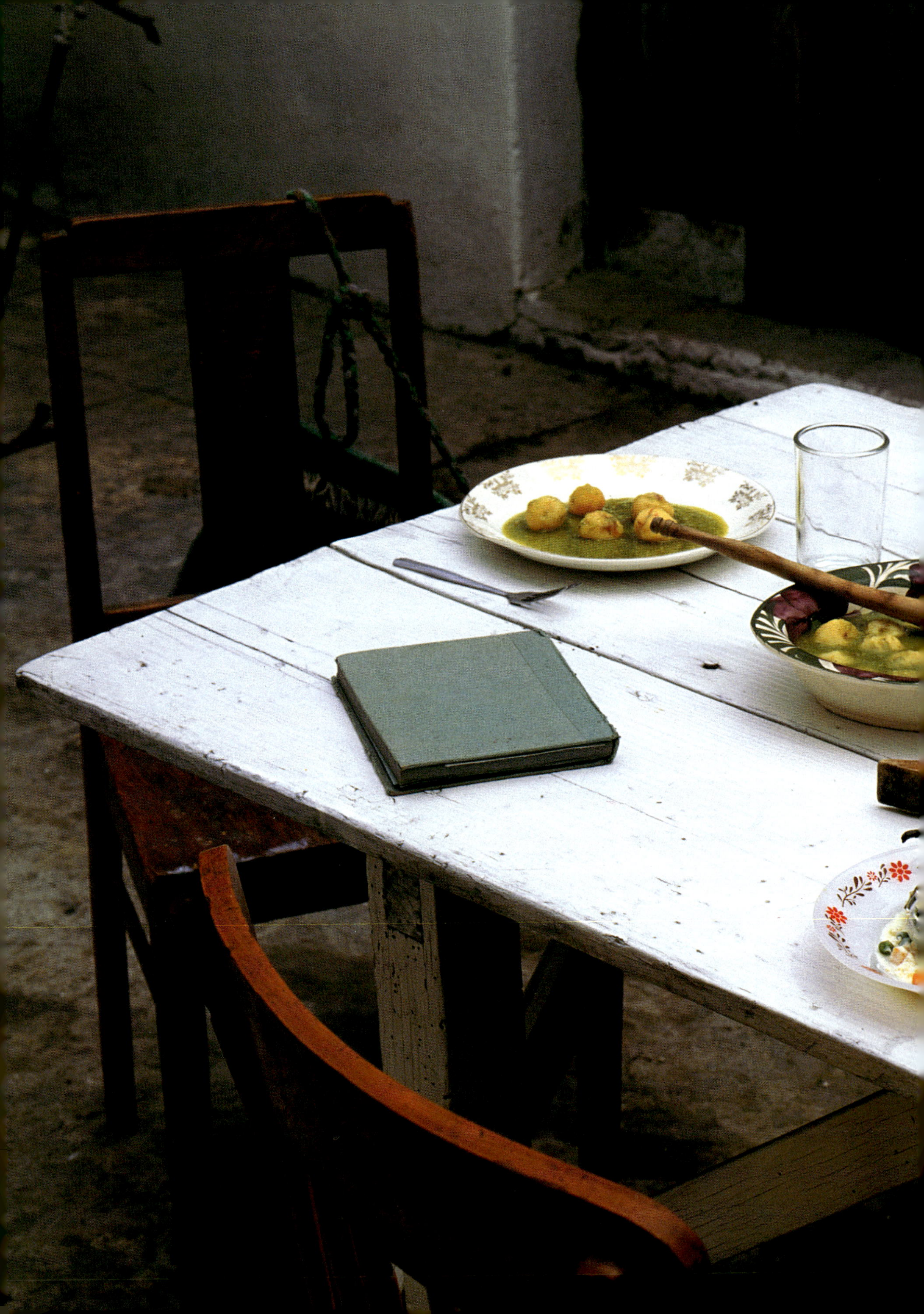

MENÜ

KARTOFFELN IN GRÜNER SAUCE

BOHNENPÜREE

TACOS MIT GARNELEN

LIMABOHNENSUPPE

KALTE CHILLIES MIT
GEMÜSEFÜLLUNG

RED SNAPPER NACH ART
VON VERACRUZ

RÖMISCHER SALAT MIT TOMATEN,
BLUMENKOHL UND ROTEN BETEN

MANGOSORBET

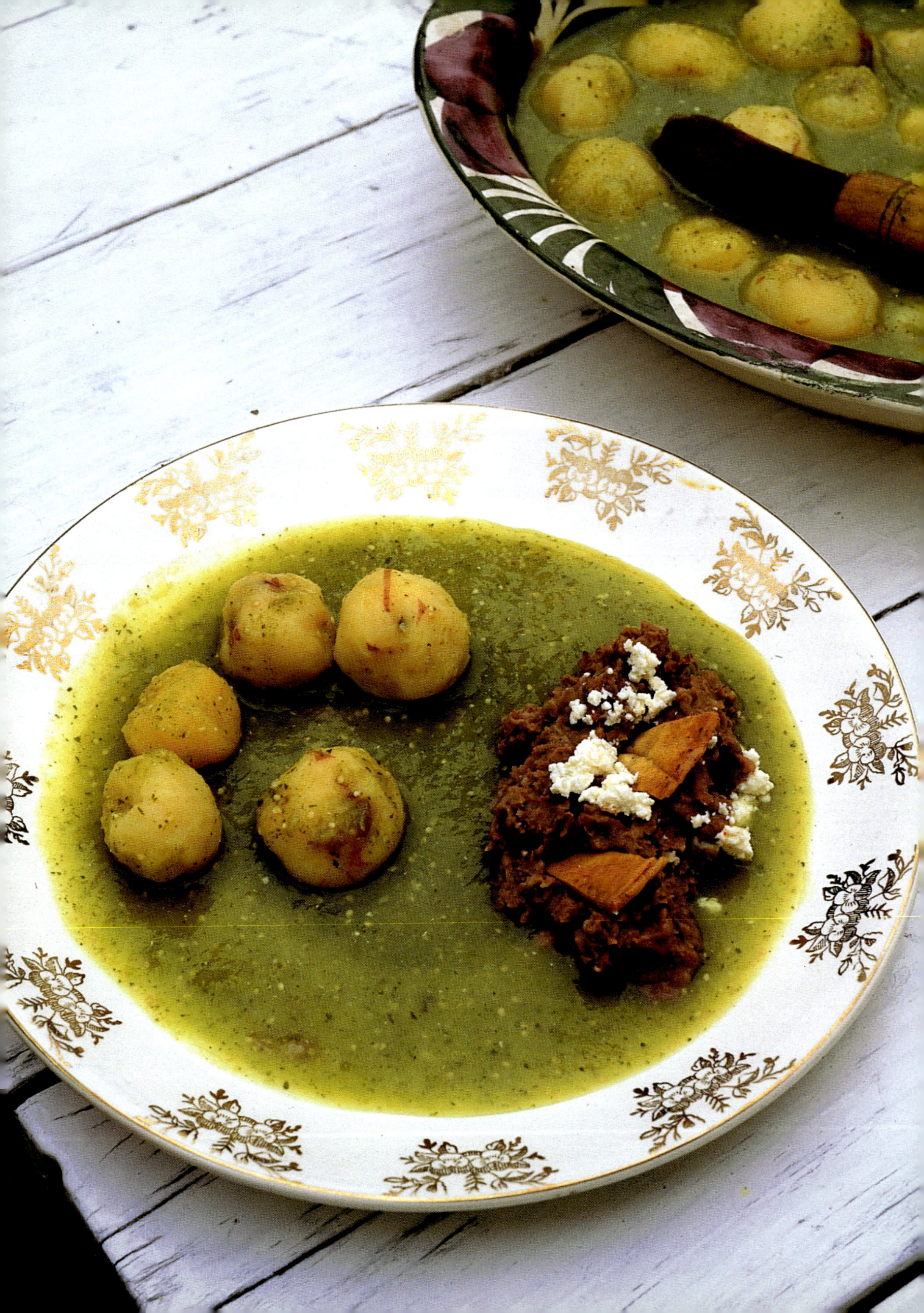

Papas en Salsa Verde
Kartoffeln in grüner Sauce

1 kg kleine Kartoffeln
1 kg tomatillos (siehe Glossar), enthäutet
4 chiles serranos (siehe Glossar)
Salz
250 ml Wasser
100 g Koriandergrün, grobgehackt
2 EL Schweineschmalz
1 große Zwiebel, feingehackt

Die Kartoffeln schälen und 1 Minute kochen, abgießen und beiseite stellen. Die *tomatillos* mit den *chiles* und Salz nach Geschmack im Wasser leise köchelnd garen. Leicht abkühlen lassen und mit dem Koriandergrün im Mixer pürieren.

Das Schmalz in einer Pfanne erhitzen und die Zwiebeln darin dünsten, bis sie glasig sind. Die pürierten *tomatillos* hinzufügen und 10 Minuten garen. Die Kartoffeln dazugeben und etwa 15 Minuten in der Sauce garen, bis sie weich sind.

Für 8 Personen

Frijoles Refritos
Bohnenpüree

250 g Schweineschmalz
1 Zwiebel, feingehackt
500 g gekochte Bohnen mit 250 ml ihrer Garflüssigkeit
Salz
Queso añejo (siehe Glossar) oder Parmesan, gerieben
Totopos (siehe Glossar) oder Tortilla-Chips

Das Schmalz in einer Pfanne erhitzen. Die Zwiebeln hineingeben und dünsten, bis sie eine goldgelbe Farbe angenommen haben. Die Bohnen mit ihrer Garflüssigkeit dazugeben und zerstampfen. Das Püree mit Salz abschmecken und braten, bis es trocken wird – wenn man den Kochlöffel über den Pfannenboden zieht, darf die Flüssigkeit nicht sogleich wieder zusammenfließen. Das Bohnenpüree auf eine Servierplatte geben. Mit Käse bestreuen und mit *topopos* garnieren.

Für 4–6 Personen

Tacos de Camarones
Tacos mit Garnelen

1 mittelgroße Zwiebel, gehackt
4 chiles serranos (siehe Glossar), gehackt
4 EL Butter
3 mittelgroße Tomaten, enthäutet, entkernt und gehackt
Salz und frisch gemahlener Pfeffer
500 g gekochte Garnelen
24 mittelgroße Tortillas

Die Zwiebeln mit den Chilischoten in der Butter anbraten, bis sie glasig sind. Die Tomaten dazugeben, salzen und pfeffern und 10 Minuten dünsten, bis sie zu Mus zerfallen. Falls die Sauce zu dickflüssig wird, etwas Hühnerbrühe oder Wasser einrühren.

Die Garnelen hinzufügen und 2 Minuten durchwärmen.

Die Tortillas mit der Garnelenmischung füllen und aufrollen oder aber die Mischung separat zu den Tortillas servieren. Heiß genießen.

Für 8 Personen

Linke Seite: *Kartoffeln in grüner Sauce mit Bohnenpüree.*

MÄRZ

Petersilie hinzufügen und köchelnd eindicken lassen. Die pürierten Bohnen dazugeben, das Ganze mit Salz und Pfeffer abschmecken. Falls nötig, noch etwas Hühnerbrühe hinzugießen. Die Suppe noch 15–20 Minuten leise simmern lassen, bis alle Aromen vermischt sind. Die Petersilienstengel entfernen, die Suppe mit gerösteten Brotscheiben garnieren und sehr heiß servieren.

Für 8 Personen

Chiles Rellenos de Verduras en Frío
Kalte Chillies mit Gemüsefüllung

16 chiles poblanos (siehe Glossar) oder grüne Paprikaschoten, geröstet (siehe Glossar), enthäutet und die Scheidewände entfernt
2 mittelgroße Zwiebeln, in Scheiben geschnitten
4 EL Weißweinessig
Je 1 EL frischer Thymian, Oregano, Majoran und Koriandergrün
1 Lorbeerblatt
150 g Blumenkohl, gegart und gehackt
2 kleine Karotten, gegart und gehackt
100 g Erbsen, gegart
4 Avocados, geschält und gewürfelt
2 Schalotten, feingehackt
125 ml Olivenöl
3 EL Essig
Salz und frisch gemahlener Pfeffer
750 ml Crème fraîche
250 g queso añejo (siehe Glossar) oder Parmesan, zerkrümelt

Sopa de Habas
Limabohnensuppe

500 g getrocknete Limabohnen
Etwa 3 l Hühnerbrühe
4 EL Maiskeimöl
450 g Tomaten, mit ½ Zwiebel und 1 Knoblauchzehe püriert und durchpassiert
2 Stengel Petersilie
Salz und frisch gemahlener Pfeffer
2 knusprige Brötchen, in Scheiben geschnitten und in der Pfanne geröstet

Die Bohnen über Nacht in kaltem Wasser einweichen. Abseihen und das Einweichwasser weggießen. Die Bohnen in der Hühnerbrühe kochen, bis sie weich sind. Leicht abkühlen lassen und mit der Flüssigkeit im Mixer pürieren. Das Öl in einem großen Suppentopf erhitzen. Das Tomatenpüree mit der

Die Chilischoten in einem Topf mit Wasser bedecken. Die Zwiebeln, den Weißweinessig und die Kräuter dazugeben und die Chilischoten kochen, bis sie gar sind. Abgießen und die Chilischoten abkühlen lassen. Die gegarten Gemüse mit den Avocados, den Schalotten, dem Öl und dem Essig vermischen.

Oben: Limabohnensuppe,
garniert mit einer Scheibe Röstbrot.

Das Ganze mit Salz und Pfeffer abschmecken und in die Chilischoten füllen. Die gefüllten Chillies mit Crème fraîche überziehen, mit Käse bestreuen und zimmerwarm servieren.

Für 8 Personen

HUACHINANGO À LA VERACRUZANA
Red Snapper nach Art von Veracruz

1 küchenfertiger Red Snapper (etwa 2 kg)
Salz und frisch gemahlener Pfeffer
6 mittelgroße Tomaten, in Scheiben geschnitten
20 mit Paprika gefüllte Oliven
2 EL Kapern, abgespült
1 EL getrockneter Oregano
5 Lorbeerblätter
3 Stengel Thymian
5 Knoblauchzehen, geschält und in Scheiben geschnitten
2 große Zwiebeln, in feine Scheiben geschnitten
8 chiles güeros oder türkische längliche Paprika
250 ml Olivenöl

Den Fisch waschen und sorgfältig trockentupfen. Mit Salz und Pfeffer bestreuen und in eine große Backform legen. Tomatenscheiben, Oliven und Kapern, Oregano, Lorbeerblätter, Thymianstengel, Knoblauch, Zwiebeln und Chilischoten darüber verteilen und alles mit dem Olivenöl beträufeln.

Den Fisch im vorgeheizten Ofen bei 190 °C (Gasherd Stufe 3) etwa 40 Minuten garen, bis sein Fleisch zart ist. Dabei den Fisch dreimal mit dem Fond begießen.

Für 8 Personen

ENSALADA DE LECHUGA, JITOMATE, COLIFLOR Y BETABEL
Römischer Salat mit Tomaten, Blumenkohl und roten Beten

1 Römischer Salat, in breite Streifen geschnitten
4 mittelgroße Tomaten, enthäutet und geviertelt
500 ml Blumenkohlröschen, gegart
2 rote Beten, gegart und in Scheiben geschnitten

DRESSING

125 ml Olivenöl
2 EL Limettensaft
1 TL Senf
Salz und frisch gemahlener Pfeffer
1 TL Honig

Die Zutaten für das Dressing in ein Glas mit fest schließendem Deckel geben und gründlich schütteln. Römischen Salat, Tomaten, Blumenkohlröschen und rote Beten in eine Salatschüssel geben, mit dem Dressing beträufeln und den Salat durchmischen.

Für 8 Personen

SORBETE DE MANGOS
Mangosorbet

250 g Zucker
125 ml Wasser
2 Mangos, das Fruchtfleisch mit 125 ml Wasser im Mixer püriert

Zucker und Wasser in einem Topf erhitzen und kochen, bis man einen Sirup erhält. Das Mangopüree einrühren. Das Ganze, falls nötig, durch ein Sieb streichen. Die Masse kühlen, anschließend in die Eismaschine geben und nach Anweisung des Geräteherstellers zu einem Sorbet weiterverarbeiten.

Für 6–8 Personen

APRIL

Eine Bootsfahrt in Xochimilco

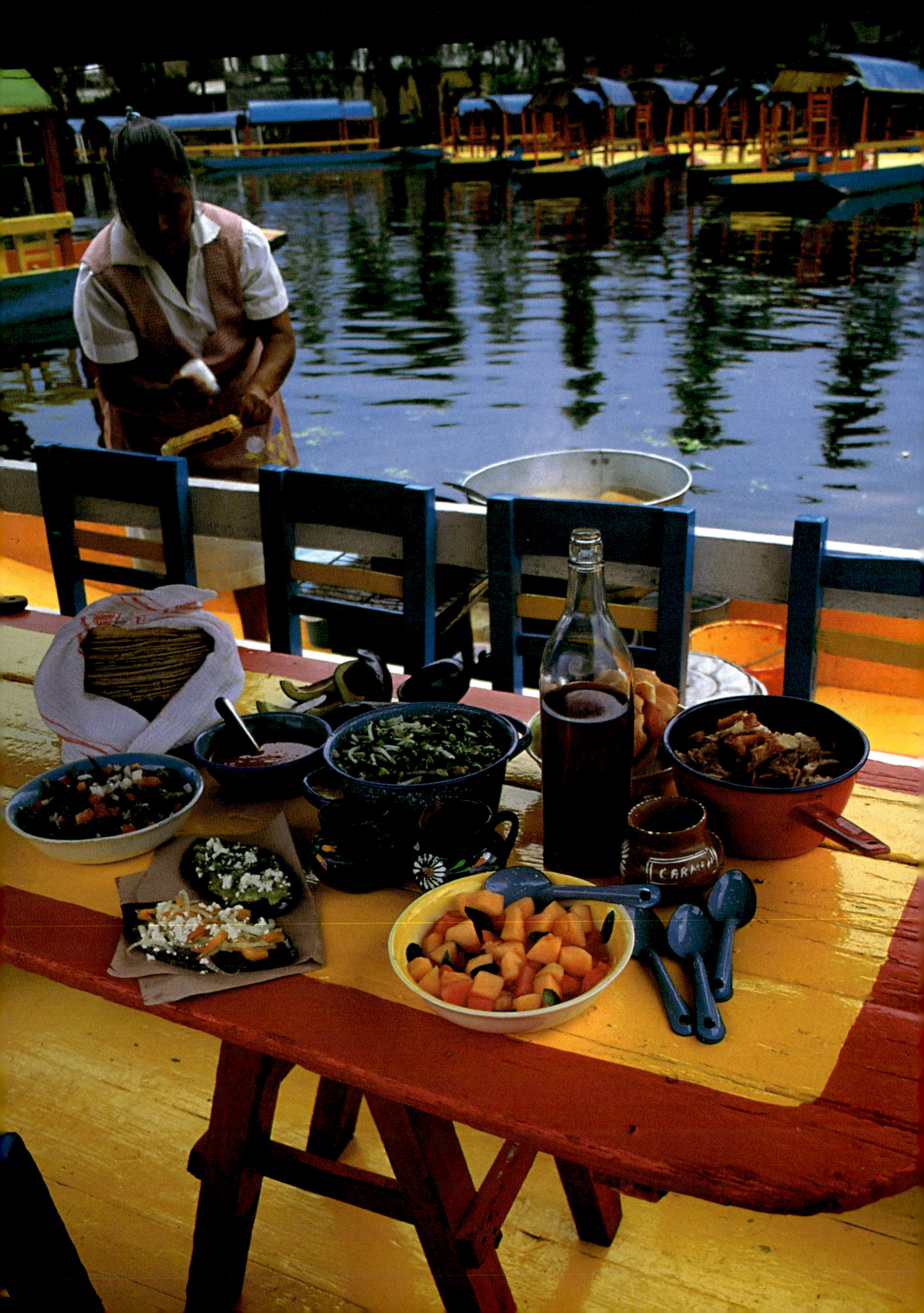

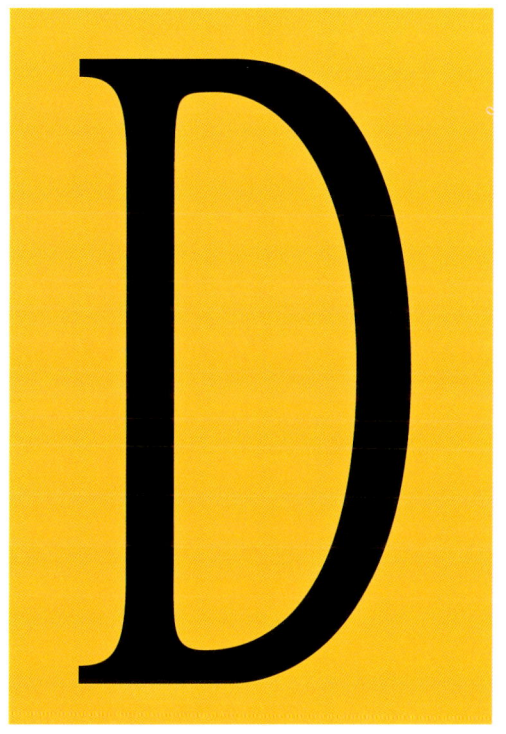

Der April war in diesem Jahr schrecklich heiß, sogar in Coyoacán. Um der stickigen Luft im Hause zu entfliehen, organisierte Frida einen Ausflug nach Xochimilco. In Xochimilco würden das Wasser in den Kanälen, der Schatten der Bäume und die Frische der schwimmenden Blumen- und Gemüsegärten die Hitze sicherlich erträglicher machen. Ich hielt das für eine ausgezeichnete Idee. Frida lud auch noch Anita Misrachi, Lina Boytler, Milagros Carbajosa und ihre Schwester Cristina ein. Die anderen Kinder, die mitfuhren, waren Ruth und Aline Misrachi und meine Schwester Ruth. Es war ein richtiges Abenteuer, obwohl wir nichts weiter vorhatten, als einen Tag an diesem unvergleichlichen Ort zu verbringen, wo das alte Mexiko noch lebendig war.

Der Ausflug entwickelte sich zu einem echten Abenteuer, weil Frida beschloß, daß wir reisen sollten wie die Familien mit zehn oder zwölf Kindern, die an den Sonntagen hinausfuhren, um mit dem Boot über den stillen See zu fahren. Statt in Coyoacán den Ford-Kombi meines Vaters zu nehmen, stiegen wir deshalb in die Straßenbahn, mit der wir bis zur Tlalpan-Straße fahren konnten; von dort gingen wir zu Fuß zum Verkehrskreisel San Fernando, wo wir in die Linie umsteigen konnten, deren Endstation Xochimilco war.

Frida meinte, wir sollten uns in den Wagen der zweiten Klasse setzen, damit wir den Wind im Gesicht spürten. Von den Fahrern der anderen Fahrzeuge, die neben den Straßenbahnschienen herfuhren, trennte uns nur ein gebrechliches Geländer. Die letzte Haltestelle der Xochimilco-Linie war in dem Garten vor der riesigen Kirche und dem Marktplatz des legendären Ortes. Nach mehrstündiger Fahrt kamen wir dort an und sahen uns sofort auf allen Seiten umgeben von den Körben der Frauen, die in den schwimmenden Gärten Gemüse und Blumen kaufen wollten, sowie den Händlern selbst, die mit ihren irdenen Töpfen, ihren Pfannen und Pflanztrögen geschäftig zum Markt eilten.

Auch heute noch werden Blumen und andere Pflanzen aus ganz Mexiko in Xochimilco verkauft. Tatsächlich bedeutet der Name im Aztekischen soviel wie »der Ort der Schnittgärten«. Die Blumen und Gemüse, die in den schwimmenden Gärten angebaut werden, kann man frisch geerntet kaufen, während es auf dem Markt Speisen gibt, die von den Einheimischen zubereitet werden, die seit unvordenklicher Zeit ansässig sind an den Ufern der heute fast vollständig verschwundenen Seen, die früher den Boden des Hochbeckens von Mexiko bedeckten.

Diese berühmten Köchinnen verstehen sich auf die Zubereitung einer erstaunlichen Vielfalt von Eintopfgerichten, die in dieser Region heimisch sind, wie beispielsweise die *sopa aguada* (Nudelsuppe) und die *sopa seca de tortillas* (siehe Glossar), Bohnen mit Käse, Kürbisblüten und Mini-Squash, Maiseintopf mit *chiles poblanos* sowie andere Rezepte, die seit Generationen weitergereicht werden.

Die Felder von Xochimilco bestehen aus zahllosen einzelnen Parzellen mit einem Boden aus äußerst fruchtbaren organischen Stoffen, die die Bauern vom Grund der Kanäle in der Umgebung heraufholen.

Die Feuchtigkeit steigt in den Boden auf und beschleunigt die Keimung. Dieser

Seite 155: *Die »Viva Lupita«, eine der Trajineras von Xochimilco.*
Seite 156: *Der Tisch ist gedeckt für das Picknick auf dem Kanal.*

Boden eignet sich besonders gut für den Anbau präkolumbischer Pflanzen wie Tomaten, *huauzontles,* Amarant, Mais, *chayotes,* Kürbisse sowie verschiedene Arten von Chillies und Bohnen, von denen Frida und Diego viele sehr gern aßen. Außerdem werden aber auch Pflanzen angebaut, die von den spanischen Eroberern eingeführt wurden, darunter Kopfsalat, Radieschen, Zwiebeln und Karotten.

Mit anderen Worten, Xochimilco produziert sämtliche Gemüsesorten, die in der mexikanischen Küche verwendet werden. Die Bauern laden ihre Produkte in kleine Boote, die sogenannten *chalupas,* und verkaufen sie am Kai an Passanten, oder sie benutzen überdachte Boote mit flachem Kiel, sogenannte *trajineras,* mit denen sie die Kanäle befahren.

Bei der Ankunft am Kai mieten Besucher gewöhnlich eines dieser Boote, deren Bug nach altem Brauch mit einem Frauennamen geschmückt ist, so daß die Besucher die Möglichkeit haben, eines zu mieten, das den Namen einer ihnen nahestehenden Frau trägt. Zu Ehren ihrer Freundin Anita Misrachi wählte Frida eine *trajinera* mit dem Namen »Anita«, der aus den Blüten von Sonnenblumen, Margeriten und weißen und gelben Nelken zusammengesetzt war.

Örtlichem Brauch folgend, bat sie eine Gruppe von Marimba-Spielern, uns in einem anderen Boot nachzufahren, so daß wir die romantischen Melodien genießen konnten, die sie auf ihren schönen hölzernen Instrumenten spielten. Sie sangen überwiegend Liebeslieder, darunter auch das wohl bekannteste mit dem Titel »María Elena«.

Nachdem wir eine Zeitlang auf dem ruhigen Wasser des Sees umhergerudert waren, hielten mehrere *chalupas* auf uns zu, in denen Blumen- und Gemüsehändler sowie Leute saßen, die fertige Gerichte feilboten. Sie riefen uns zu, wir sollten ihre Spezialitäten probieren, die es damals nur in dieser Stadt gab. Heute sind es verbreitete Delikatessen – *tlacoyos* (rautenförmige, dicke Tortillas), gefüllt mit Kürbisblüten, *quesadillas* mit Pilzen, *huauzontles* mit Käsefüllung in grüner Sauce und *romeritos* mit sauren *nopales.*

Wir hatten selbst einen Korb mit Delikatessen mitgebracht: *guacamole,* kalten Schweinebraten in feuriger Sauce, *carnitas,* Sauce von *chiles manzanos,* rote Sauce, Obstsalat und, zur Feier des Tages, *ponche de granadina.* Jetzt ergänzten wir unseren Proviant noch mit verschiedenen Leckereien von den »*chalupa*-Händlern«, wie Frida sie nannte, darunter Tortillas, schwarze Bohnensuppe mit Oregano und geschmolzenem Käse, Salat von frischen Lima-Bohnen, *ensalada de nopales* und Bohnenpüree mit Käse- und Pflaumen-*tamales.* Ein Bauer drehte mit seiner *chalupa* bei und verkaufte uns frischen, noch nicht zu Pulque vergorenen Agavensaft.

Wir wollten gerade zu essen anfangen,

Folgende Seite: *Trajineras und Händler in ihren Chalupas auf den Kanälen von Xochimilco.*
Seite 162–163: *Detailaufnahme der buntbemalten Trajineras; es handelt sich hier um einige von Frida Kahlos Lieblingsfarben.*

als unser Rudersmann das Boot plötzlich anhielt und Frida mit besorgter Stimme fragte, ob wir etwa daran dächten, an dem Blumenkrieg teilzunehmen, der gerade auf dem Kanal stattfand, auf den wir zuhielten. Bei diesem Ereignis fuhren einheimische Mädchen mit einer Flotille von Booten auf den Kanal hinaus und nahmen Berge von Blumensträußen mit, die sie dann nach anderen Booten warfen, in denen einheimische Jungen sowie Studenten saßen, die das Wochenende dazu nutzten, im kühlen Schatten der Bäume, von denen die Kanäle von Xochimilco gesäumt waren, zu rudern.

Frida war sofort Feuer und Flamme. Zur Verblüffung der Einheimischen, die keine Ahnung hatten, wer diese seltsamen Leute sein mochten, stürzten wir uns ins Getümmel. Blumen regneten aus allen Richtungen auf uns herab. Jedesmal, wenn uns eine im Gesicht traf, brachen wir in Gelächter aus und fragten uns, ob der Treffer (der mehr wie eine Liebkosung war) mit einer Rose, einer Nelke, einer Margerite, einer Lilie oder gar mehreren dieser Blumen erzielt worden war. Wir riefen: »Von einer Rose getroffen!« oder: »Schaut mal, wo die Lilie gelandet ist!«

Eine Marimba-Kapelle spielte die ganze Zeit, während wir an der Schlacht zwischen Mädchen und Jungen teilnahmen. Das war das Ende unseres Abenteuers auf den Kanälen von Xochimilco, inmitten von Blumen und Musik.

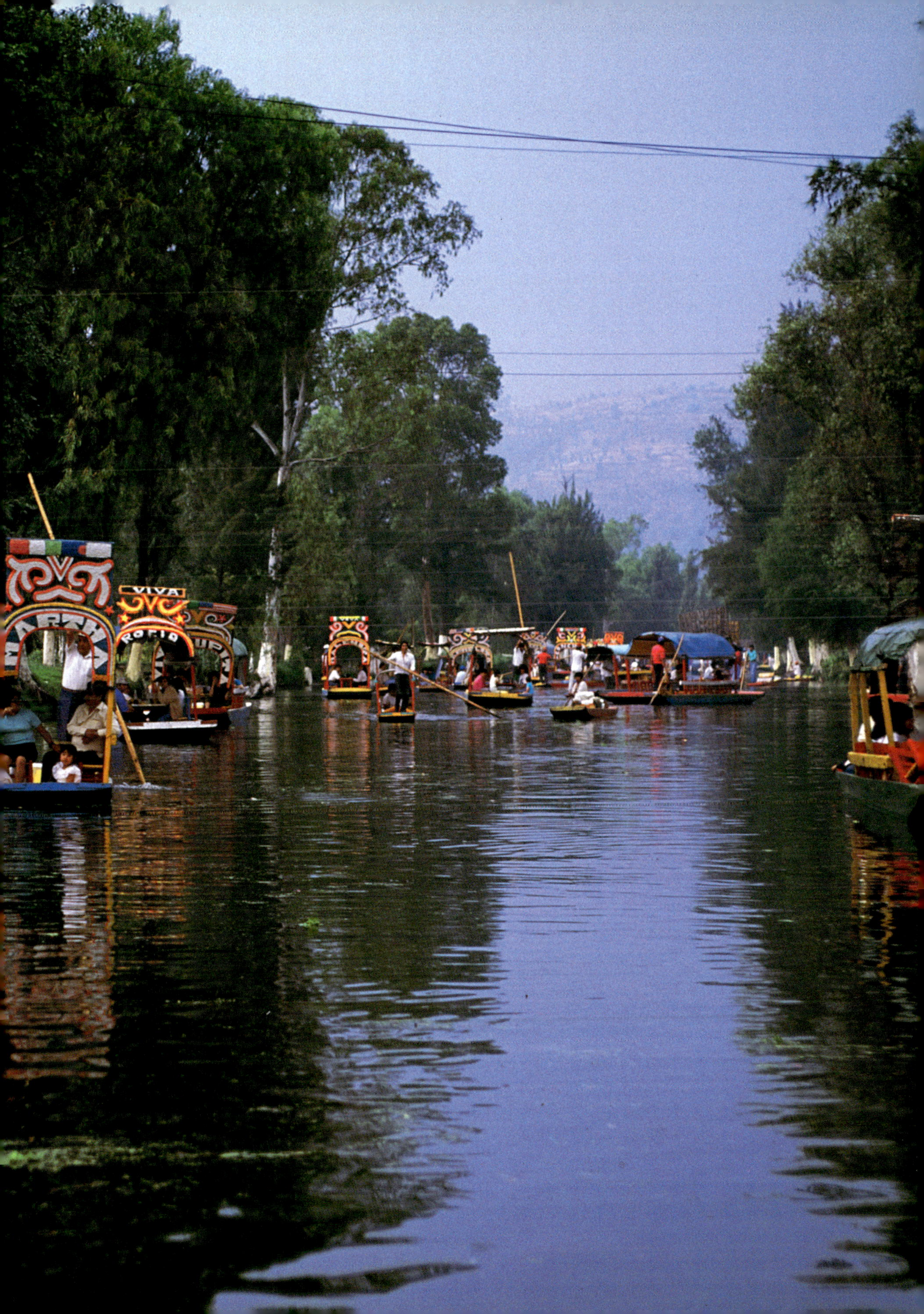
VIVA

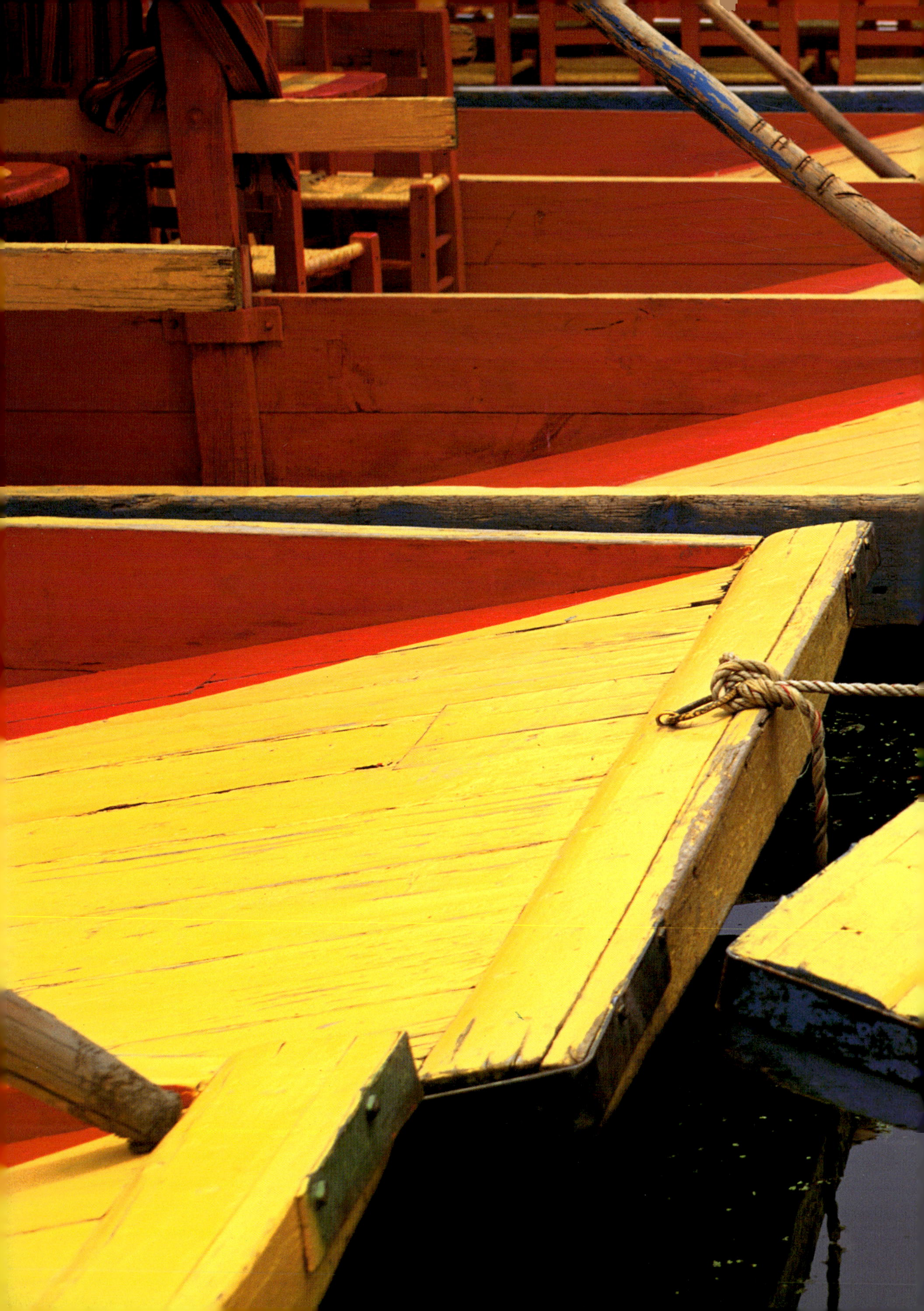

MENÜ

—— 🐟 ——

SCHWARZE BOHNENSUPPE

SALAT VON FRISCHEN LIMABOHNEN

NOPALES-SALAT

SCHWEINEFLEISCH NACH ART VON URUAPAN

KALTER SCHWEINEBRATEN IN FEURIGER SAUCE

SANDWICHES MIT KALTEM BRATEN

AVOCADO-DIP

MELONENSALAT MIT FRISCHER MINZE

KOKOSEISCREME

SCHWARZES ZAPOTE-EIS

GRENADINE-PUNSCH

Sopa de Frijoles Negros
Schwarze Bohnensuppe

2 Tomaten, geröstet (siehe Glossar) und enthäutet
½ Zwiebel
1 Knoblauchzehe
1 TL getrockneter Oregano
Salz
2 EL Maiskeimöl
500 g gekochte schwarze Bohnen mit 1,5 l ihrer Garflüssigkeit oder Wasser

GARNIERUNG

Getrockneter Oregano
250 g panela *(siehe Glossar) oder Munster oder Mozzarella, in kleine Würfel geschnitten*
3 Tortillas, in kleine Quadrate geschnitten, in Öl gebraten und abgetropft

Die Tomaten mit der halben Zwiebel, dem Knoblauch, dem Oregano und Salz nach Geschmack im Mixer pürieren. Das Püree in heißem Öl unter Rühren eindicken lassen. Die Bohnen mit der Garflüssigkeit ebenfalls pürieren. An die Tomatenmischung geben und alles 5–10 Minuten köcheln lassen, bis sich die Aromen vollkommen vermischt haben. Die Suppe mit Oregano, Käse- und Tortillastückchen garnieren und servieren.

Für 8 Personen

Ensalada de Habas Verdes
Salat von frischen Limabohnen

3 kg frische Limabohnen, ausgepalt
Salz und frisch gemahlener Pfeffer
1 Zwiebel, feingehackt
2–3 chiles serranos *(siehe Glossar), feingehackt*
30 g Koriandergrün, feingehackt
125 ml Olivenöl
4 EL Essig

Die Bohnen abspülen, in einen Topf geben und mit Wasser bedecken. Nach Geschmack salzen und etwa 15 Minuten kochen, bis sie weich sind. Kalt abspülen und gründlich abtropfen lassen.

In einer Servierschale die Bohnen mit den Zwiebeln, den Chilischoten, dem Koriandergrün, dem Öl, dem Essig sowie Salz und Pfeffer nach Geschmack vermischen. Den Salat bis zum Servieren kalt stellen.

Für 8 Personen

Ensalada de Nopales
Nopales-Salat

16 nopales *(siehe Glossar), die Stacheln entfernt, die* nopales *in Streifen geschnitten und unter fließendem Wasser abgespült*
4 mittelgroße Tomaten, enthäutet, entkernt und gehackt
1 große Zwiebel, gehackt
3 chiles serranos *(siehe Glossar) oder* chiles jalapeños *(siehe Glossar), gehackt*
3 EL gehacktes Koriandergrün
125 ml Olivenöl
2 EL Essig
Salz

Die *nopales* in reichlich Wasser kochen, bis sie weich sind. Mit kaltem Wasser abspülen, ein Küchentuch mit kaltem Wasser tränken und die *nopales* darin einwickeln. Kräftig ausdrücken und 20 Minuten stehenlassen, so daß eventuelle Reste der austretenden klebrigen Substanz, die beim Kochen noch nicht entfernt wurde, jetzt abtropfen können.

Die Tomaten mit der Zwiebel, den Chilischoten, dem Koriandergrün, dem Öl und dem Essig in einer Salatschüssel vermischen. Den Salat mit Salz abschmecken und zuletzt die *nopales* an den Salat geben. Kalt servieren.

Für 8 Personen

Carnitas
Schweinefleisch nach Art von Uruapan

1,5 kg Schweinshachse ohne Knochen, in 5 cm großen Würfel geschnitten
2 große Zwiebeln, halbiert
4 Knoblauchzehen
Salz
2 EL Schweineschmalz
375 ml Milch

Das Fleisch in Wasser mit Zwiebeln, Knoblauch und Salz etwa 1 Stunde kochen. Gründlich abtropfen lassen, Zwiebeln und Knoblauch entfernen. In einem großen Topf das Schmalz mit der Milch und Salz nach Geschmack erhitzen. Die Fleischwürfel hinzufügen und häufig rühren, bis die Milch völlig verkocht ist und das Fleisch eine goldgelbe Farbe angenommen hat. Mit einer *salsa* und Tortillas servieren.

Für 8 Personen

Pierna de Cerdo Adobada
Kalter Schweinebraten in feuriger Sauce

500 ml Wasser
6 chiles guajillos (siehe Glossar) oder 3 chiles anchos (siehe Glossar), geröstet, enthäutet, Samen und Scheidewände entfernt
250 ml Essig
1–2 große Knoblauchzehen
½ große Zwiebel
1 EL getrockneter Oregano
Salz
1,5 kg Schweinshachse oder -keule ohne Knochen
1 EL Schweineschmalz

Das Wasser mit den Chilischoten zum Kochen bringen, vom Herd nehmen und leicht abkühlen lassen. Die Chillies mit ihrem Kochwasser, dem Essig, dem Knoblauch, der Zwiebel, dem Oregano und Salz nach Geschmack im Mixer pürieren.

Das Fleisch ringsum gleichmäßig mit einer Gabel einstechen. In einer ofenfesten Kasserolle das Schmalz erhitzen und das Fleisch anbräunen. Mit dem Chilipüree beschöpfen und zugedeckt im vorgeheizten Ofen bei 190 °C (Gasherd Stufe 3) etwa 1 Stunde schmoren. Den Deckel abnehmen und noch 30 Minuten garen, bis der Braten zart und die Sauce eingekocht ist. Völlig erkalten lassen und dann sehr fein aufschneiden.

Für 8 Personen

Tortas de Pierna Adobada
Sandwiches mit kaltem Braten

8 knusprige Brötchen
2 Avocados, geschält und zerdrückt
100 g Bohnenpüree (Rezept S. 151)
Kalter Schweinebraten, dünn aufgeschnitten (siehe vorhergehendes Rezept)
8 chiles chipotles adobados (siehe Glossar), gehackt
16 Tomatenscheiben (nach Belieben)
16 Zwiebelscheiben (nach Belieben)
Salz

Die Brötchen waagerecht durchschneiden und im Backofen aufbacken. Jeweils eine Brötchenhälfte mit Avocadopüree bestreichen, die andere mit Bohnenpüree. Auf das Bohnenpüree Fleischscheiben, gehackte Chillies und, nach Belieben, Tomaten- und Zwiebelscheiben geben. Das Ganze mit Salz bestreuen und die zweite Brötchenhälfte darauflegen. Die Sandwiches entweder kalt genießen oder im vorgeheizten Ofen bei 175 °C (Gasherd Stufe 2) aufwärmen.

Für 8 Personen

APRIL

Guacamole al Chipotles
Avocado-Dip

*4 chiles chipotles adobados (siehe Glossar),
   gehackt
4 Avocados, geschält und zerdrückt
Limettensaft
½ mittelgroße Zwiebel, gehackt
1 große Tomate, enthäutet, entkernt und gehackt
3 EL gehacktes Koriandergrün
Salz nach Geschmack*

In einer Schüssel alle Zutaten gründlich miteinander vermischen.

Für 8 Personen

Ensalada de Frutas
Melonensalat mit frischer Minze

*750 ml gewürfelte Wassermelone
750 ml gewürfelte Cantaloupe-Melone
Saft von 2 Limetten
60 g Minzeblätter
Zucker nach Geschmack*

Melonenwürfel, Limettensaft, Minzeblätter und Zucker in einer Schüssel gründlich vermischen. Den Obstsalat vor dem Servieren für mindestens 30 Minuten kalt stellen.

Für 8 Personen

Helado de Coco
Kokoseiscreme

*1 l Milch und 250 g Zucker
300 ml frische Kokosraspel
1 TL Vanille-Extrakt*

Milch, Zucker und Kokosraspel 30 Minuten leise köcheln, dann abkühlen lassen. Den Vanille-Extrakt einrühren und das Ganze pürieren. In der Eismaschine nach Herstelleranweisung weiterverarbeiten.

Für 8 Personen

Nieve de Zapote Prieto
Schwarzes Zapote-Eis

*200 g Zucker und 250 ml Wasser
400 ml Fruchtfleisch von dunklen Zapoten
   (siehe Glossar), durchpassiert*

Zucker und Wasser zum Kochen bringen und etwa 3 Minuten leise köcheln lassen. Abkühlen lassen und das Fruchtmus einrühren. Die Masse in die Eismaschine geben und nach Herstelleranweisung verarbeiten.

Für 6–8 Personen

Ponche de Granadina
Grenadine-Punsch

*1 l weißer Tequila
Saft von 20 Limetten
1 l Grenadine (Granatapfel-Sirup)
Eiswürfel*

Alle Zutaten gründlich vermischen. Den Punsch als Aperitif servieren.

Für 20 Personen

Oben: *Avocado-Dip.*
Rechte Seite: *Schwarzes Zapote-Eis mit Kokoseiscreme.*

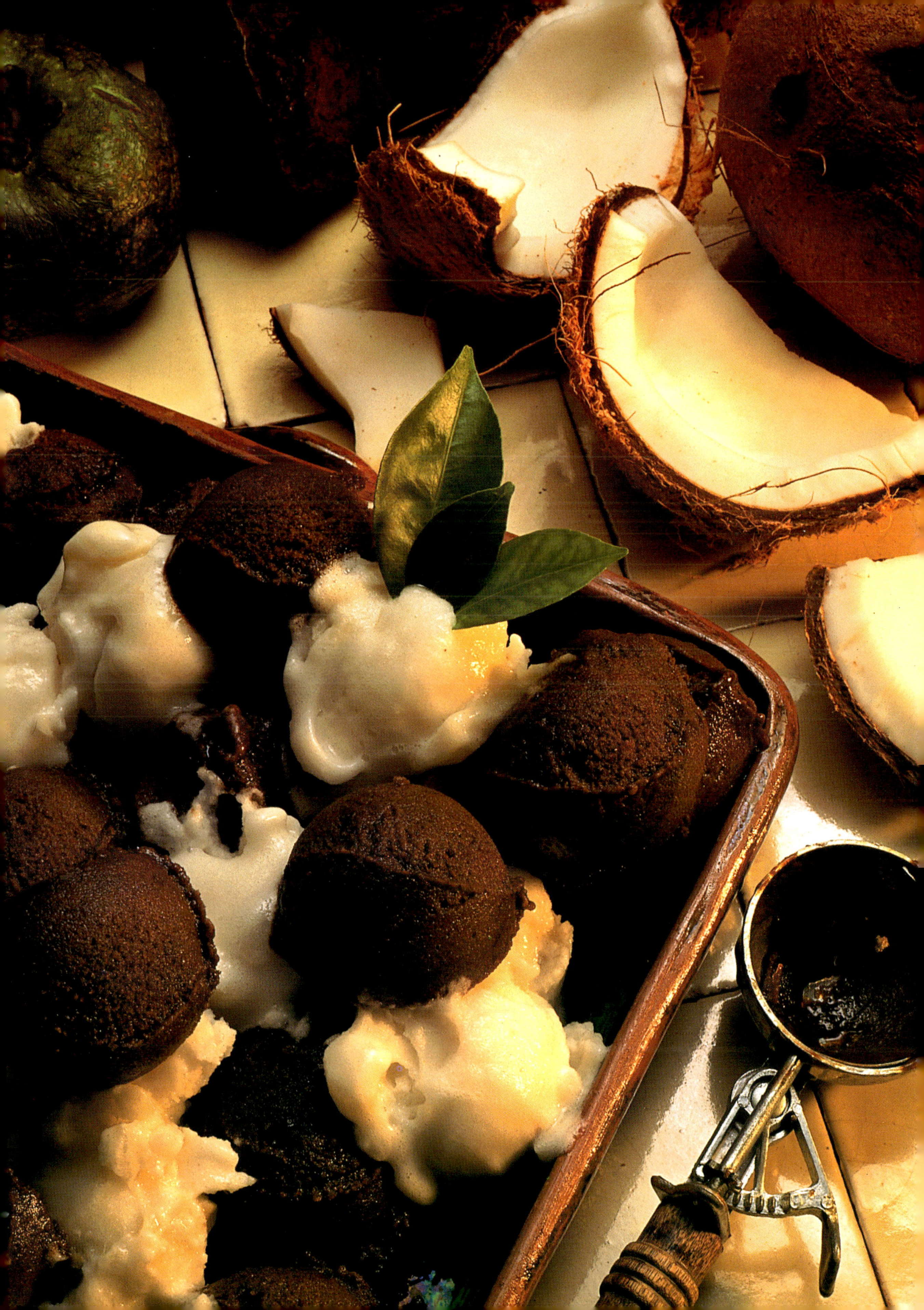

MAI
Das Heilige Kreuz

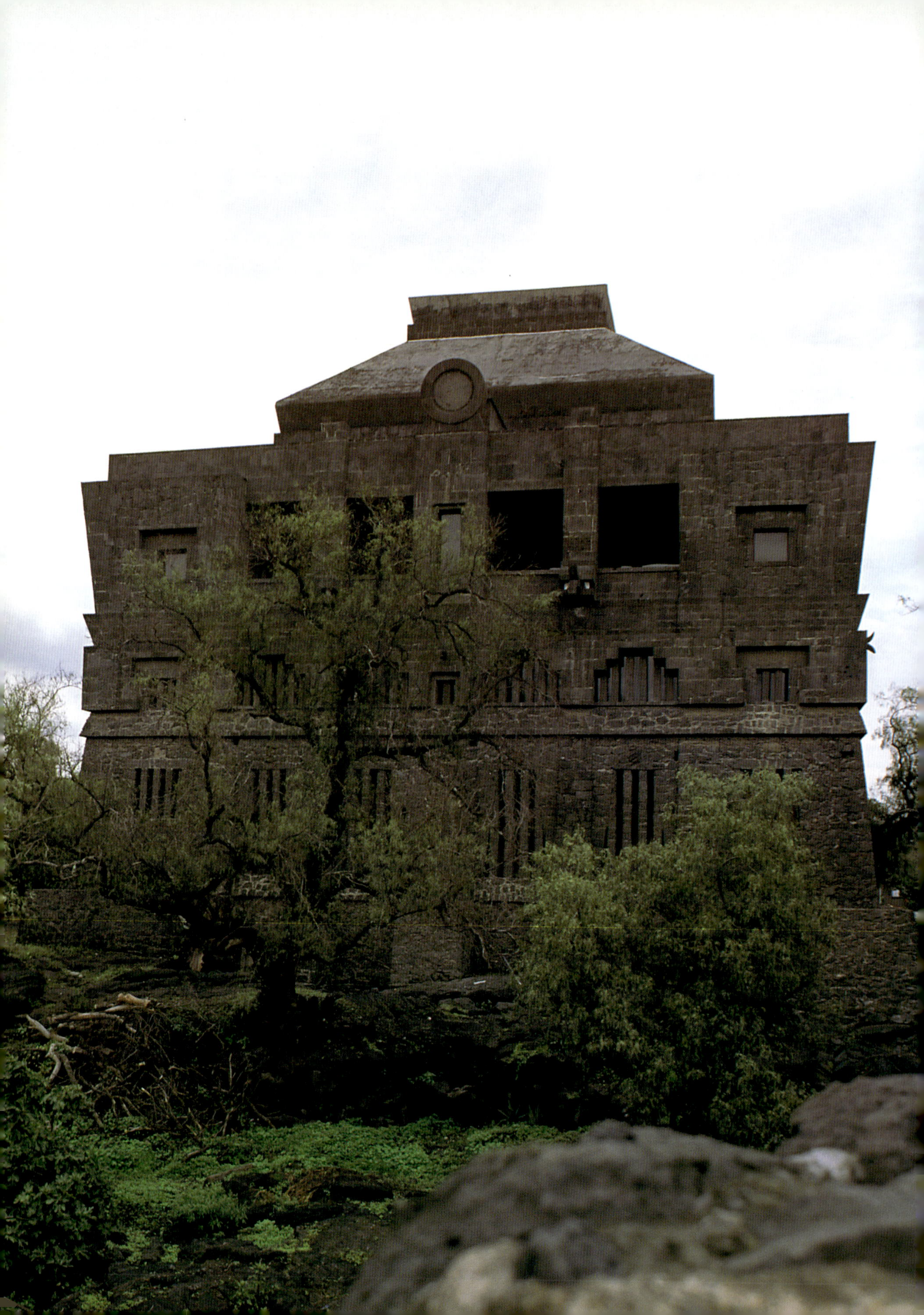

Schon Monate vor meiner Ankunft in Coyoacán hatten Frida und Diego Pläne geschmiedet, zwei neue Ateliers zu bauen, wo sie in Ruhe würden arbeiten können. San Angel, wo sie damals noch ihre Ateliers hatten, entwickelte sich zu einem mondänen, teuren Viertel. Die Ateliers, die Juan O'Gorman entworfen hatte, wurden inzwischen auf allen Seiten von Häusern, Bungalows und Villen bedrängt, die dort aus dem Boden geschossen waren, wo sich noch vor kurzem Obstgärten mit Pflaumen- und Birnbäumen befunden hatten.

Frida und Diego wünschten sich nichts sehnlicher, als in Ruhe und Frieden arbeiten zu können. Sie beschlossen, ein neues Atelier für Frida auf der Terrasse hinter dem Blauen Haus zu bauen und eines für meinen Vater in dem nahegelegenen Dorf San Pablo Tepetlapa. Diegos Atelier sollte ganz aus vulkanischem Gestein der Umgebung erbaut werden. Sie wollten es Anahuacalli nennen, was auf aztekisch »Anahuacs Haus« bedeutet.

San Pablo Tepetlapa war damals noch ganz von der Hauptstadt getrennt und im Norden, Süden und Westen von Lavafeldern, Wüstengestrüpp und verstreuten Zwergeichen, Mesquit-Büschen sowie Korallen- und Pfefferbäumen umgeben, die auf dem steinigen Boden wuchsen. Es war eine graue Landschaft mit nur wenigen Grünflecken unter dem blauen Himmel, und sie sprach die Phantasie des großen Meisters und später auch die der großen Meisterin Frida an, die stets seine Ansichten teilte, ob es sich nun um Politik oder um Kunst handelte.

Mein Vater erinnerte sich an seine Vorlesungen als Architekturstudent und machte sich mit Feuereifer an die Verwirklichung des Projekts. Er zeichnete Pläne für beide Ateliers und beschloß, sie von mehreren Maurermeistern bauen zu lassen, die der alten Steinmetzgilde von San Pablo angehörten. Abend für Abend saßen Frida und Diego über den Blaupausen, und am Freitag machten sie Kassensturz, um festzustellen, ob sie genug verdient hatten, um die Rechnungen der Maurermeister zu bezahlen.

Eines Abends erwähnte Frida gegenüber Diego, daß der Baumeister José Olvera mit ihm die Pläne für das bevorstehende Fest des Heiligen Kreuzes besprechen wolle. Am 3. Mai erweisen nämlich in Mexiko die Bauarbeiter und die Mitglieder traditioneller Tanzgruppen, die sogenannten *concheros,* Christi Kreuz die Reverenz. Die Maurer und Tagelöhner dachten an eine große Fiesta und hofften, mein Vater werde für die Kosten aufkommen. Zu dieser Ehre war Don Diego dadurch gekommen, daß er nicht nur als leitender Architekt fungierte, sondern auch seine Sorgen und seine Freuden mit den Arbeitern teilte. Natürlich erklärte sich Meister Rivera dazu bereit, und weil Frida ebenfalls die Zuneigung der Arbeiter gewonnen hatte, baten sie sie, auch etwas beizusteuern.

Am frühen Morgen des 3. Mai begannen die Maurer unter Anleitung von Don José, ein Kreuz zu schmücken, das sie aus Holzabfällen zusammengebaut hatten. Sie stellten es auf der höchsten Mauer des Rohbaus auf und bedeckten es mit orangefarbenen, weißen, gelben und roten Papierblumen. Außerdem flochten sie winzige Spiegel ein, die die Sonnenstrahlen reflektieren sollten.

Gegen Mittag, als Frida und Diego mit Freunden und Familienmitgliedern – dar-

---

Seite 169: *Das Heilige Kreuz schützt in Mexiko jede Baustelle.*
Seite 170: *Das Anahuacalli, das Atelier, das sich Diego Rivera in San Pablo Tepetlapa aus Vulkangestein gebaut hat.*

DAS HEILIGE KREUZ

Oben: *Diego Rivera und Frida Kahlo auf der Terrasse vor ihrem Atelier im Blauen Haus.*

unter auch ich – eintrafen, zündeten die Arbeiter Tausende von Feuerwerksraketen. Die Ortskapelle fand sich ein, und schon bald labten sich alle an einem köstlichen Pulque aus Iztapalapa. Zu essen gab es die traditionellen Gerichte der Gilde der Maurer und Tagelöhner. Meister Olvera steuerte eine Ente bei, die so zubereitet war, wie Don Diego es am liebsten hatte: Man hatte sie mit Kräutern gefüllt und garniert, in Lehm gepackt und in einer mit Agavenblättern zugedeckten Grube in der Erde gebraten.

Fridas Geschenk an die Arbeiter waren die Lieder, die die Mariachis ohne Unterlaß sangen. Doch als Sponsorin des Festes wollte sie es dabei nicht bewenden lassen, sondern sang selbst einige der beliebtesten Melodien der Zeit. Eines ihrer Lieblingslieder sang sie ausdrücklich zu Ehren ihres berühmten Mannes. Es hat den Titel »La Chancla« (Der alte Stiefel) und erzählt vom Schmerz und der Verachtung einer Frau, die von ihrem Mann betrogen wird. Der Text lautet:

Creibas que no habìa de hallar
amor como el que perdí,
tan al pelo lo jallé
que ni me acuerdo de ti.

Una sota y un caballo
burlarse querían de mí,
¡ay!, malhaya qien dijo miedo,
si para morir nací.

Amigos les contaré
una acción particular,
si me queren sé querer
si me olvidan sé olvidar.

Tan sólo un orgullo tengo:
que a naiden le sé rogar,
¡ay!, que la chancla que yo tiro
no la vuelvo a levantar ...

(Deutsche Übersetzung siehe S. 219.)

Statt sich über das Lied zu ärgern, lachte sich Diego Rivera halb tot darüber.

Am Ende des Festes verteilte Frida Geschenke an die Maurer, die Tagelöhner und die geladenen Gäste aus Tepetlapa. Außerdem wurden kleine, aus Stöckchen und Pappe gebastelte Stiere sowie Raketen verteilt, die Don Diego gekauft hatte. Die wagemutigeren Jungen hielten sich die Raketen an den Kopf und kämpften mit anderen wie bei einem Stierkampf, die tapfersten erhielten Belohnungen.

Die Reste von der Mahlzeit wurden aufgewärmt und serviert, darunter Lammfleisch in betrunkener Sauce *(salsa borracha)* aus frischem Pulque, dessen Zubereitung Meister Olvera persönlich überwacht hatte, die Fleischklößchen in feuriger Tomatensauce mit *chiles chipotles*, das nach Maurerart zubereitete Rindfleisch sowie die Bohnen nach Maurerart und *last but not least* süße Fladen in Anissirup. Spät in der Nacht kehrten wir im Sternenschein nach Coyoacán zurück.

Rechte Seite: *Fleischklößchen in feuriger Tomatensauce (siehe Rezept auf Seite 178), Bohnen nach Maurerart (siehe Rezept auf Seite 179) und Chilaquiles in grüner Sauce (siehe Rezept auf Seite 180), zubereitet auf dem Anafre (Kohlenbecken), wie in Arbeiterkreisen üblich.*
Folgende Seite: *Weitere Gerichte für das Heilig-Kreuz-Essen.*

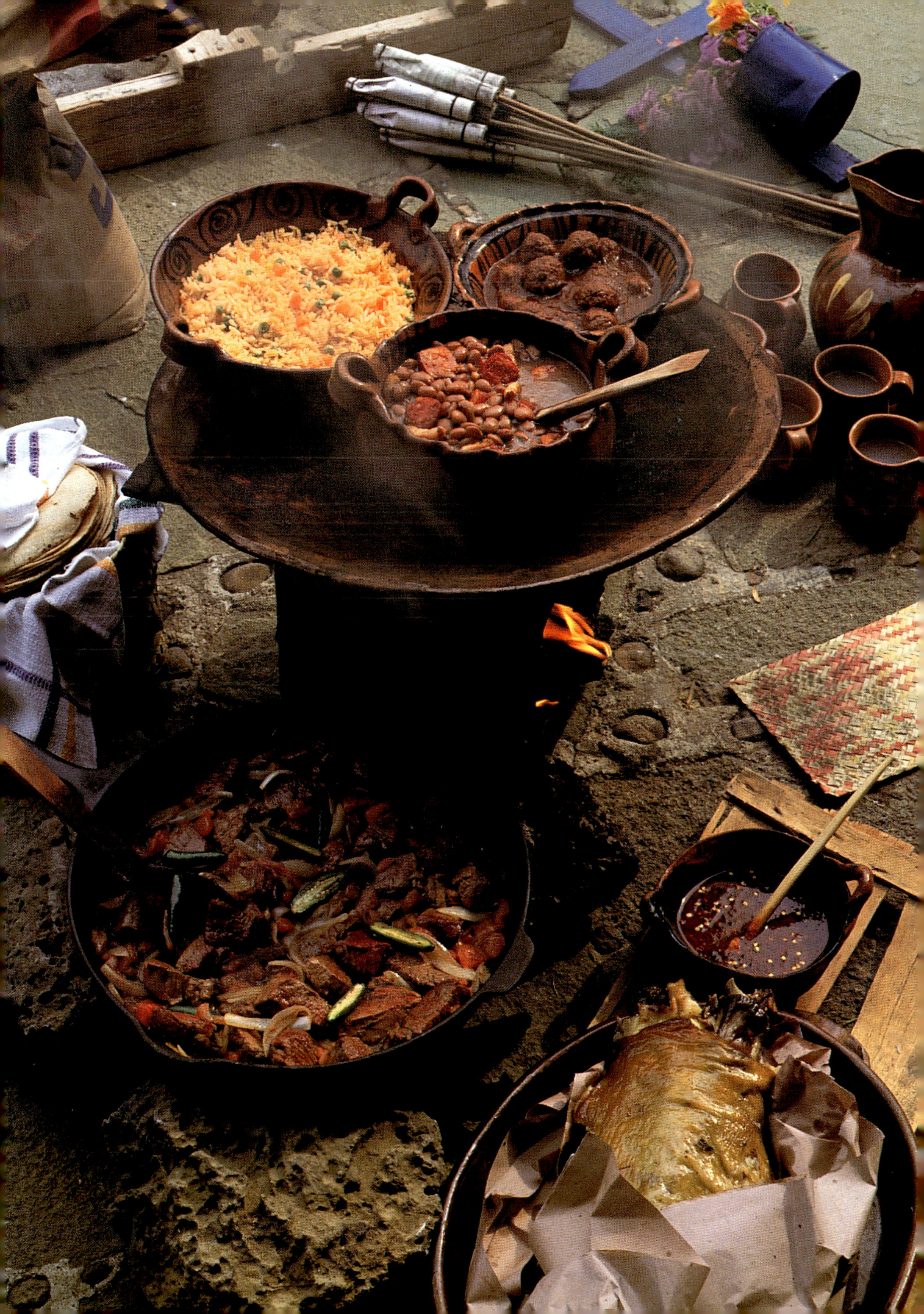

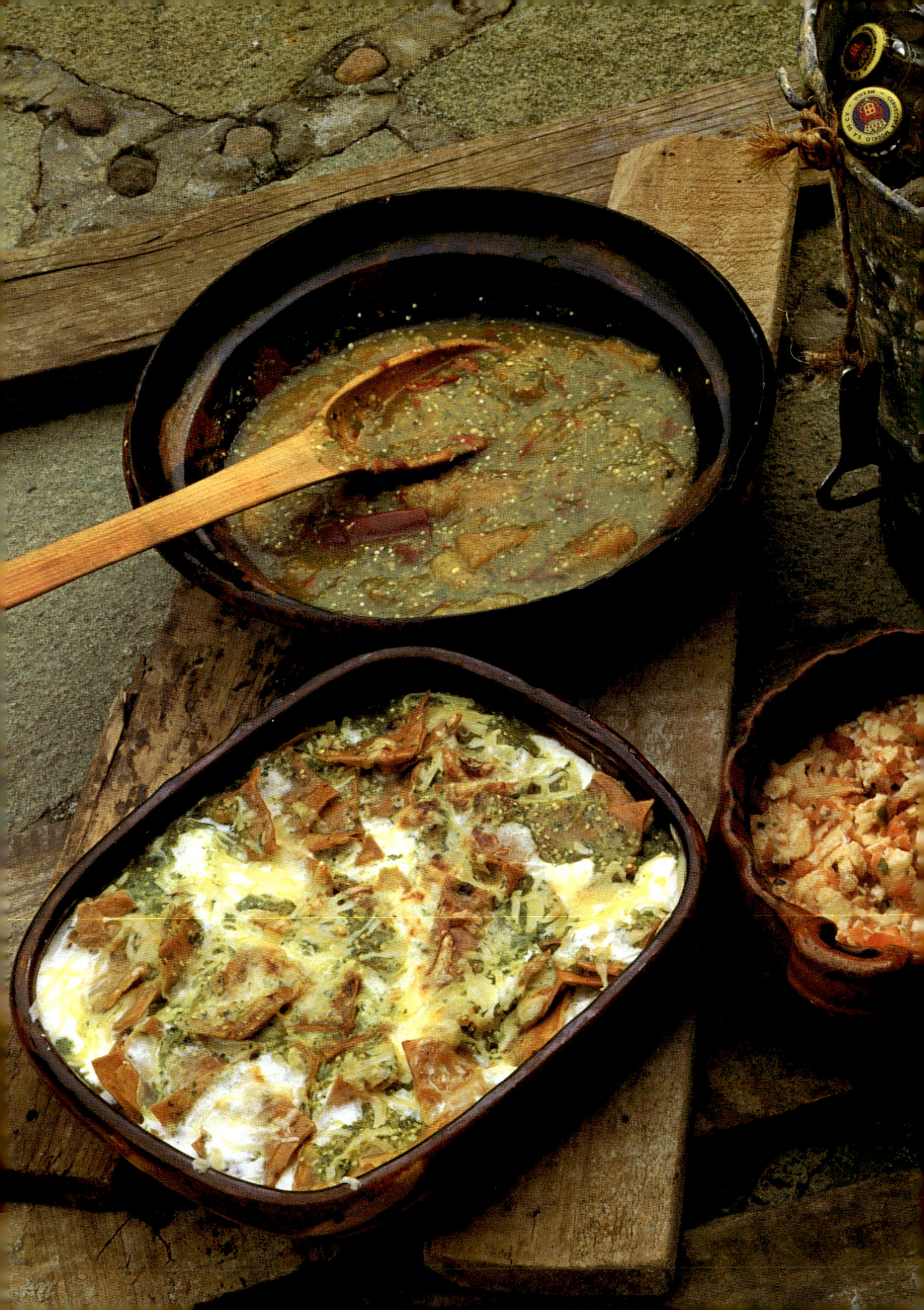

MENÜ

❧

LAMMFLEISCH IN BETRUNKENER SAUCE

FLEISCHKLÖSSCHEN IN FEURIGER TOMATENSAUCE

BOHNEN NACH MAURERART

RINDFLEISCH NACH MAURERART

EIER NACH MAURERART

CHILAQUILES IN GRÜNER SAUCE

SCHWEINESCHWARTE IN GUAJILLO-SAUCE

SÜSSE FLADEN IN ANISSIRUP

Barbacoa con Salsa Boracha
Lammfleisch in betrunkener Sauce

1 großes Bananenblatt (siehe Glossar), durch leichtes Rösten geschmeidig gemacht
1,5 kg Lammkoteletts am Stück oder Lammkeule

BETRUNKENE SAUCE

15 chiles guajillos (siehe Glossar), geröstet (siehe Glossar) und die Scheidewände entfernt
500 ml kochendheißes Wasser
4 Knoblauchzehen
250 ml Pulque (siehe Glossar) oder Bier
Salz

Den Boden einer *tamalera* oder eines großen Dämpftopfs mit Wasser bedecken. Den Dämpfeinsatz mit dem Bananenblatt auskleiden und das Fleisch darauflegen. Die Blattränder darüberfalten, so daß das Fleisch völlig bedeckt ist, und über das Ganze ein Küchentuch oder eine Stoffserviette breiten. Den Topf verschließen und das Fleisch etwa 5 Stunden dämpfen, dabei nach Bedarf weiteres Wasser nachfüllen, so daß der Boden stets bedeckt ist.

Für die Sauce die Chillies in dem heißen Wasser einweichen. Die Schoten mit 250 ml des Wassers, dem Knoblauch, dem Pulque und Salz nach Geschmack im Mixer pürieren. Falls nötig, weiteres Einweichwasser in die Sauce rühren.

Das Lammfleisch heiß servieren und die betrunkene Sauce dazu reichen.

Für 8 Personen

Albóndigas Enchipotladas
Fleischklößchen in feuriger Tomatensauce

500 g Schweinehackfleisch
500 g Rinderhackfleisch
½ TL gemahlener Kreuzkümmel
2 Knoblauchzehen, gehackt
3 Eier
30 g Semmelbrösel
Salz und frisch gemahlener Pfeffer

FEURIGE TOMATENSAUCE

6 chiles chipotles (siehe Glossar) aus der Dose
6 mittelgroße Tomaten, geröstet und enthäutet
250 ml Hühnerbrühe
2 Knoblauchzehen
3 Kreuzkümmelsamen
1 EL getrockneter Oregano
2 EL Schweineschmalz
Salz und frisch gemahlener Pfeffer

Für die Sauce die Chilischoten mit den Tomaten, der Hühnerbrühe, dem Knoblauch, dem Kreuzkümmel und dem Oregano im Mixer pürieren und durchpassieren. Das Püree in heißem Schmalz erwärmen, mit Salz und Pfeffer abschmecken und aufkochen lassen.

Inzwischen Schweine- und Rinderhackfleisch, gemahlenen Kreuzkümmel, Knoblauch, Eier und Semmelbrösel gründlich vermengen. Das Ganze mit Salz und Pfeffer abschmecken. Aus der Masse Bällchen formen und diese etwa 25 Minuten in der feurigen Tomatensauce garen.

Für 8 Personen

Frijoles al Albañil
Bohnen nach Maurerart

200 g Bauchspeck, gehackt
125 g chorizo (siehe Glossar) oder herzhafte Mettwurst, in Scheiben geschnitten
½ Zwiebel, feingehackt
1 mittelgroße Tomate, enthäutet und gehackt
2 chiles jalapeños (siehe Glossar), geröstet (siehe Glossar), enthäutet und gehackt
500 g gekochte Wachtelbohnen mit 1,25 l ihrer Garflüssigkeit
200 g chicharrón (knusprig gebratene Schweineschwarte), in Stücke geschnitten
Salz

Den Speck bei niedriger Temperatur knusprig braten. Die Wurstscheiben dazugeben und einige Minuten mitgaren. Die Zwiebel, die Tomate und die Chilischoten hinzufügen. Alles zusammen einige Minuten unter Rühren dünsten, dann die Bohnen mit ihrer Garflüssigkeit dazugeben. Das Ganze zum Kochen bringen, einige Minuten leise köcheln lassen und zuletzt die Schwartenstücke einrühren. Das Gericht noch 5 Minuten simmern lassen, mit Salz abschmecken und servieren.

Für 8–10 Personen

Puntas de Filete al Albañil
Rindfleisch nach Maurerart

1,25 kg Rinderlende, sorgfältig pariert und in 2,5 cm breite Streifen geschnitten
4 EL Schweineschmalz
Salz
2 große Zwiebeln, längs in Scheiben geschnitten
2 Knoblauchzehen, gehackt
4 chiles jalapeños (siehe Glossar), Samen entfernt, die Schoten in Streifen geschnitten
2 Tomaten, geröstet (siehe Glossar), enthäutet und gehackt

Das Fleisch in heißem Schmalz kräftig anbräunen und salzen. Die Zwiebeln, den Knoblauch und die Chilistreifen hinzufügen und 2 Minuten mitbraten. Die Tomaten hineinrühren und das Ganze noch etwa 10 Minuten schmoren, bis die Tomaten gar und alle Aromen gut vermischt sind. Das Gericht sehr heiß servieren.

Für 8 Personen

Huevos al Albañil
Eier nach Maurerart

5 große Tomaten, geröstet (siehe Glossar) und enthäutet
5 chiles serranos (siehe Glossar), geröstet (siehe Glossar) und enthäutet
1 Knoblauchzehe, geröstet
½ Zwiebel, halbiert und geröstet und grobgehackt
Salz
12 Eier, leicht verquirlt
5 EL Schweineschmalz
125 ml Wasser

Die Tomaten mit den Chilischoten, dem Knoblauch und der grobgehackten Zwiebel im Mixer pürieren und die Mischung mit Salz abschmecken. Die Eier salzen, in das erhitzte Schmalz geben und zu cremigem Rührei verarbeiten. Die pürierte Chilimischung und das Wasser einrühren. Das Gericht noch einige Minuten köcheln lassen, bis die Flüssigkeit verdampft ist.

Für 8 Personen

CHILAQUILES VERDES
Chilaquiles in grüner Sauce

24 mittelgroße Tortillas, in Dreiecke geschnitten
Maiskeimöl
375 ml Crème fraîche
250 g queso de Oaxaca (siehe Glossar) oder Mozzarella, gewürfelt

SAUCE
30 tomatillos (siehe Glossar), enthäutet und gehackt
125 ml Wasser
6 EL gehacktes Koriandergrün
5–6 chiles serranos (siehe Glossar)
½ Zwiebel, gehackt
Salz
2 EL Maiskeimöl

Für die Sauce alle Zutaten mit Ausnahme des Öls im Mixer pürieren. Die Mischung mit Salz abschmecken, in das erhitzte Öl geben und köcheln lassen, bis die Sauce reduziert ist und alle Aromen verschmolzen sind.

Die Tortillastücke in dem erhitzten Maiskeimöl braten, bis sie eine goldbraune Farbe angenommen haben. Zum Abtropfen auf Küchenpapier geben.

Den Boden einer ofenfesten Form mit etwas Sauce und Crème fraîche überziehen. Die Hälfte der Tortillastücke darauf verteilen und mit der Hälfte der restlichen Sauce, der Hälfte der restlichen Crème fraîche und der halben Käsemenge abdecken. Eine zweite Lage aus gebratenen Tortillas, Sauce, Crème fraîche und Käse einfüllen.

Das Gericht im vorgeheizten Ofen bei 175 °C (Gasherd Stufe 2) etwa 20 Minuten backen, bis die Sauce leise brodelt und der Käse appetitlich gebräunt ist.

Für 8 Personen

CHICHARRÓN EN SALSA DE GUAJILLO
Schweineschwarte in Guajillo-Sauce

6 chiles guajillos (siehe Glossar), geröstet (siehe Glossar), enthäutet und die Scheidewände entfernt
30 tomatillos (siehe Glossar), enthäutet und gehackt
Salz
125 ml Wasser
5 EL gehacktes Koriandergrün
1 Zwiebel, feingehackt
3 EL Schweineschmalz
250 g chicharrón (knusprig gebratene Schweineschwarte), in Stücke geschnitten

Chilischoten und *tomatillos* unter Zugabe von Salz 20 Minuten in dem Wasser kochen und mit dem Koriandergrün pürieren.

Die Zwiebeln in heißem Schmalz dünsten, bis sie glasig sind. Das Püree hinzufügen und etwa 5 Minuten köcheln lassen. Die Schwarte einrühren und einige Minuten erhitzen.

Für 8 Personen

BUÑUELOS CON MIEL DE PILONCILLO
Süße Fladen in Anissirup

500 g piloncillo (siehe Glossar), in Stücke geteilt, oder brauner Zucker
1 l Wasser
1 TL Sternanis
Ausgebackene Fladen (Rezept S. 110)

Aus den Zutaten mit Ausnahme der Fladen einen zähflüssigen Sirup kochen.

Die Fladen in Stücke schneiden. Mit dem heißen Anissirup beschöpfen und abkühlen lassen.

Für 8 Personen

Rechte Seite: *Süße Fladen in Anissirup, serviert in einer irdenen Schüssel.*

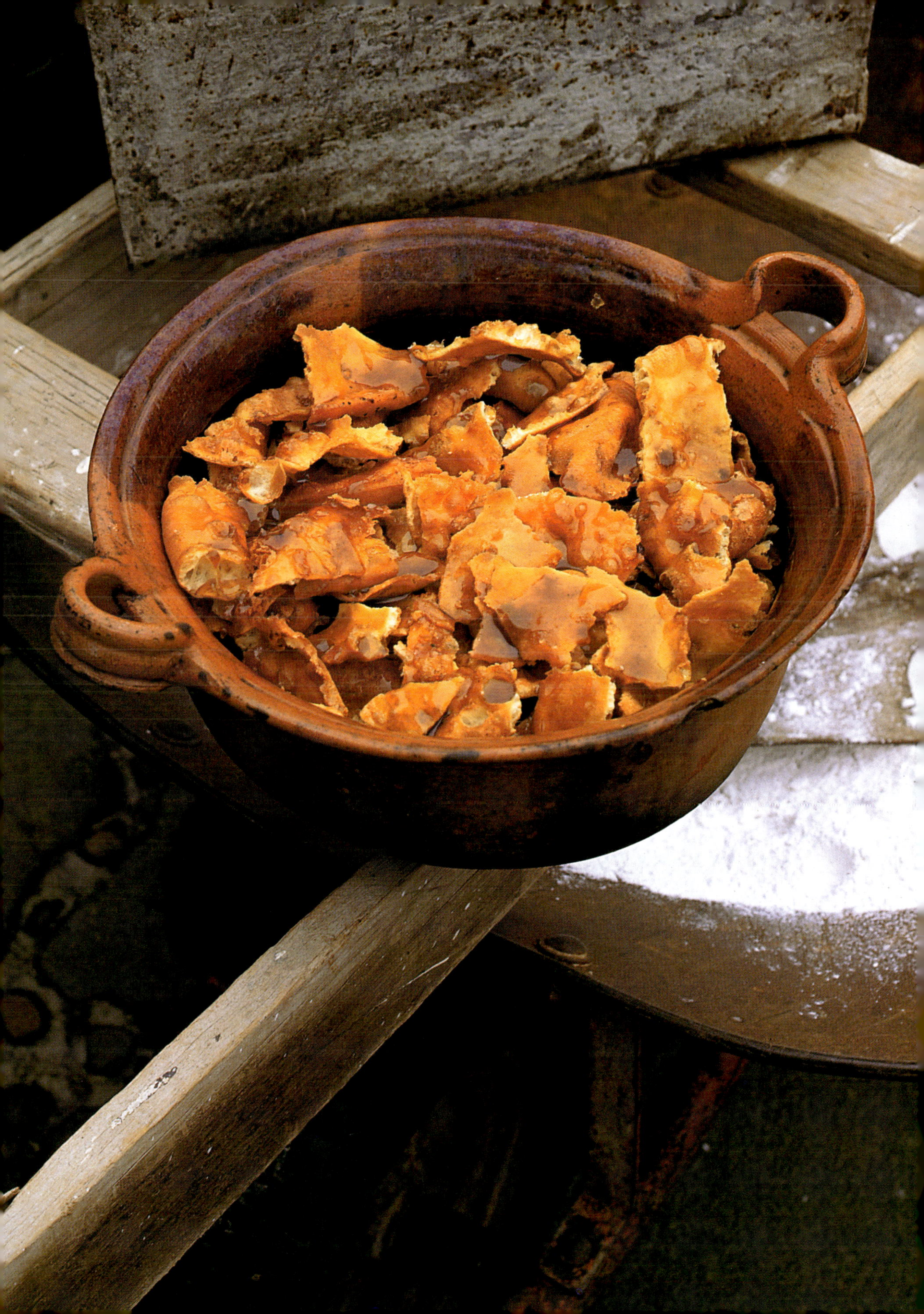

JUNI

Das Mahl der breiten Tischtücher

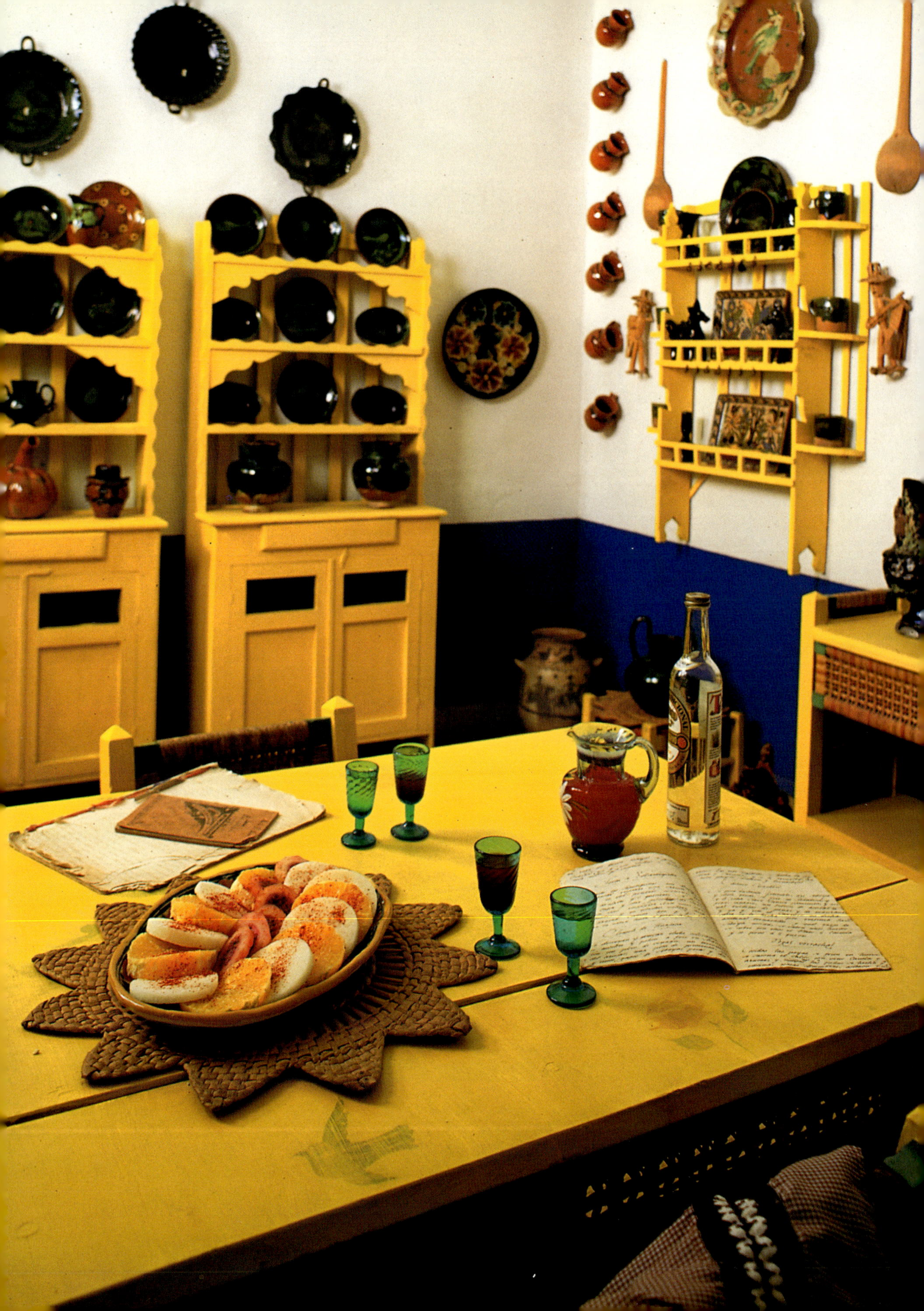

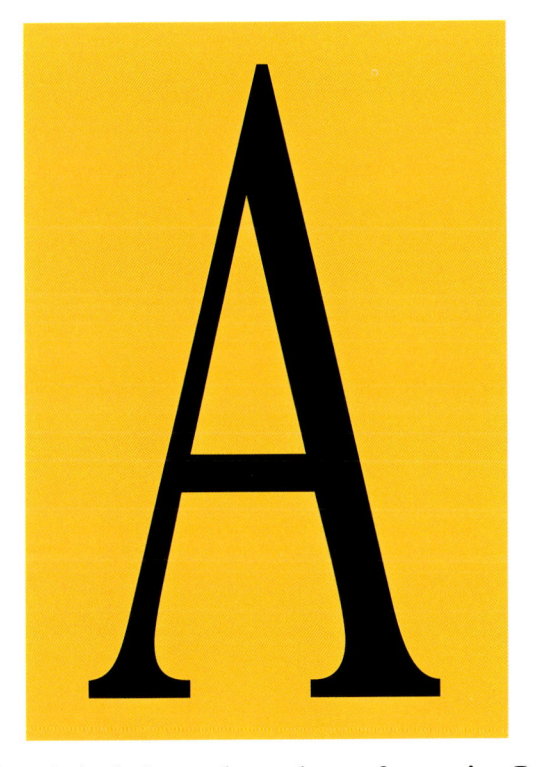

Als ich eines Tages im Juni – ich lebte da schon fast ein Jahr im Blauen Haus – von der Universität nach Hause kam, wartete Frida auf die Ankunft einiger Freunde, die sie im Hinblick auf eine Ausstellung ihrer Gemälde beraten sollten. Diese Freunde waren Miguel und Rosa Covarrubias, Alberto und Anita Misrachi und Arcady und Lina Boytler. Sie waren nicht nur Fridas engste Freunde, sondern berieten sie auch in allem, was den Verkauf und die Ausstellung ihrer Werke betraf. Don Alberto, der *marchand des tableaux* meines Vaters, streckte ihm Geld vor, wenn er die Kosten nicht aufbringen konnte. Anita, Rosa und Lina – Fridas beste Freundinnen – bereicherten deren Rezeptesammlung mit eigenen Spezialitäten. Diese drei Damen waren im ganzen Land als Expertinnen für haute cuisine bekannt, und zwar sowohl mexikanisch als auch international. Rosa Covarrubias war besonders für ihre mexikanischen Gerichte berühmt; sie war nicht nur eine exzellente Malerin, sondern auch Expertin für die charakteristischen Gewürze der fernen Mares del Sur, wo sie viele Jahre gelebt hatte.

An jenem Nachmittag wartete Frida auch auf Chabela Villaseñor, eine Freundin, mit der sie an verregneten Nachmittagen oft Revolutionshymnen und Volkslieder sang, die so alt waren, daß so gut wie niemand außer Diego, Frida und ihren besten Freunden sich noch an die Texte und die Melodien erinnern konnte – obwohl ich sie schließlich lernte, weil ich sie im Blauen Haus so oft hörte.

Während die Gäste allmählich eintrafen, beschäftigten Frida und ich uns damit, all die Gerichte abzuschmecken, die bei diesem »Mahl der breiten Tischtücher«, wie die Mexikaner einen solchen Anlaß nennen, serviert werden sollten. Frida würzte jede Speise und bemerkte: »Der *bacalao* muß absolut umwerfend sein, sonst bringen mich meine Freundinnen Rosita, Anita und Lina um meinen guten Ruf.«

Ich begnügte mich damit, von jedem Gericht zu kosten, und hoffte nur, daß das Festmahl möglichst bald beginnen würde.

Mitten in diesen Vorbereitungen traf überraschend mein Vater ein. Er pfiff die ersten Takte der »Internationale«. Das war das mit Frida verabredete Zeichen dafür, daß er vor der Tür stand. Zu dritt setzten wir uns an den Küchentisch und genehmigten uns ein Gläschen Tequila mit Salz und Zitrone, und Eulalia setzte uns als Vorspeise *pico de gallo* aus *jícamas*, Orangen, Kaktusfeigen, *xoconoxtles* und *chile piquín* vor, eine Köstlichkeit in der Mittagshitze.

Als die Gäste alle da waren, geschah etwas Unvorhergesehenes: »Der kleine Covarrubias«, wie mein Vater den jungen Maler nannte, tauchte mit zwei elegant gekleideten Herren auf. Diese entpuppten sich als der berühmte Komponist und Dirigent Carlos Chávez, ein guter Freund und künstlerischer Mitstreiter meines Vaters, und Nelson Rockefeller, der seit ihrem Aufenthalt in New York Anfang der 30er Jahre ein Freund der Riveras war. Frida freute sich sehr, die beiden wiederzusehen, und lief unverzüglich in die Küche, um »noch ein bißchen Wasser in die Bohnensuppe zu gießen«, wie wir sagen, damit es für alle reichen würde.

Das Diner war durch und durch mexikanisch. Es gab zwei verschiedene Suppen, einen saftigen *bacalao* nach mexikanischer Art, Schweinerippchen in süß-

Seite 183: Orangenblütentee, ein Lieblingsgetränk von Diego Rivera.
Seite 184: Tequila und Salat von Yamsbohnen und Kaktusfeigen
(siehe Rezept auf Seite 192), vor dem Mittagessen gereicht in der Küche des Blauen Hauses.
Rechte Seite: An der Wand des Speisezimmers im Blauen Haus stehen die Regale mit Frida Kahlos Keramiksammlung. Auf dem Tisch, auf dem eine Spitzendecke aus Aquascalientes liegt, steht ein Aronstabstrauß.

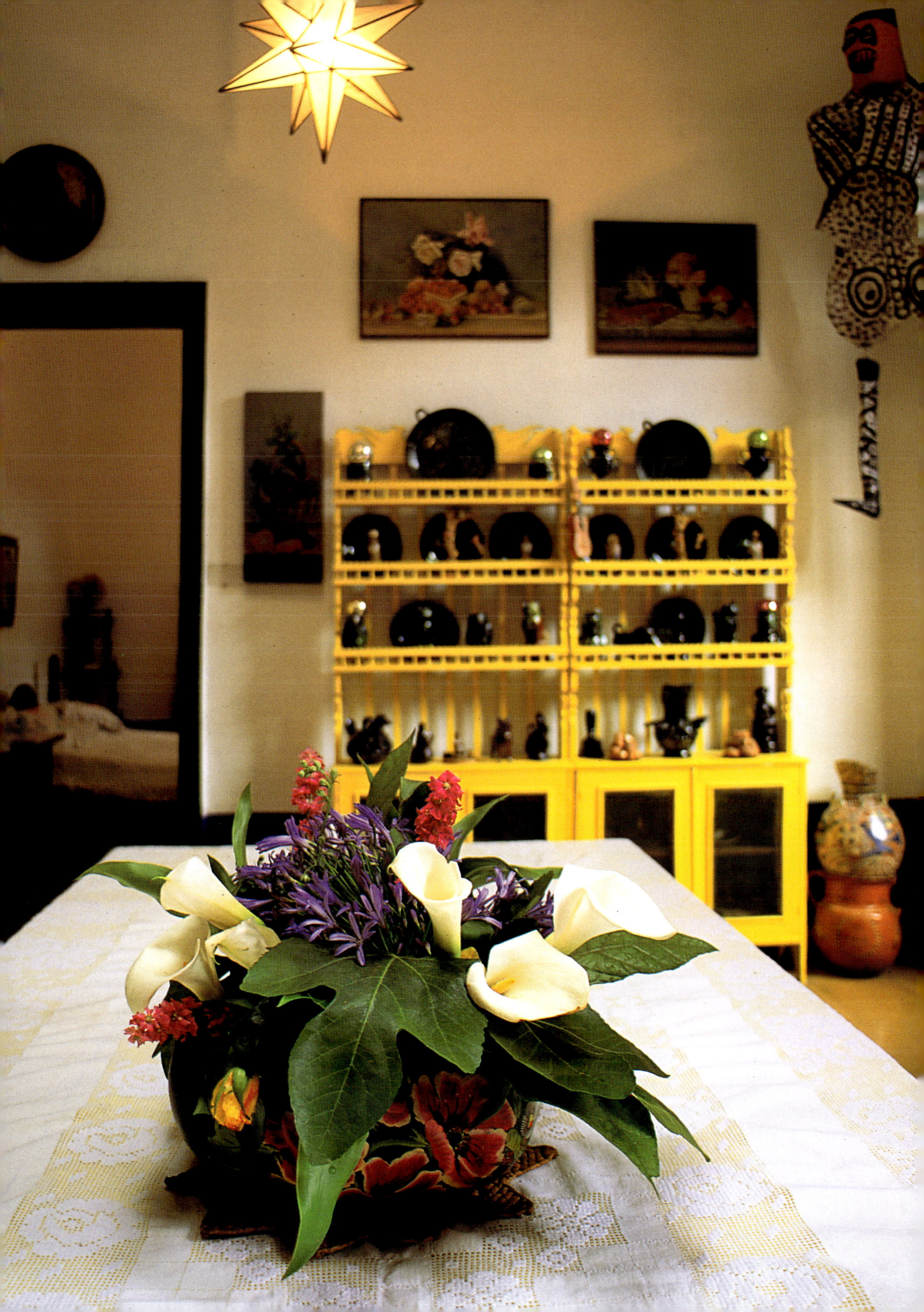

saurer Sauce, Kartoffelküchlein und Zucchinisalat. Außerdem wurde das unvermeidliche Bohnenpüree mit Käse gereicht. Mit einem Limettensorbet erfrischten wir unsere Gaumen, bevor die Desserts aufgetragen wurden – gefüllte Ananas und Katzenzungen, Fridas liebste Leckerei. Einige der Freunde baten um Kaffee; mein Vater trank Orangenblätter- und Zitronenblütentee.

Meister Rivera schlug den Gästen vor, nach dem Essen einen Spaziergang durch den Garten zu machen. Er war stolz darauf, wie er mehrere seiner besten archäologischen Stücke in einem kleinen Tempel arrangiert hatte, der eigens zu diesem Zweck unter einer Gruppe alter Zypressen erbaut worden war. Eines der schönsten und seltensten Stücke war eine Skulptur von Xilolem, der Göttin des jungen Mais, die zwei frische Maiskolben in Händen hielt. Frida mußte dafür sorgen, daß der Göttin stets frische Opfergaben dargebracht wurden, so als sei der Tempel tatsächlich ihr geweiht. In dem Tempel stand auch eine graue Steintruhe, die mit Darstellungen von Huldigungen an einen mächtigen Herrn verziert war. Mein Vater erklärte voller Stolz, daß die Truhe einst einem der Herrscher von Mexiko-Tenochtitlán, Axayucatl mit Namen, gehört habe. Meinem Vater zufolge hatte Axayucatl riesige Ländereien im Süden des Hochbeckens von Mexiko erobert und seine kostbarsten Schätze in eben dieser Truhe aufbewahrt. Rockefeller und Covarrubias, die beide Experten für solche Kunstwerke waren, erkannten den Wert der Sammlung und lobten meinen Vater für seinen guten Geschmack und die Authentizität der Präsentation.

Vom Garten gingen wir in Fridas Atelier, wo sie uns nicht ohne Nervosität ihr neuestes Gemälde zeigte: ein überaus sinnliches Stilleben mit Blumen und Früchten auf einer runden Leinwand von kleinerem Format als sonst. Die Sexualsymbolik dieser Blumen und Früchte war so ausgeprägt, daß es schien, als seien sie in einem Geschlechtsakt begriffen. Fridas und Diegos Freunde waren begeistert von dem Werk: Sie priesen die Farben und den Pinselstrich und waren beeindruckt davon, wie es Frida gelungen war, die sexuelle Dimension dieser Objekte herauszuarbeiten, die für andere Maler nichts weiter als Naturprodukte sein mochten.

Tags darauf schickte Frida jedoch das Gemälde der Dame, in deren Auftrag sie es gemalt hatte. Doña Soledad Orozco de Avila Camacho, die Gattin des Präsidenten von Mexiko, General Manuel Avila Camacho, hatte das Bild für den Speisesaal des Präsidentenpalastes in Auftrag gegeben, wo es einen Ehrenplatz bekommen sollte. Als sie das Bild dann sah, fand die gute Frau es unanständig, ja im höchsten Grade anstößig, und schickte es umgehend an Frida zurück.

Aber um auf das Diner zurückzukom-

DAS MAHL DER BREITEN TISCHTÜCHER

men oder besser gesagt auf dessen Ende – unsere Freunde verabschiedeten sich, nachdem sie auf das Wohl unserer Überraschungsgäste Carlos Chávez und Nelson Rockefeller getrunken hatten. Papa, Frida und Chabela begleiteten sie zur Tür und sangen dabei das klassische Abschiedslied, dessen Text lautet: »Ich bin auf dem Weg zum Hafen, wo eine goldene Barke bereitliegt, mich in die Ferne zu entführen. Ich bin auf dem Weg, ich kam nur vorbei, um ade zu sagen.«

Oben: »*Stilleben*«, 1942.
Folgende Seite: *Ein Stilleben mit Mais, nach einem Gemälde von Frida Kahlo.*

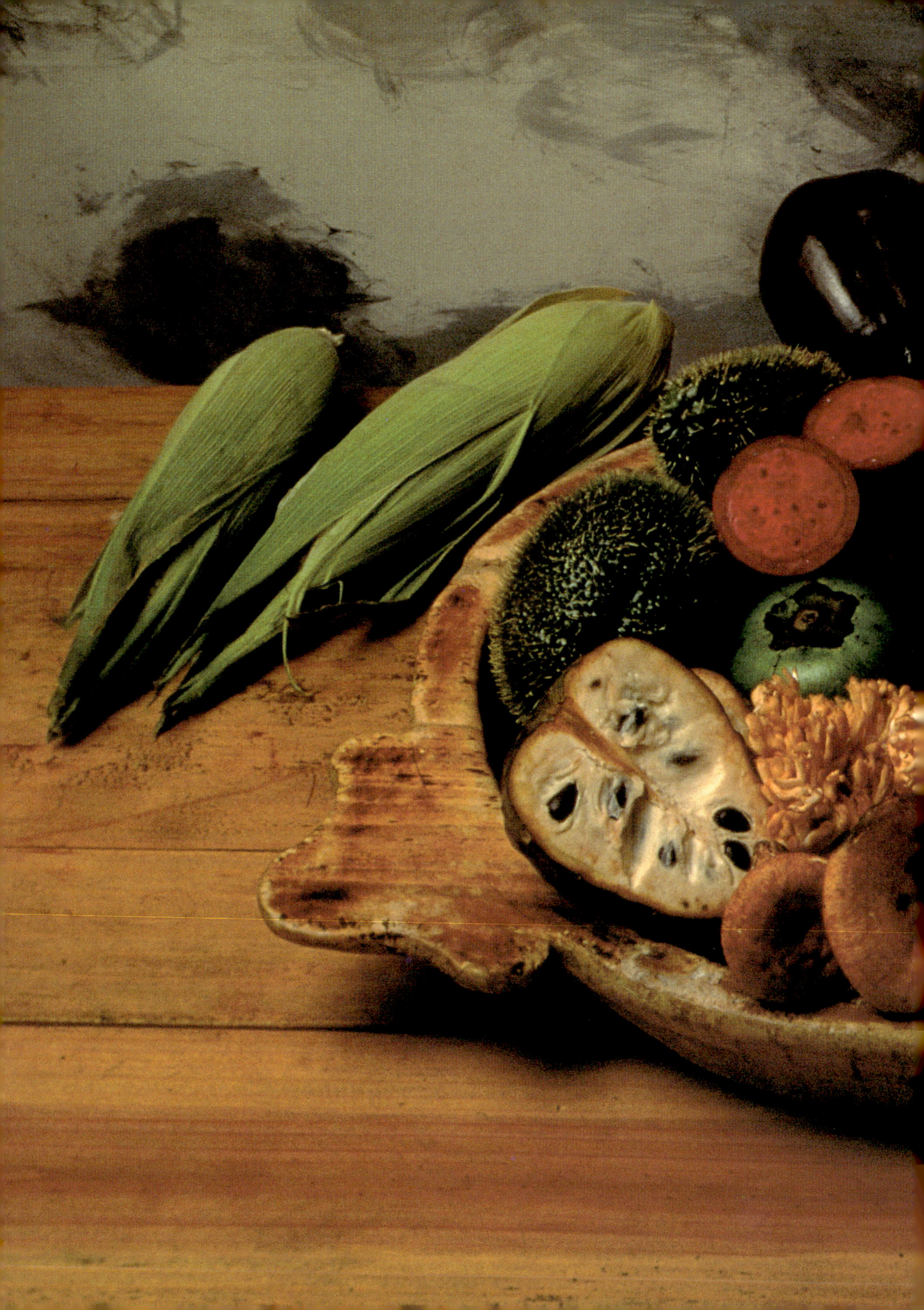

MENÜ

SALAT VON YAMSBOHNEN UND KAKTUSFEIGEN

KÜRBISBLÜTENSUPPE

HÜHNERKRAFTBRÜHE

NUDELPFANNE MIT AVOCADO UND CHILLIES

SPARERIBS MIT SÜSS-SAURER SAUCE

KARTOFFELKÜCHLEIN

ZUCCHINISALAT

KLIPPFISCH NACH MEXIKANISCHER ART

EIERLIKÖR

GEFÜLLTE ANANAS

LIMETTENSORBET

KATZENZUNGEN

PICO DE GALLO
Salat von Yamsbohnen und Kaktusfeigen

2 mittelgroße Yamsbohnen (siehe Glossar), geschält und in Scheiben geschnitten
6 weißfleischige Pitahayas (siehe Glossar), geschält und in Scheiben geschnitten
4 Kaktusfrüchte, geschält und in Scheiben geschnitten
2 Orangen, geschält und in Scheiben geschnitten
Salz
Gemahlene chiles piquínes (siehe Glossar)

Die Gemüse- und Fruchtstücke auf einem dekorativen Teller arrangieren. Nach Geschmack mit Salz und Chilipulver bestreuen.

Für 8 Personen

SOPA DE FLOR DE CALABAZA
Kürbisblütensuppe

1 große Zwiebel, feingehackt
4 EL Butter
2 Maiskolben, die Körner abgestreift, oder 1 Dose Maiskörner
3 chiles poblanos (siehe Glossar), geröstet (siehe Glossar), enthäutet, Samen entfernt, die Schoten in Streifen geschnitten
150 g Zucchini, grobgehackt
150 g Champignons, in Scheiben geschnitten
Etwa 20 Kürbisblüten, die Stiele und Stempel entfernt, die Blüten grobgehackt
1,5 l Hühnerbrühe
Salz
3 Tortillas, in Streifen geschnitten und gebraten
Crème fraîche

Die Zwiebeln in der Butter glasig werden lassen. Maiskörner, Chilischoten und Zucchini 2 Minuten mitdünsten. Die Champignons und die Kürbisblüten hinzufügen. Alles 4 Minuten garen, die Hühnerbrühe angießen und zum Kochen bringen. Die Suppe etwa 10 Minuten leise köcheln lassen. Zuletzt mit Salz abschmecken, mit den gebratenen Tortillastreifen und Crème fraîche garnieren und servieren.

Für 8 Personen

CONSOMÉ DE GALLINA
Hühnerkraftbrühe

5 l Wasser
1 Suppenhuhn, in Stücke zerteilt
500 g Rindfleisch (Schwanzstück)
250 g Kalbfleisch
4 Karotten
10 Lauchstangen
2 Zwiebeln
Salz

ZUM VERFEINERN

Trockener Sherry
Gehackte Petersilie
Gehacktes Koriandergrün
Gehackte chiles serranos (siehe Glossar)

Das Wasser in einem Suppentopf erhitzen. Sobald es lauwarm ist, die übrigen Suppenzutaten hineingeben und alles 4 Stunden leise köcheln lassen.

Eine Stoffserviette in kaltes Wasser tauchen, auswringen und ein Sieb damit auslegen. Die Brühe durchseihen, zurück in den Topf geben und unter ständigem Rühren erneut aufkochen lassen. Nochmals durchseihen. Das Fleisch für andere Gerichte verwenden.

Die Hühnerkraftbrühe vor dem Servieren mit trockenem Sherry verfeinern oder wahlweise mit gehackter Petersilie, gehacktem Koriandergrün oder Chilischoten garnieren.

Ergibt 4 Liter

Rechte Seite: *Kürbisblütensuppe in einer bemalten Terrine aus Puebla.*

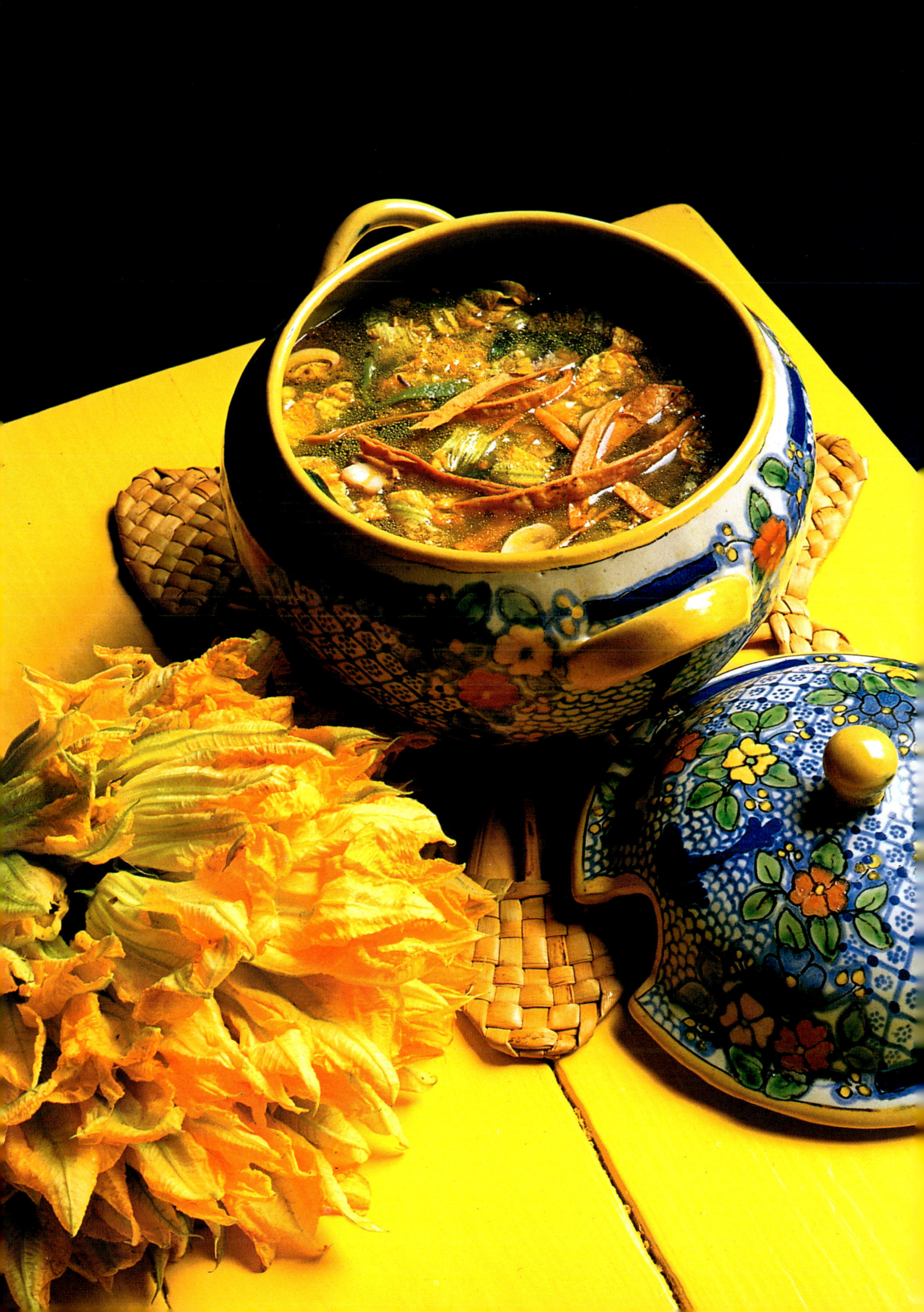

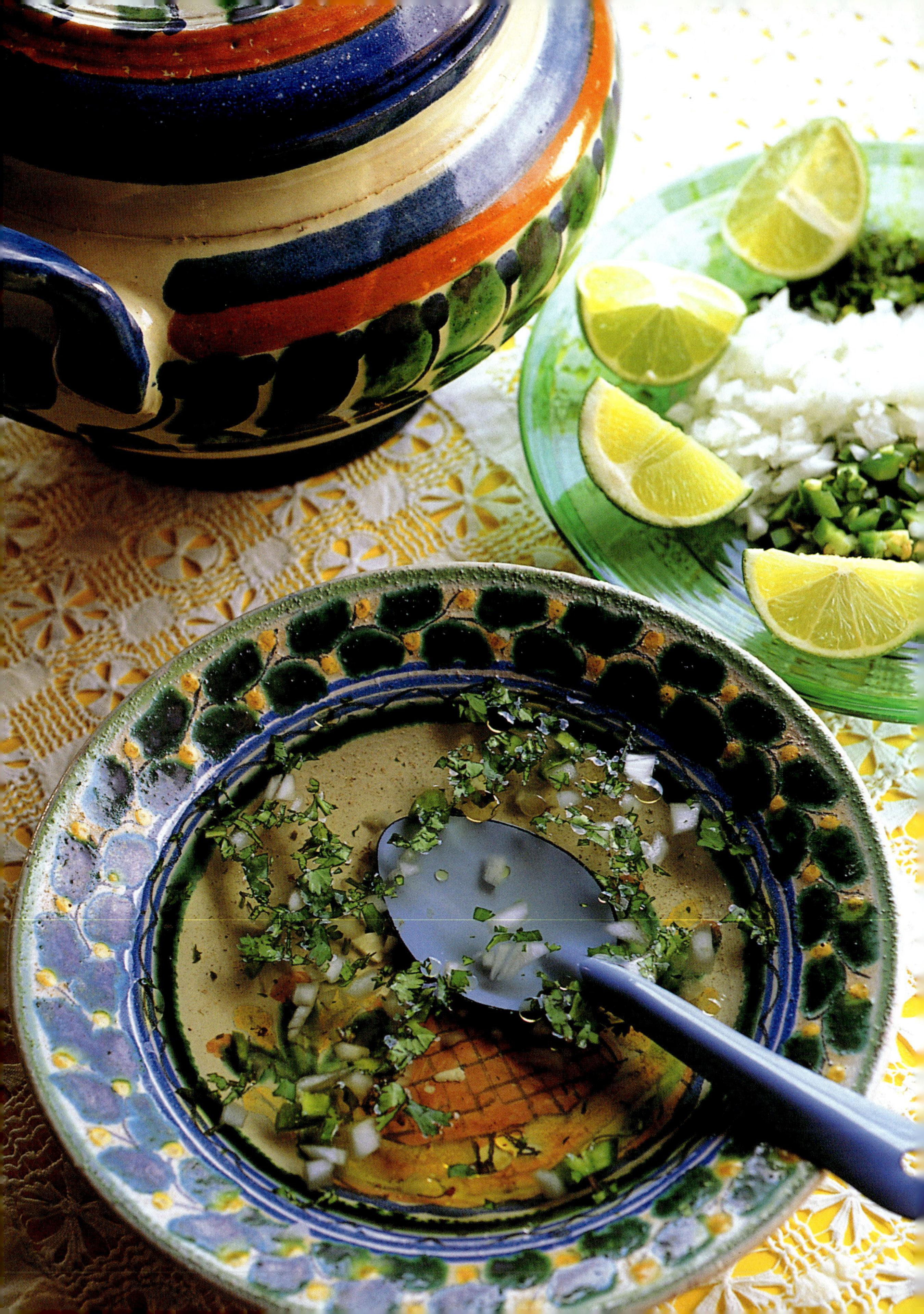

SOPA SECA DE FIDEOS
Nudelpfanne mit Avocado und Chillies

500 g dünne Nudeln
Maiskeimöl
10 mittelgroße Tomaten
1 mittelgroße Zwiebel und 2 Knoblauchzehen
Salz
3 Stengel Petersilie
500 ml Hühnerbrühe
Chiles pasillas (siehe Glossar), gebraten und gehackt
2 Avocados, geschält, in Scheiben geschnitten und mit Zitronensaft beträufelt
375 ml Crème fraîche
250 g queso añejo (siehe Glossar) oder Parmesan, gerieben

Die Nudeln in heißem Öl goldbraun braten. Das Öl bis auf 3 Eßlöffel abgießen.

Die Tomaten mit der Zwiebel, dem Knoblauch und etwas Salz im Mixer pürieren. Das Püree an die Nudeln geben und leise köchelnd eindicken lassen. Die Petersilie hinzufügen und alles mit der Hühnerbrühe bedecken. Das Gericht zugedeckt etwa 20 Minuten sanft schmoren, bis die Nudeln die Flüssigkeit aufgenommen haben und weich sind. Falls erforderlich, weitere Brühe angießen.

Die Petersilienstengel entfernen und das Nudelgericht auf eine vorgewärmte Servierplatte geben. Mit gehackten Chilischoten, Avocadoscheiben, Crème fraîche und Käse anrichten und servieren.

Für 8 Personen

Linke Seite: *Hühnerkraftbrühe* (siehe Rezept auf Seite 192),
mit Zwiebeln und Koriandergrün garniert.
Oben: *Nudelpfanne mit Avocado und Chillies.*

Costilla de Cerdo en Salsa Agri-dulce
Spareribs mit süß-saurer Sauce

4 kg Spareribs
1 Limette
Salz und frisch gemahlener Pfeffer
8 chiles anchos (siehe Glossar), geröstet (siehe Glossar), enthäutet und die Scheidewände entfernt
1 mittelgroße Zwiebel, grobgehackt
250 ml Wasser
4 Knoblauchzehen
2 EL Zucker
2 EL Schweineschmalz
2 Tomaten, geröstet (siehe Glossar), enthäutet und püriert

SÜSS-SAURE SAUCE

3 große Tomaten, geröstet (siehe Glossar), enthäutet und püriert
1 Zwiebel, feingehackt
4 EL Essig
2 EL Olivenöl
2 TL Zucker
Salz
2 TL getrockneter Oregano
250 ml chiles jalapeños (siehe Glossar), aus der Dose, die Schoten gehackt, die Flüssigkeit mitverwenden

Alle Zutaten für die süß-saure Sauce in einen Topf geben, einmal aufkochen und dann einige Minuten leise köcheln lassen, bis sich der volle Geschmack entfaltet. Die Sauce wird lauwarm oder kalt zu den Spareribs serviert.

Die Spareribs mit der Limette, Salz und Pfeffer einreiben und zum Marinieren über Nacht in den Kühlschrank stellen.

Die Chilischoten mit den Zwiebeln in leise sprudelndem Wasser etwa 8 Minuten garen. Den Topfinhalt leicht abkühlen lassen und zusammen mit dem Knoblauch, dem Zucker sowie Salz und Pfeffer nach Geschmack im Mixer pürieren. Das Püree abtropfen lassen.

In einer Pfanne das Schmalz erhitzen, die pürierten Tomaten zugeben und eindicken lassen. Das Chilipüree hinzufügen und die Sauce 10 Minuten leise köcheln lassen, bis sich die Aromen vermischt haben.

Die Spareribs in einen Bräter mit hohem Rand legen. Mit der Sauce übergießen und für etwa 1 Stunde in den auf 200 °C (Gasherd Stufe 3–4) vorgeheizten Ofen schieben. Sie müssen zum Schluß appetitlich gebräunt sein.

Für 8 Personen

Tortitas de Papa
Kartoffelküchlein

1 kg Kartoffeln, gegart, geschält und zerdrückt
375 ml kochende Milch
4 EL Mehl
4 EL Butter, zimmerwarm
Salz und frisch gemahlener Pfeffer
Maiskeimöl

Alle Zutaten mit Ausnahme des Öls gründlich vermengen und aus der Masse Küchlein formen. Die Küchlein in heißem Öl von beiden Seiten goldbraun braten, dabei einmal vorsichtig wenden. Auf Küchenpapier abtropfen lassen und sehr heiß servieren.

Für 8 Personen

Ensalada de Calabazitas
Zucchinisalat

6 kleine Zucchini, sorgfältig gewaschen, gegart und in Scheiben geschnitten
2 Avocados, geschält und in Scheiben geschnitten
Salz
2 EL gehacktes Koriandergrün

85 g *queso añejo (siehe Glossar)* oder Parmesan, zerkrümelt

DRESSING

6 EL Olivenöl
3 EL Essig
1 TL Salz
½ TL Zucker

Alle Zutaten für das Dressing in ein Glas mit gut schließendem Deckel geben und durch kräftiges Schütteln vermischen.

Die Zucchini- und die Avocadoscheiben in eine Salatschüssel geben und nach Geschmack salzen. Mit Koriandergrün und Käse bestreuen und mit dem Dressing beträufeln.

Für 8 Personen

BACALAO DE LA CASA
Klippfisch nach mexikanischer Art

1,5 kg Klippfisch
250 ml Olivenöl
3 Zwiebeln, in feine Scheiben geschnitten
8 Knoblauchzehen, in feine Scheiben geschnitten
1 kg Tomaten, geröstet (siehe Glossar), enthäutet und püriert
5 EL gehackte Petersilie
120 g mit Paprika gefüllte Oliven
30 g Kapern, abgespült
30 g Mandeln, blanchiert, enthäutet und grobgehackt
30 g Rosinen
1 kg Kartoffeln, geschält, gegart und gewürfelt
5 enthäutete rote Paprikaschoten aus dem Glas
220-g-Glas mit milden, eingelegten chiles güeros *(siehe Glossar)*
Salz

Den Klippfisch eineinhalb Tage wässern; währenddessen das Wasser häufig erneuern.

Den Fisch in einen Topf geben und mit Wasser bedecken. Etwa 30 Minuten bei geringer Temperatur leise köchelnd garen, bis er zart ist. Abkühlen lassen und in feine Streifen schneiden.

Das Olivenöl erhitzen und die Zwiebeln mit dem Knoblauch dünsten, bis sie glasig werden. Das Tomatenpüree und die Petersilie dazugeben und die Sauce etwa 10 Minuten garen. Oliven, Kapern, Mandeln, Rosinen und Kartoffeln hinzufügen und die Sauce eindicken lassen.

Den Fisch hineingeben und noch einige Minuten mitgaren. Die Paprika- und die Chilischoten, nach Belieben ganz oder zerkleinert, an das Gericht geben und das Ganze zum Schluß mit Salz abschmecken.

Für 8–10 Personen

Oben: *Klippfisch nach mexikanischer Art.*

ROMPOPE
Eierlikör

500 ml Milch
4 Zimtstangen
1 TL frisch geriebene Muskatnuß
450 g Zucker
6 große Eigelb, zu dickem Schaum geschlagen
½ TL Natron
600 ml Rum oder aguardiente *(siehe Glossar)*

Die Milch mit Zimt und Muskat zum Kochen bringen. 20 Minuten simmern lassen. Den Zucker hinzufügen und rühren, bis er sich aufgelöst hat. Alles 30 Minuten köcheln, dann abkühlen lassen und durch ein Sieb gießen.

Die Eigelb in die Milch einrühren. Das Natron dazugeben und alles aufkochen lassen. Abkühlen lassen, dabei gelegentlich rühren, damit sich keine Haut bildet. Nach dem völligen Erkalten den Rum oder *aguardiente* hineinrühren.

Für 8–10 Personen

PIÑA RELLENA
Gefüllte Ananas

1 große, reife Ananas
250 ml Crème double
6 EL Puderzucker
12 Cocktailkirschen, gehackt
100 g Pinienkerne, feingehackt

Von der Ananas einen »Deckel« abschneiden. Das Fruchtfleisch herauslösen, die holzige Mitte entfernen und den Rest feinhacken.

Die Crème double mit Zucker steif schlagen. Ananas, Kirschen und Pinienkerne unterziehen. Die Masse in die ausgehöhlte Ananas füllen. Den »Deckel« daraufsetzen und vor dem Servieren für 2 Stunden kalt stellen, bis die Masse fest wird.

Für 8 Personen

SORBETE DE LIMON
Limettensorbet

1 l Wasser und 350 g Zucker
1 EL abgeriebene Limettenschale
250 ml Limettensaft

Das Wasser mit Zucker und Zitrusschale aufkochen, dann etwa 3 Minuten köcheln lassen. Abkühlen lassen und den Limettensaft hineinrühren. Die Mischung erkalten lassen, in die Eismaschine füllen und nach Anweisung des Herstellers zu Sorbet weiterverarbeiten.

Für 8 Personen

LENGUAS DE GATO
Katzenzungen

125 g Butter und 120 g Zucker
3 Eiweiß
1 TL Vanille-Extrakt
125 g Mehl, gesiebt
Butter und Mehl für das Backblech

Butter und Zucker cremig rühren. Die Eiweiß einzeln unterrühren. Den Vanille-Extrakt und zuletzt das Mehl daruntermengen.

Den Teig mit dem Dressiersack in Form 5–7 cm langer, bleistiftdicker Streifen auf das vorbereitete Backblech spritzen. Die Katzenzungen im vorgeheizten Ofen bei 220 °C (Gasherd Stufe 4–5) etwa 6 Minuten backen. Auf einem Kuchengitter abkühlen lassen. Zur Aufbewahrung in einen luftdicht verschließbaren Behälter geben.

Ergibt 50–60 Stück

Rechte Seite: *Ein Teller mit Katzenzungen und Eierlikör, präsentiert in einer prachtvollen Karaffe aus Guadalajara.*

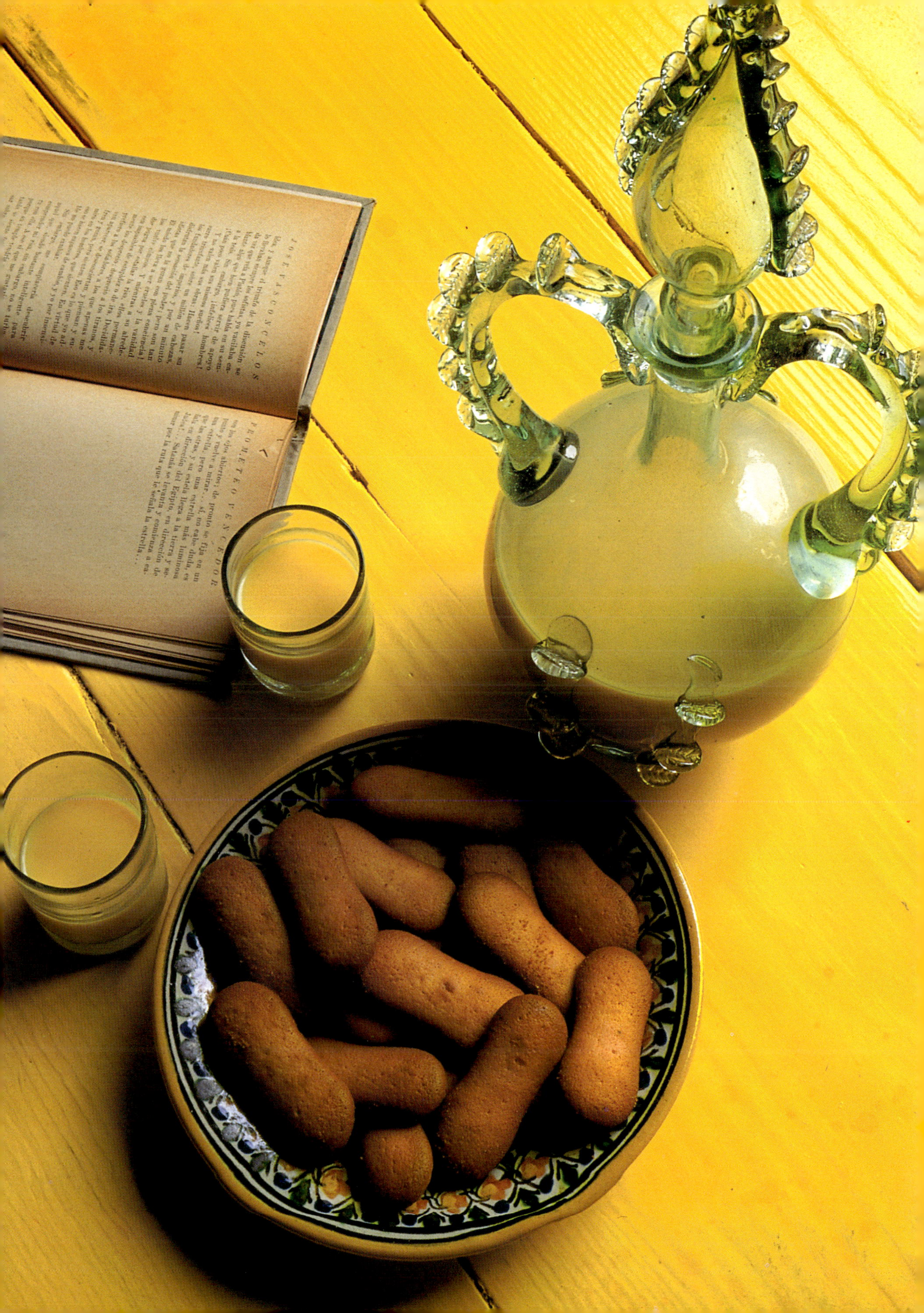

JULI
Fridas Geburtstag

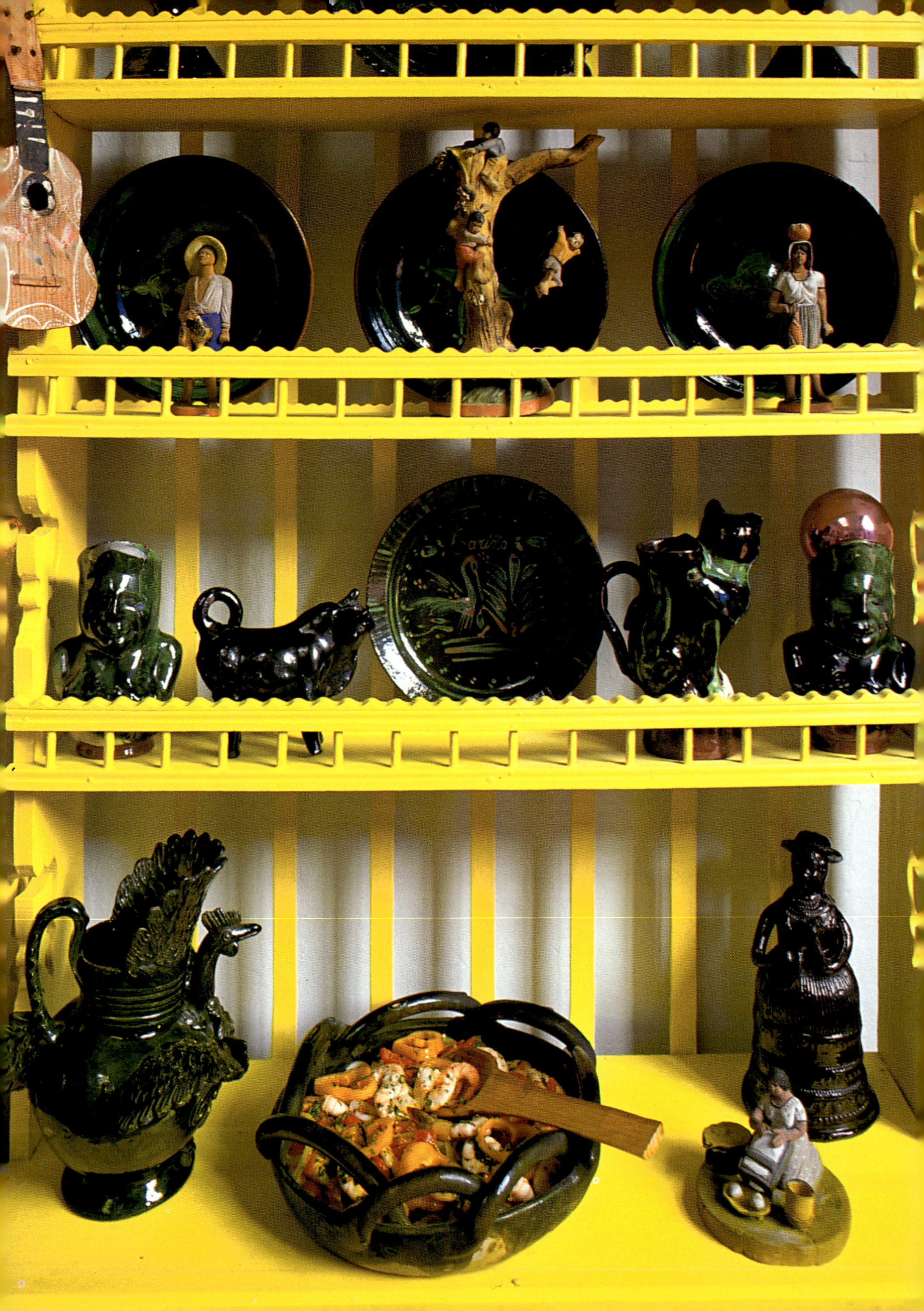
Cariño

Das Leben bei Frida war eine Schule für sich. Ich erfuhr viel über kulturelle Werte, von denen ich bis dahin nichts gewußt hatte. Frida sprach über Freud und die Psychoanalyse oder über García Lorca und Dichtung ebenso geläufig wie über Malerei und Musik. Um mit ihr mithalten zu können, mußte ich etliche der Bücher in ihrer Bibliothek und dazu noch andere lesen, die sie und mein Vater mir schenkten. Frida schloß mich ohne Vorbehalte in ihr tägliches Leben ein, brachte mir bei, wie ich mit den Bediensteten zurechtkam, mit Menschen wie Eulalia, Chucho, Rosenda und Inés, dem Schreiner. Außerdem stellte sie mich den Leuten vor, die aus Paris, London und New York kamen, um sie zu sehen. Es war eine Welt kontrastierender Erfahrungen und Emotionen.

Ein paar Tage vor ihrem Geburtstag am 6. Juli beschloß Frida, eine große Dinnerparty zu geben. Wie so oft konnte sie nicht viel Geld für das Festmahl ausgeben, und daher malte sie zunächst ein Bild fertig, das Marichu Lavin bei ihr bestellt hatte, ein prachtvolles Porträt, in dem Marichu in der Mitte eines großen medaillonartigen Rahmens erscheint, gekleidet in einen *huipil* (ponchoähnlich geschnittenes Oberteil aus handgewebtem Stoff), der mit Blumen in leuchtenden Farben bestickt ist. Das ist der Stil der Yucatee-Mestizinnen aus Südmexiko, die ihre Kleider besticken und für ihre Tänze berühmt sind. Marichu stammte aus diesem Teil des Landes.

Nachdem sie das Geld für das Bild bekommen hatte, lud Frida halb Mexiko zu ihrer Party ein. Sie engagierte Mariachis und bat Concha Michel und Chabela Villaseñor, als Tehuana-Frauen kostümiert und mit ihren Gitarren zu erscheinen. Die Gäste wurden aufgefordert, »großen Hunger mitzubringen, sich wie zu Hause zu fühlen und nach Herzenslust zu singen«, da die Party bis tief in die Nacht dauern werde.

Die Zubereitung der Gerichte machte genausoviel Spaß wie die Zusammenstellung der Gästeliste. Natürlich wurde oft in der Küche Kriegsrat gehalten. Frida liebte es, wenn Eulalia darüber sprach, was die Menschen an dem Tag in Ixtapalapa aßen, einer Stadt, die für ihre Wildgerichte berühmt war, vor allem Ente, Turteltauben und *chichicuilotes,* Vögel, die am See gejagt wurden. Chucho beschrieb, was seine Familie in seiner Heimatstadt im Süden des Staates Oaxaca aß, während Rosenda erzählte, wie man in der Küche von Michoacán Mais zubereitet. Ich steuerte Rezepte von meiner Großmutter Isabel bei. Wir sprachen alle über die mexikanische Küche, und Frida zeigte mir das Kochbuch in Form eines Lexikons. Es hatte ihrer Mutter, Doña Matilde gehört. Frida las ein paar der Rezepte vor und suchte dabei noch ein paar Delikatessen für die Geburtstagsfeier aus.

Am 6. Juni um ein Uhr mittags kamen die ersten Gäste, beladen mit Geschenken. Rosenda und Chucho begrüßten sie an der Tür des Blauen Hauses und kredenzten ihnen je nach Wunsch ein Glas Tequila, einen Humpen Bier oder einen Krug Pulque mit Mandeln. Um zwei Uhr erschienen Concha, Chabela und die Mariachis und störten die Ruhe des Carmen-Viertels mit ihrer Version von »Las Mañanitas«, die sie dem Geburtstagskind zu Ehren spielten. Um drei Uhr machten wir uns über den Inhalt der unzähligen Krüge, Platten, Teller und Schüsseln jeder Größe

---

Seite 201: *Selbstbildnis »Der Rahmen«, ca. 1938.*
Seite 202: *Marinierte Garnelen* (siehe Rezept auf Seite 209)
im Speisezimmer des Blauen Hauses.

her, die im Garten auf den Tischen unter den Bäumen standen. Die roten Wachstuch-Tischdecken waren mit kunstvoll angeordneten Birnen, Trauben, Äpfeln, Bananen und Orangen sowie mit bunten Papierservietten dekoriert, in der Farbe auf die jeweiligen Früchte abgestimmt.

Frida sorgte für ständigen Nachschub von Garnelenbrühe als Appetitanreger und Schweinefleisch mit Früchten in riesigen rustikalen Töpfen, Schweinefleisch mit *nopales* in grüner und Sesam-Mandel-Sauce und *mole poblano*. Auf riesigen Platten häuften sich marinierte Hühnerbrüstchen und kalte Schweinsfüße in Tomatensauce. Außerdem standen da Salatschüsseln, von denen die eine Bohnen, Radieschen und *queso panela* (krümeliger Frischkäse aus Zentralmexiko) und die andere Wasserkresse, Tomaten und Avocados enthielt. Verschiedenste Saucen standen in irdenen Schüsseln bereit.

Die Desserts nahmen einen eigenen Tisch ein. Neben einer Nachspeise aus Bataten und Ananas, Mamey-Sahne-Dessert und Pinienflan gab es Teller mit traditionellen mexikanischen Süßigkeiten, wie sie immer noch auf dem Markt La Merced verkauft werden. Frida liebte besonders Meringe, Nougat und Karamelbonbons, weil diese Leckereien sie an ihre Kindheit erinnerten, als sie nach der Schule mit ein paar kleinen Münzen in der Hand Hals über Kopf in den nächsten Süßwarenladen gerannt und mit einem hübschen Sortiment wieder herausgekommen war. Kein Wunder also, daß es an diesem Tag Nougat in Hülle und Fülle gab: Frida hatte ihn sich selbst zum Geburtstag geschenkt.

Als sich die Gäste satt gegessen hatten, schlenderten sie durchs Haus, und die meisten zog es zu den Mariachis. Die Schreie, die zu den Revolutionsliedern gehörten, waren im ganzen Haus zu hören – nur Fridas Lachen war manchmal noch lauter. Es gab einen Wolkenbruch, aber die Feier ging trotzdem weiter. Als der Regen nach dem Dunkelwerden nachließ, verabschiedeten sich die Gäste nach und nach.

Vor dem Zubettgehen packte Frida noch die letzten Geschenke aus. Ihre Freunde und ihre Familie wußten genau, womit man ihr eine Freude machen konnte, und deshalb bekam sie unter anderem zwei Flaschen ihres Lieblingsparfüms »Shocking« von Schiaparelli. Außerdem erhielt sie zwei Puppen aus der Zeit um die Jahrhundertwende, die noch die ursprünglichen Seiden-, Samt- und Spitzenkleider trugen, sowie andere Geschenke, darunter auch ein Handbuch der Zauberei und Hexerei. Am besten gefielen ihr aber zwei Halsketten von meinem Vater, die eine aus Jadeperlen und die andere aus handgeschnitzten Korallen aus Teotihuacán. Diese Ketten liebte sie so sehr, daß sie sie immer trug, wenn sie ein Selbstbildnis malte.

Folgende Seite: *Zubereitung von Tortillas auf dem Küchenherd im Blauen Haus.*

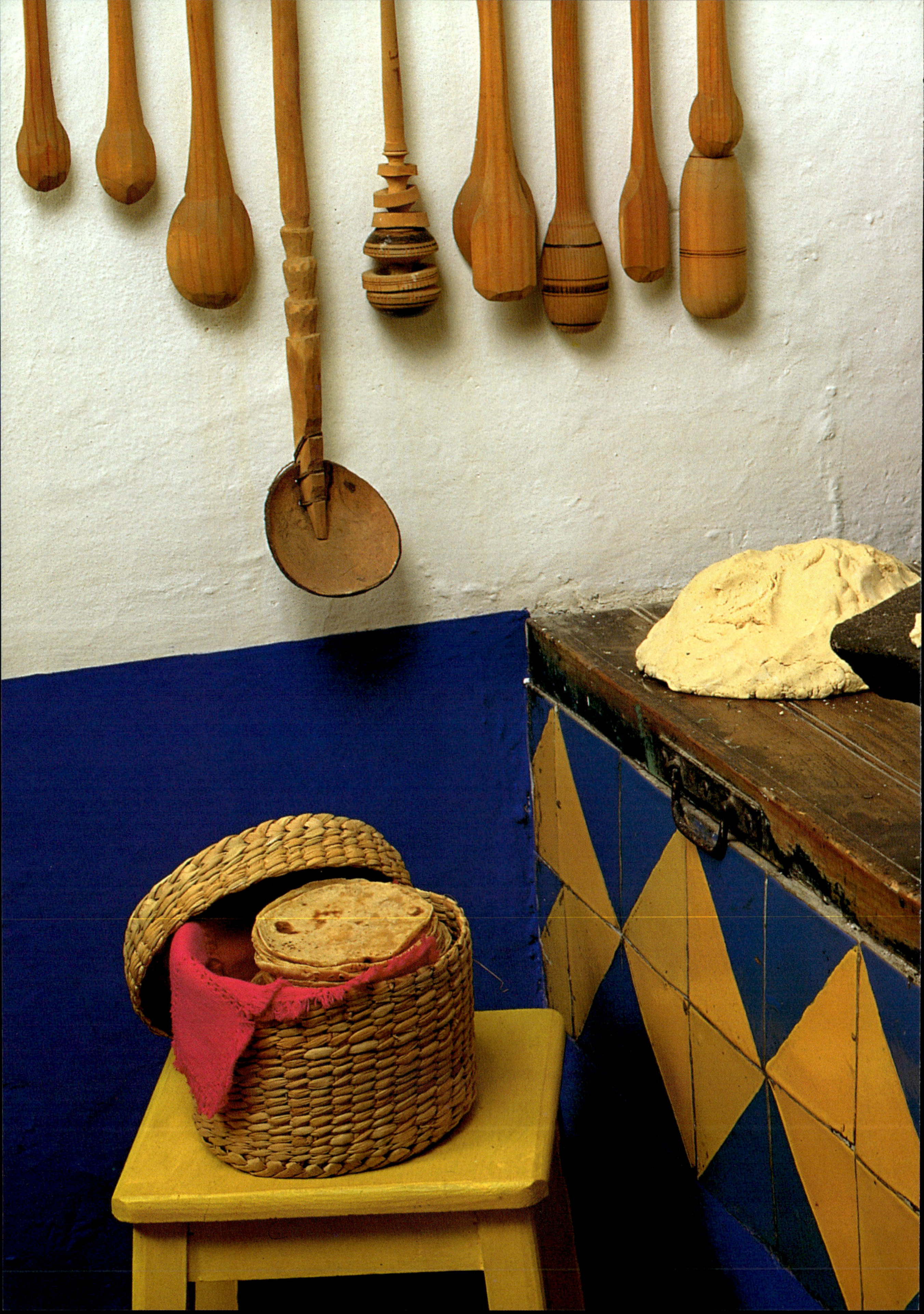

MENÜ

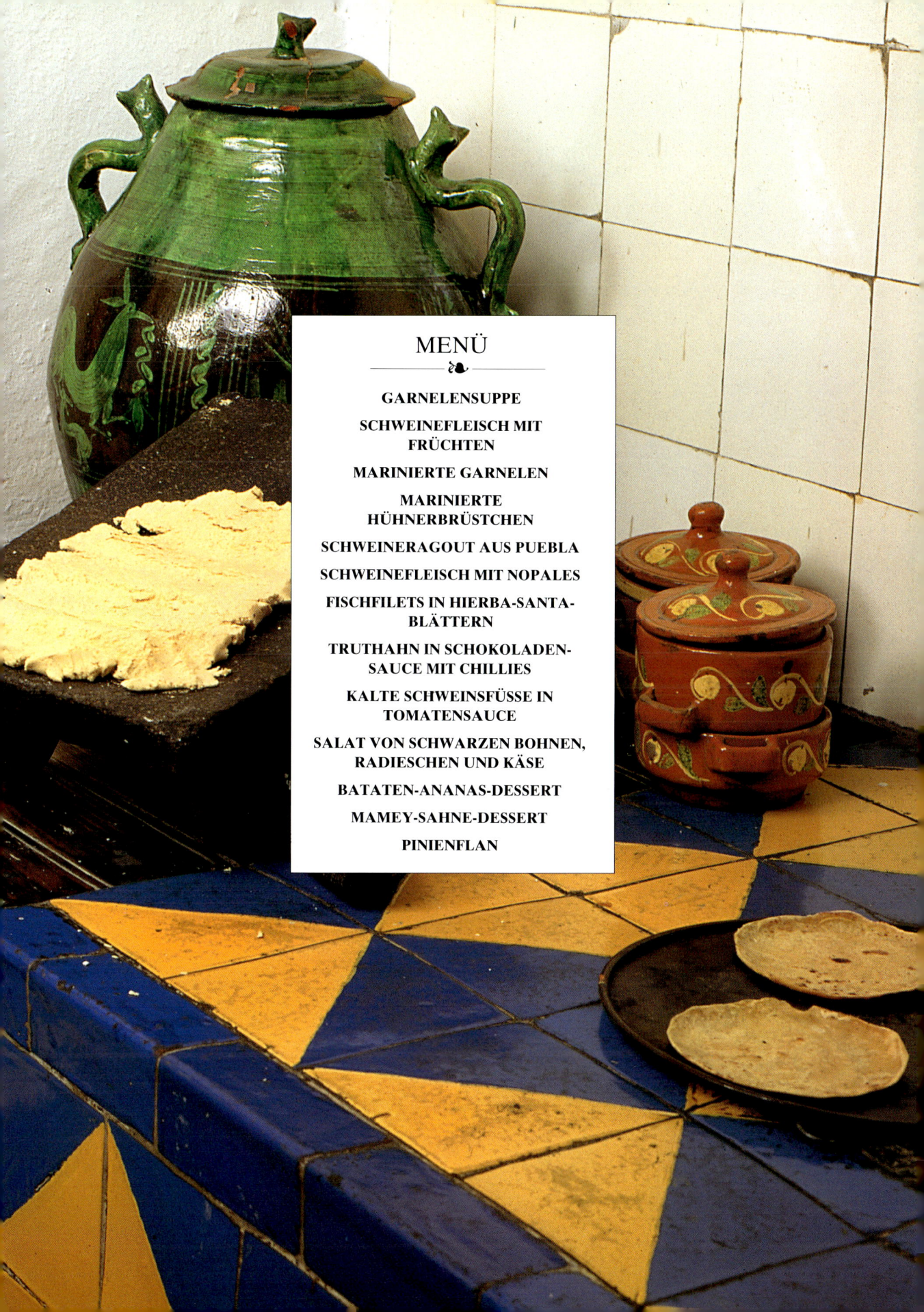

GARNELENSUPPE

SCHWEINEFLEISCH MIT FRÜCHTEN

MARINIERTE GARNELEN

MARINIERTE HÜHNERBRÜSTCHEN

SCHWEINERAGOUT AUS PUEBLA

SCHWEINEFLEISCH MIT NOPALES

FISCHFILETS IN HIERBA-SANTA-BLÄTTERN

TRUTHAHN IN SCHOKOLADEN-SAUCE MIT CHILLIES

KALTE SCHWEINSFÜSSE IN TOMATENSAUCE

SALAT VON SCHWARZEN BOHNEN, RADIESCHEN UND KÄSE

BATATEN-ANANAS-DESSERT

MAMEY-SAHNE-DESSERT

PINIENFLAN

CALDO DE CAMARÓN
Garnelensuppe

250 g getrocknete Garnelen (siehe Glossar)
Salz
2 l Wasser
4 Kartoffeln, geschält und gewürfelt
6 Karotten, geschält und gewürfelt
2 Stengel Petersilie
150 g chiles guajillos (siehe Glossar), geröstet (siehe Glossar), enthäutet, die Samen entfernt, die Schoten 10 Minuten in sehr heißem Wasser eingeweicht
2 mittelgroße Zwiebeln, in größere Stücke geschnitten
6 Limetten

Die Garnelen 15 Minuten in leise sprudelndem Salzwasser garen. Mit einem Schaumlöffel aus dem Topf nehmen und beiseite stellen.

Die Brühe durchseihen, zurück in den Topf geben und zum Kochen bringen. Kartoffeln, Karotten und Petersilie hinzufügen und alles etwa 10 Minuten leise köchelnd garen.

Die Chilischoten abgießen und mit den Zwiebeln pürieren. Das Püree und die Garnelen in die Brühe geben. Alles noch 10 Minuten leise köcheln lassen, damit sich der volle Geschmack entfalten kann. Die Suppe mit Limettenvierteln servieren.

Für 8 Personen

MANCHAMANTELES
Schweinefleisch mit Früchten

500 g Schweinskarree
500 g Schweineknochen (Halsgrat oder Rippen)
1 Bouquet garni aus Lorbeerblatt, Thymian und Majoran
Salz
3 chiles anchos (siehe Glossar), die Scheidewände entfernt und die Schoten in heißem Wasser eingeweicht
3 chiles mulatos (siehe Glossar), Scheidewände entfernt und die Schoten in heißem Wasser eingeweicht
1 große Zwiebel, gehackt
1 kg Tomaten, geröstet (siehe Glossar) und enthäutet
2 EL Schweineschmalz
1 saurer Apfel, geschält und in Scheiben geschnitten
1 Birne, geschält und in Scheiben geschnitten
1 Quitte, geschält und in Scheiben geschnitten
2 Pfirsiche, geschält und in Scheiben geschnitten
1 dicke Ananasscheibe, geschält und in Stücke geschnitten
1 Kochbanane, in Scheiben geschnitten
1 EL Zucker
3 EL Weißweinessig

Das Fleisch und die Knochen in einem großen Topf mit Wasser bedecken. Das Bouquet gar-

Oben: Becher aus Michoacán, gefüllt mit köstlicher Garnelensuppe.

ni hinzufügen und nach Geschmack salzen. Das Fleisch im leise sprudelnden Wasser garen, bis es zart ist. Den Topf vom Herd nehmen. Die Brühe durchseihen, die Knochen entfernen. Das Fleisch in Scheiben schneiden und Fleisch und Brühe beiseite stellen.

Die Chilischoten mit der Zwiebel und den Tomaten im Mixer pürieren. Das Püree abtropfen lassen und in heißem Schmalz kurz garen. Die Fleischbrühe hinzufügen und 10–15 Minuten köcheln lassen, damit sich die Aromen vermischen. Das Fleisch und alle Früchte mit Ausnahme der Kochbanane hinzufügen und das Ganze 5 Minuten köcheln lassen. Die Kochbanane, den Zucker und den Essig zugeben. Den Topf nach 2 Minuten vom Herd ziehen. Das Gericht mit Salz abschmecken und sehr heiß genießen.

Für 8 Personen

CAMARÓNES EN ESCABECHE
Marinierte Garnelen

1 mittelgroße Zwiebel, längs in Scheiben geschnitten
5 Knoblauchzehen
500 ml Olivenöl
4 chiles serranos (siehe Glossar), die Samen entfernt und die Schoten in Ringe geschnitten
4 Lorbeerblätter
2 TL getrockneter Oregano
2 Thymianstengel
10 schwarze Pfefferkörner
250 ml Weißweinessig
Salz
1,5 kg Garnelen, geschält und den Darm entfernt

Zwiebeln und Knoblauch in heißem Öl glasig werden lassen. Die Chilischoten, die Lorbeerblätter, den Oregano, den Thymian, die Pfefferkörner, den Essig und Salz nach Geschmack zugeben. Gründlich umrühren und die Marinade 10 Minuten leise köcheln lassen. Die Garnelen hinzufügen und 5 Minuten garen. Den Topf vom Herd nehmen und abkühlen lassen. Vor dem Servieren mindestens 2 Stunden kalt stellen.

Für 8 Personen

PECHUGAS EN ESCABECHE
Marinierte Hühnerbrüstchen

5 ganze Hühnerbrüstchen
250 ml Essig
2 mittelgroße Zwiebeln, halbiert
3 Karotten
1 Stange Bleichsellerie
1 Lorbeerblatt
1 Stengel Thymian
1 Stengel Oregano
3 TL Salz

MARINADE

2 Zwiebeln, geschält und in Scheiben geschnitten
5 Karotten, geschält und in Scheiben geschnitten
10 Knoblauchzehen
250 ml Olivenöl
3 Lorbeerblätter
4 Stengel Oregano
3 Stengel Thymian
500 ml Weißweinessig
125 ml Wasser

Die Hühnerbrüstchen mit den restlichen Zutaten in einen Topf geben, mit Wasser bedecken und kochen, bis das Fleisch beinahe gar ist. Abtropfen lassen, abkühlen lassen, enthäuten und auslösen.

Für die Marinade die Zwiebeln mit den Karotten und den Knoblauchzehen in dem Öl dünsten, bis sie glasig sind. Die Kräuter 1 Minute mitdünsten. Den Weißweinessig und das Wasser angießen und die Marinade 10 Minuten leise köcheln lassen, bis sich ihr voller Ge-

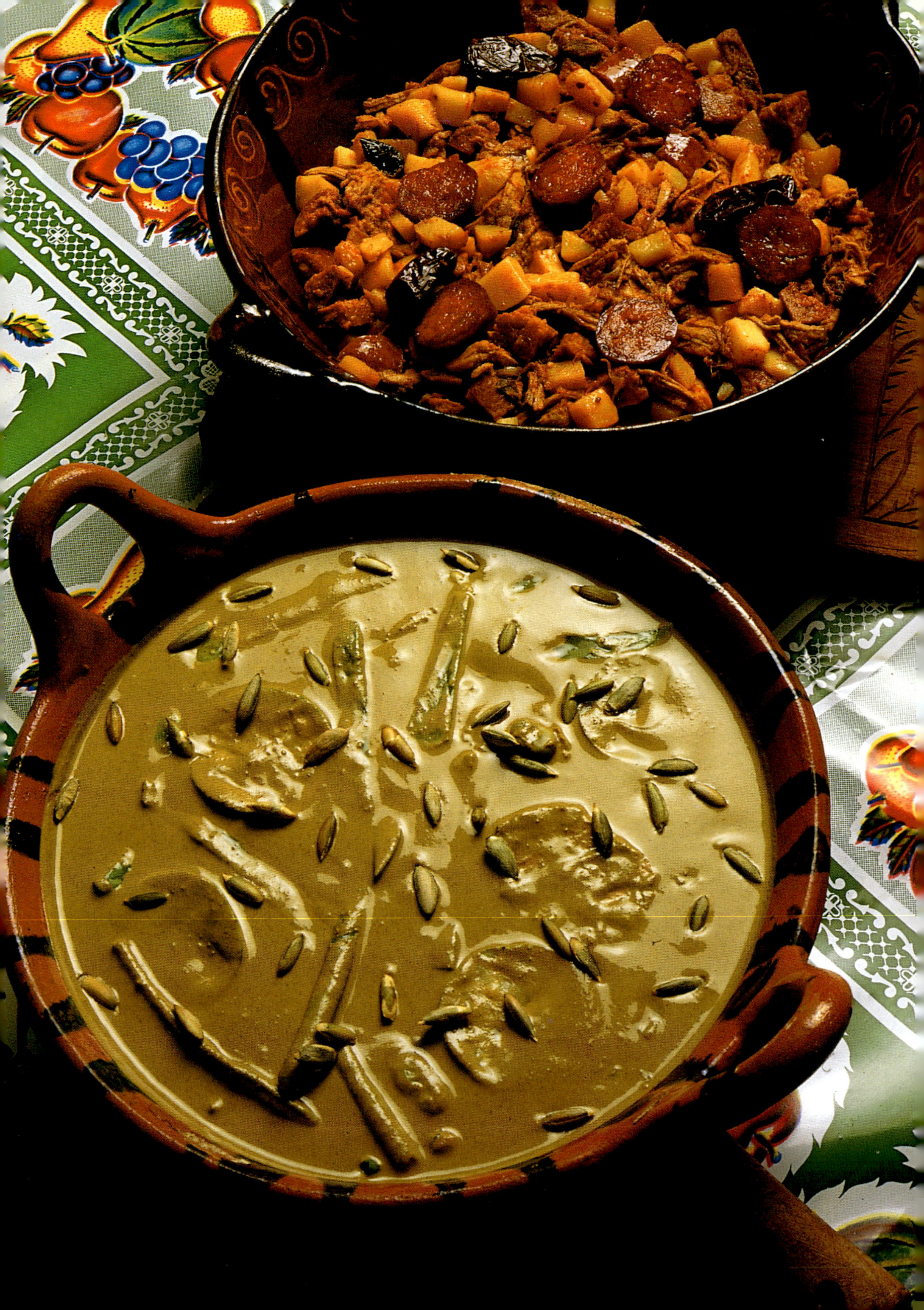

schmack entfaltet hat. Die Hühnerbrüstchen hineinlegen, die Marinade einmal aufkochen lassen und anschließend noch 5 Minuten köcheln lassen. Vom Herd nehmen und völlig erkalten lassen.

Die Hühnerbrüstchen in der Marinade vor dem Servieren noch mindestens 2 Stunden ruhen lassen.

Für 8 Personen

TINGA POBLANA
Schweineragout aus Puebla

2 Zwiebeln, gehackt
3 EL Schweineschmalz
4 chorizos (siehe Glossar) oder herzhafte Mettwurst, enthäutet und in Scheiben geschnitten
6 große Tomaten, geröstet (siehe Glossar), enthäutet und entkernt
6 chiles chipotles adobados (siehe Glossar) aus der Dose, gehackt und abgetropft
1,25 kg Schweineschulter, mit 1 Zwiebel, halbiert, 1 Knoblauchzehe und Salz nach Geschmack in Wasser gegart
3 mittelgroße Kartoffeln, gegart und gewürfelt
Salz

Die Zwiebeln in heißem Schmalz unter ständigem Rühren dünsten, bis sie glasig sind. Die Wurstscheiben hinzufügen und braten, bis sie gar sind. Abtropfen lassen und das Fett aus der Pfanne abgießen. Die Wurst zurück in die Pfanne geben.

Die Tomaten mit drei Chilischoten im Mixer pürieren. Das Püree und die übrigen Chilischoten zu der Wurst in die Pfanne geben und das Ganze etwa 10 Minuten köcheln lassen. Das Schweinefleisch in feine Streifen schneiden und ebenfalls in die Pfanne geben. Die Kartoffelwürfel hinzufügen, das Gericht nach Geschmack salzen und gründlich umrühren. Das Ragout nach einigen Minuten vom Herd nehmen und servieren.

Für 8 Personen

PIPIÁN VERDE CON CERDO Y NOPALES
Schweinefleisch mit Nopales

1,25 kg Schweinskarree, mit 2 Zwiebeln, 2 Lorbeerblättern, 1 Stengel Oregano und Salz nach Geschmack in Wasser gegart
1 kg tomatillos (siehe Glossar), enthäutet und gehackt
4 chiles serranos (siehe Glossar)
2 Knoblauchzehen
1 Zwiebel, gehackt
150 g Kürbiskerne, geröstet
3 EL Maiskeimöl
150 g grüne Bohnen, kleingeschnitten
8 kleine Zucchini, geviertelt
5 nopales (siehe Glossar), gegart, abgetropft und in Streifen geschnitten

Das Fleisch aus der Brühe nehmen und in Scheiben schneiden. Fleisch und Brühe beiseite stellen.

Von der Fleischbrühe 250 ml erhitzen, bis sie leise sprudelt, und die *tomatillos* mit den Chilischoten, dem Knoblauch und der Zwiebel darin garen. Den Topf vom Herd nehmen, den Inhalt leicht abkühlen lassen und zusammen mit den Kürbiskernen im Mixer pürieren.

In einem schweren Topf das Öl erwärmen und das Püree darin erhitzen. Falls die Sauce zu dickflüssig ist, weitere Fleischbrühe angießen. Die grünen Bohnen, die Zucchini und die *nopales* hinzufügen und umrühren. Das Fleisch in die Sauce geben, nach Geschmack salzen und alles weiter köcheln lassen, bis die Gemüse gar sind.

Für 8 Personen

Linke Seite: *Schweineragout aus Puebla und Schweinefleisch mit Nopales.*
Folgende Seiten: *Zu Ehren von Fridas Geburtstag wurde eine farbenfrohe Tischdecke aus Plastik aufgelegt, wie sie sie liebte.*

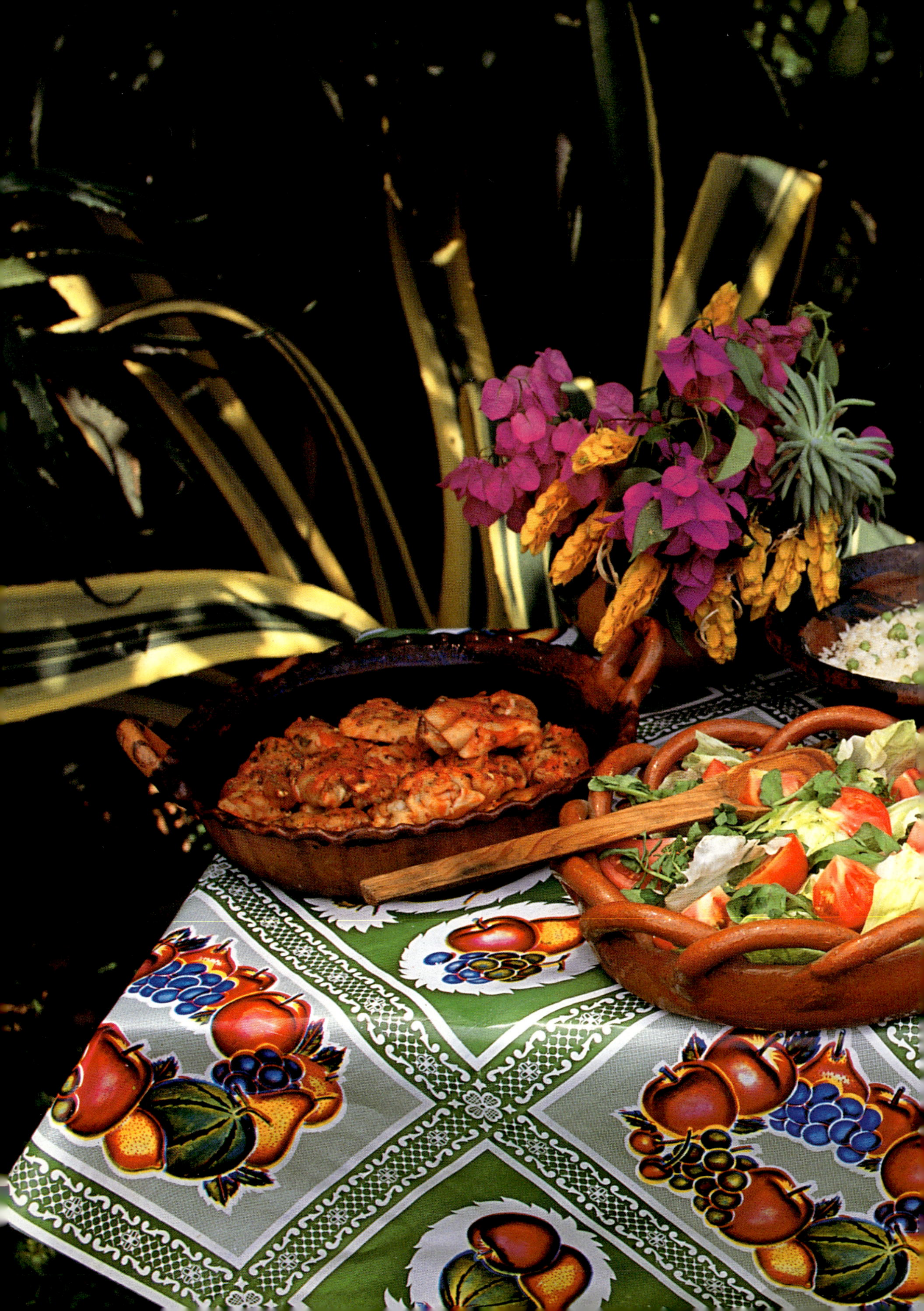

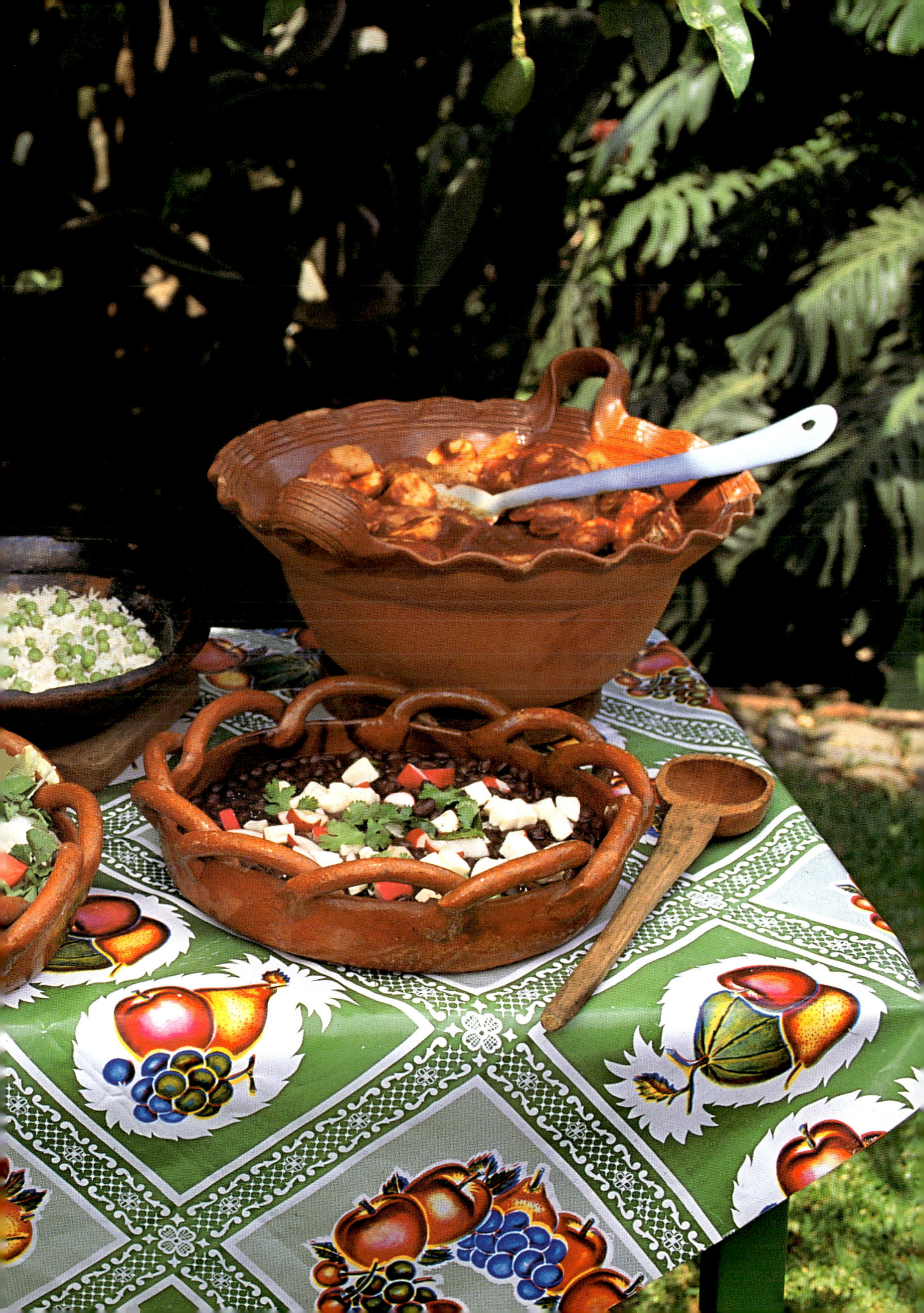

Pescado en Hojas de Acuyo
Fischfilets in Hierba-Santa-Blättern

8 Filets vom Red Snapper oder Seewolf
8 große hierba-santa-*Blätter (siehe Glossar)*

SAUCE

90 g hierba-santa-*Blätter (siehe Glossar),
  grobgehackt*
30 g epazote-Blätter (siehe Glossar)
5 EL Koriandergrün
2–3 Knoblauchzehen
½ große Zwiebel
1 l Hühnerbrühe
4 EL Olivenöl
Salz

Für die Sauce alle angegebenen Zutaten im Mixer zu einem glatten Püree verarbeiten.
 Die Fischfilets jeweils auf ein *hierba-santa*-Blatt legen und sorgfältig darin einwickeln. Die Päckchen in eine gebutterte ofenfeste Form legen, mit der Sauce überziehen und im vorgeheizten Ofen bei 175 °C (Gasherd Stufe 2) 30 Minuten garen.

Für 8 Personen

Mole Poblano
Truthahn in Schokoladensauce mit Chillies

250 g chiles mulatos *(siehe Glossar), Samen und
  Scheidewände entfernt*
350 g chiles pasillas *(siehe Glossar), Samen und
  Scheidewände entfernt*
350 g chiles anchos *(siehe Glossar), Samen und
  Scheidewände entfernt*
250 g Schweineschmalz
3 Knoblauchzehen
2 mittelgroße Zwiebeln, gehackt
2 Tortillas, grobgehackt
½ altbackenes Brötchen, in Scheiben geschnitten
60 g Rosinen
120 g Mandeln
6 EL Kürbiskerne
125 g Sesamsamen, geröstet
1 TL Anissamen
2 Gewürznelken
1 Zimtstange
1 TL schwarze Pfefferkörner
*270 g mexikanische Schokolade (siehe Glossar)
  oder Halbbitterschokolade*
125 g Tomaten, enthäutet und gehackt
Zucker
Salz
*1 großer Truthahn, in Stücke zerteilt und mit je
  1 Karotte, Lauchstange, Zwiebel, Selleriestange und Knoblauchzehe sowie einigen
  Stengeln Petersilie in Wasser gegart*

Die Chilischoten in 150 g heißem Schmalz unter Rühren andünsten. Aus der Pfanne nehmen und in einen schweren Topf geben. Mit sehr heißem Wasser bedecken, einmal aufwallen lassen und anschließend köcheln lassen, bis die Schoten weich sind. Gründlich abtropfen lassen.
 Im gleichen Schmalz den Knoblauch mit den Zwiebeln dünsten, bis diese glasig sind. Die grobgehackten Tortillas, das Brötchen, die Rosinen, die Mandeln, die Kürbiskerne, die Hälfte der Sesamsamen, die Anissamen, die Gewürznelken, die Zimtstange, die Pfefferkörner, die Schokolade und die Tomaten hinzufügen.
 Das Ganze unter Rühren anbraten, die abgetropften Chilischoten hinzufügen und alles noch einige Minuten garen.
 Diese Mischung mit etwas Truthahnbrühe im Mixer pürieren und durch ein Sieb streichen. In einem großen Topf das restliche Schmalz erhitzen. Das Püree dazugeben und 5 Minuten leise köcheln lassen. Mit Zucker und Salz abschmecken – die Sauce muß eine leicht süße Note erhalten. Falls nötig, weitere Truthahnbrühe angießen, die Sauce darf je-

doch keinesfalls zu dünnflüssig geraten. Weitere 20–25 Minuten köcheln lassen, die Truthahnteile hineinlegen und in etwa 5 Minuten erhitzen.

Den *mole* mit den restlichen Sesamsamen bestreuen und im Topf servieren.

Für 10 Personen

MANITAS DE CERDO EN FRÍO
Kalte Schweinsfüße in Tomatensauce

8 Schweinsfüße, gewaschen und längs halbiert
½ Zwiebel, mit 2 Gewürznelken gespickt
2 Knoblauchzehen
10 Pfefferkörner
1 TL Salz
2 Lorbeerblätter
500 ml Essig
1 TL weißer Pfeffer
1 TL getrockneter Thymian
Salz
1 EL getrockneter Oregano

TOMATENSAUCE

2 kg vollreife Tomaten, geviertelt
Salz
1 große Zwiebel, geschält und feingehackt
1 EL getrockneter Oregano
Zucker

Die Schweinsfüße mit der gespickten Zwiebel, dem Knoblauch, den Pfefferkörnern, dem Salz und den Lorbeerblättern in einen großen Topf geben. Alles mit Wasser bedecken und bei mittlerer Temperatur kochen, bis das Fleisch gar ist. Den Topf vom Herd nehmen und das Fleisch abkühlen lassen. Die Schweinsfüße gründlich abspülen und die größeren Knochen entfernen.

Den Essig mit dem weißen Pfeffer, dem Thymian und Salz nach Geschmack verrühren. Die Schweinsfüße in die Mischung geben und mindestens 2 Stunden zum Marinieren stehenlassen.

Inzwischen die Sauce zubereiten: Die Tomaten nach Geschmack salzen und zugedeckt ohne Zugabe von Wasser etwa 5 Minuten garen, bis sie weich sind. Leicht abkühlen lassen, pürieren und abtropfen lassen. Die Sauce mit der gehackten Zwiebel, dem Oregano, Zucker und Salz nach Geschmack würzen.

Die Schweinsfüße aus der Marinade nehmen, abtropfen lassen, mit der Tomatensauce überziehen, mit dem getrockneten Oregano bestreuen und gut gekühlt servieren.

Für 8 Personen

ENSALADA DE FRIJOLES, RABANITOS, CILANTRO Y PANELA
Salat von schwarzen Bohnen, Radieschen und Käse

350 g gekochte schwarze Bohnen, abgetropft
10 Radieschen, geviertelt
300 g panela (siehe Glossar) oder Munster oder Mozzarella, gewürfelt
Gehacktes Koriandergrün

DRESSING

160 ml Olivenöl
80 ml Rotweinessig
2 TL gehacktes Koriandergrün
Salz

Alle Zutaten für das Dressing mit dem Schneebesen gründlich verrühren.

Die Bohnen, die Radieschen und den Käse in eine Salatschüssel geben, das Dressing darüberträufeln und den Salat durchmischen. Das gehackte Koriandergrün darüberstreuen.

Für 8 Personen

Dulce de Camote con Piña
Bataten-Ananas-Dessert

2,25 kg Bataten
1 mittelgroße Ananas, geschält und gehackt
350 g Zucker
150 g Pinienkerne

Die Bataten weich kochen. Abkühlen lassen, schälen und zu Püree zerstampfen. Von dem Püree 750 ml abmessen. Das Ananasfruchtfleisch ebenfalls pürieren, abtropfen lassen und auch davon 750 ml abmessen.

Das Ananaspüree mit dem Zucker in einen großen Topf geben und köcheln lassen, bis die Mischung sirupartig eindickt – das Zuckerthermometer muß 220 °C anzeigen. Das Batatenpüree hinzufügen und alles unter ständigem Rühren kochen, bis sich die Masse vom Topfrand löst.

Auf einer Servierplatte anrichten und mit den Pinienkernen bestreuen. Das Dessert zimmerwarm servieren.

Für 8 Personen

Mousse de Mamey
Mamey-Sahne-Dessert

20 g Gelatinepulver, in 180 ml kaltem Wasser aufgelöst
500 ml kochendes Wasser
3 mameys (siehe Glossar), geschält und püriert
500 ml Crème double
Puderzucker
2 mameys, geschält und gewürfelt

Die eingeweichte Gelatine gründlich in das kochende Wasser einrühren, bis sie sich völlig aufgelöst hat. Die pürierten *mameys* hinzufügen und die Mischung abkühlen lassen. Die Crème double mit Puderzucker nach Geschmack steif schlagen. Die Sahne unter die Fruchtmischung ziehen. Die Masse in eine 2-Liter-Ringform füllen und kalt stellen, bis sie fest geworden ist. Vor dem Servieren die Form über Wasserdampf halten oder kurz in kochendes Wasser tauchen und dann auf eine dekorative Servierplatte stürzen. Das Loch in der Mitte mit den gewürfelten *mamey* füllen.

Für 8–10 Personen

Flan de Piñon
Pinienflan

100 g Zucker
180 g Pinienkerne
250 ml gesüßte Kondensmilch
4 Eigelb
2 ganze Eier, verquirlt
250 ml Milch

In einer dekorativen und hitzebeständigen 1-Liter-Form den Zucker erhitzen und dabei ständig rühren, bis er karamelisiert. Die Form rasch schwenken, so daß sich der Karamel gleichmäßig über Boden und Rand verteilt.

Drei Viertel der Pinienkerne mit der Kondensmilch im Mixer pürieren. Die Eigelb, die ganzen Eier und die Milch in das Püree einrühren. Die Mischung in die vorbereitete Form geben und diese in einen großen Bräter setzen, der mit heißem Wasser gefüllt wird. Das Dessert im vorgeheizten Ofen bei 175 °C (Gasherd Stufe 2) 30–40 Minuten backen, bis an einem in die Mitte gesteckten Zahnstocher nichts haftenbleibt. Abkühlen lassen und mit den restlichen Pinienkernen garnieren.

Für 8 Personen

Rechte Seite: Mamey-Sahne-Dessert, fotografiert im Eßzimmer des Blauen Hauses mit Blick in den Innenhof.

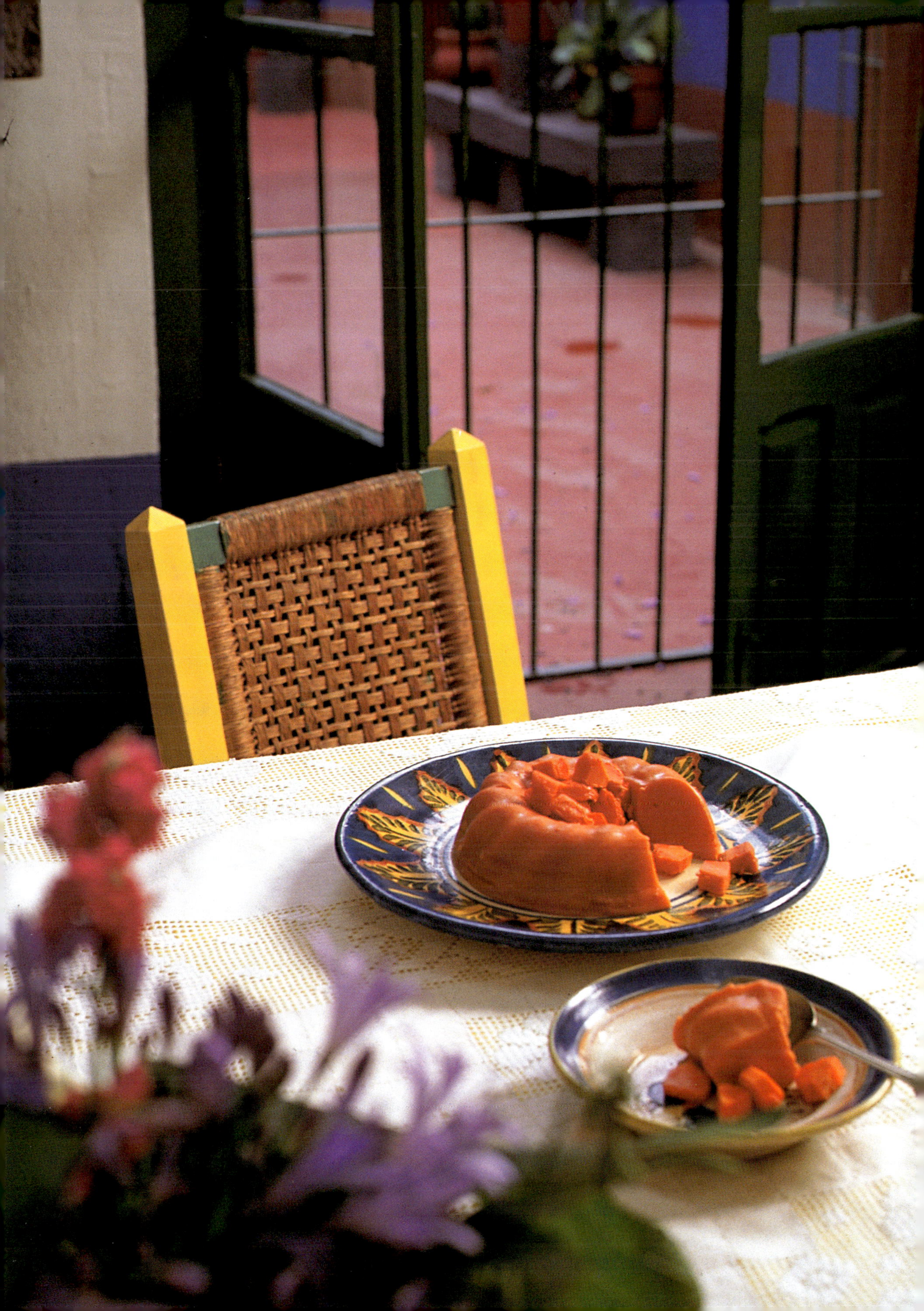

EPILOG

In dieser Welt der Magie und der Rituale lebte Frida viele Jahre, aber wegen ihrer angegriffenen Gesundheit infolge des Unfalls von 1925 konnte sie allmählich immer weniger Gäste empfangen. Trotzdem blieb ihr Leben dasselbe. Die Zeit, in der ich im Blauen Haus lebte, ging vorbei; doch als Folge meiner eigenen Reifung – ich schloß mein Universitätsstudium ab, heiratete, zog meine Kinder groß – fuhr ich noch oft und regelmäßig nach Coyoacán zu Besuch.

Bei jeder Begegnung gingen die Geschichten und Gespräche genau dort weiter, wo wir sie abgebrochen hatten. Fridas Welt war immer ein Ritual. Wegen der Forderungen ihrer egozentrischen Persönlichkeit spielte sie zugleich das Heiligenbild und die Anbeterin. Mit ihren Kleidern kreierte sie den Frida-Kahlo-Stil; niemand hatte ähnlichen Schmuck; was mein Vater ihr schenkte, war immer einzigartig; nur Frida und die Frauen von Oaxaca trugen ihr Haar in diesem Stil. Für Stilleben wählte Frida ihre Lieblingsblumen und -früchte aus, für Porträts ihre besten Freundinnen und Freunde, und ihre Sorgen und Gedanken interpretierte sie in kleinen Bildern. Selbstbildnisse machten den größten Teil von Fridas Kunstschaffen aus. Vor dem Spiegel malte Frida ritualisierte Ikonen, die von Magie erfüllt waren.

Mit der Absicht, meinen Lesern einen anderen Aspekt von Fridas Lebensweise zu zeigen, nämlich den freudvollen, an dem wir, einschließlich meines Vaters Diego Rivera, Anteil hatten, schreibe ich dieses Buch.

Rio Caliente, Jalisco
Ostersonntag 1993

Oben: »*Lebendige Natur*«, *1952.*

WECHSELREDE ZUR WEIHNACHTS-POSADA (S. 99)

(draußen) *In des Herrgotts Namen*
bitt ich euch um Nachtquartier,
denn meiner lieben Verlobten
fällt ein jeder Schritt gar schwer.

(drinnen) *Hier findet ihr keine Bleibe*
also schert euch fort,
einem dahergelaufnen Gauner
sperr ich nicht auf das Tor.

(draußen) *Nun seid doch nicht so grausam*
und zeigt ein wenig Herz,
der gute Gott im Himmel
lohnt es euch bestimmt.

(drinnen) *Verschwindet endlich*
und laßt mich in Ruh,
ich rücke euch zu Leibe
gerat ich erst in Wut.

(draußen) *Erschöpft von langer Reise*
kommen wir aus Nazareth,
Josef ist's, wie ich heiße,
die Zimmerei mein Broterwerb.

(drinnen) *Was schert mich schon der Name*
laßt mir meinen Schlaf,
wir werden euch nicht öffnen
ich sag's zum letzten Mal ...

Übersetzung aus dem mexikanischen Spanisch
von Marlies Wulf

DER ALTE STIEFEL (S. 174)

Du dachtest, ich würd nie mehr finden
eine Liebe, wie ich sie besaß.
Doch so glücklich sollte ich mich binden,
daß ich dich im Nu vergaß.

Pik-Bube und sein Herzensdämchen,
die trieben mit mir ihren Spaß.
Doch irrt, wer meinte, ich würd's nicht wagen,
am Ende beiß ich eh' ins Gras.

Hört mir gut zu, ihr Brüder,
ich sag euch, wie es ist:
Wer mich liebt, den lieb ich wieder
und vergesse den, der mich vergißt.

Doch eines läßt mich triumphieren,
ich bettle nicht – verlaßt euch drauf.
Den ausrangierten alten Stiefel
heb ich gewiß nicht wieder auf.

Übersetzung aus dem mexikanischen Spanisch
von Marlies Wulf

GLOSSAR

Manche in den Rezepten genannten Zutaten sind bei uns nur schwer erhältlich. Einige Produkte lassen sich durch bei uns geläufige Zutaten ersetzen. Im Bezugsquellenverzeichnis finden Sie Adressen von Spezialgeschäften.

Aguardiente Zuckerrohrschnaps.
Amaranth Mexikanisches Getreide. Die Amaranthkörner sind aufgrund ausgewogener Proteine nahrhafter als anderes Getreide. Man bekommt Amaranth in Naturkostläden.
Atole Getränk mit Maisstärke.
Bananenblätter Sind in Geschäften erhältlich, die Lebensmittel aus Südostasien führen.
Chayote Mexikanischer Kürbis.
Cherimoya Bis zu kokosnußgroße Frucht des Flaschenbaumes *Annona cherimoya*. Die Früchte haben ein weiches, süßes Fleisch, dessen Aroma an das von Vanille und Bananen erinnert. Cherimoyas sind in gutsortierten Obstgeschäften erhältlich.
Chile ancho Getrockneter *chile poblano;* bittersüßer backpflaumenähnlicher Geschmack.
Chile arból Getrocknet, scharf.
Chile cascabel Getrocknet, sehr scharf.
Chile chipotle Geräucherter *chile jalapeño;* auch eingelegt in Marinade oder als *chile chipotle adobado* in dunkler Sauce erhältlich. Er verleiht den Speisen einen rauchigen Geschmack.
Chile guajillo Getrocknet, scharf.
Chile güero Frisch, mild; durch türkische, längliche Paprikaschoten ersetzbar.
Chile jalapeño Frisch, scharf; auch in Essig eingelegt in Dosen erhältlich.
Chile mulato Getrocknet, mild.
Chile pasilla Getrocknet, würzig.
Chile piquín Getrocknet, sehr scharf.
Chile poblano Frisch, mild-scharf; durch grüne Paprikaschoten ersetzbar.
Chile serrano Frisch, scharf.
Cilantro Siehe Koriandergrün.
Chorizo Kräftig gewürzte Wurst aus grobgehacktem, ungegartem Schweinefleisch; luftgetrocknet oder geräuchert erhältlich. Man bekommt *chorizos* in Geschäften, die sich auf spanische oder mexikanische Produkte spezialisiert haben. Mexikanischer *chorizo* ist schärfer gewürzt als spanischer. Man kann ihn notfalls durch herzhafte Mettwurst ersetzen.
Epazote Mexikanisches Teekraut *(Chenopodium ambrosioides);* getrocknet in Spezialgeschäften erhältlich. *Epazote* hat ein zitronenartiges Aroma; notfalls kann man es durch Zitronenmelisse ersetzen.
Feta Griechischer Schafkäse.
Garnelen, getrocknete Erhältlich in Geschäften, die Lebensmittel aus Südostasien und Mexiko führen.
Guave Birnen- oder eiförmige Frucht mit süß-säuerlichem Aroma.
Hierba santa Auch *hoja santa* (heiliges Blatt) genannt. Die großen weichen Blätter schmecken ähnlich wie Fenchelkraut.
Huauzontles Knollenähnliches Gemüse mit broccoliartigen Blättern. Dieses mexikanische Gemüse ist bei uns nicht erhältlich. Man kann es durch Stengelkohl ersetzen.
Jícama Siehe Yamsbohne.
Jocoque Ist eine dicke, säuerliche Sahne. *Jocoque* kann durch saure Sahne oder Crème fraîche ersetzt werden.
Kochbanane Siehe Plátano.
Koriandergrün Auch Korianderkraut, in Mexiko *cilantro* genannt. Koriandergrün ist für die Zubereitung vieler mexikanischer Speisen unentbehrlich und sollte nicht durch andere Kräuter ersetzt werden, da es den Speisen ein charakteristisches Aroma verleiht. Man bekommt es in gutsortierten Gemüsegeschäften und in Asienläden.
Lotusfrucht Auch Schwarze Dattel genannt, ist eine Beere, die anfangs eine gelbe, in voller Reife eine bläulichschwarze Farbe hat. Sie schmeckt sehr süß. Man bekommt sie in gutsortierten Obstgeschäften.
Maishüllblätter Siehe *tamales*.
Mamey Auch Große Sapote genannt, ist eine tropische Frucht mit tieflachsrotem, aromatischem Fleisch und einer harten zimtfarbenen Schale. Man bekommt sie in gutsortierten Gemüsegeschäften.
Masa harina Für die Herstellung dieses me-

xikanischen Maismehls wird getrocknetes *nixtamal* gemahlen. Es ist nicht durch herkömmliches Maismehl zu ersetzen. *Masa harina* ist erhältlich in Geschäften, die auf mexikanische Lebensmittel spezialisiert sind (siehe Bezugsquellenverzeichnis).

Nixtamal Ist eine unentbehrliche Zutat für *pozole*. Zur Herstellung von *nixtamal* werden getrocknete weiße Maiskörner mit gemahlenem Kalk (Kalziumoxyd) in Wasser eingeweicht, dann wird die Haut von den Körnern gelöst. Die enthäuteten Maiskörner werden unter der Bezeichnung »Mais für *pozole*« in Spezialgeschäften (siehe Bezugsquellenverzeichnis) angeboten.

Nopales Flache Glieder oder »Blätter« des Feigenkaktus. Vor der Verwendung die spitzen Stachel entfernen. Dafür Handschuhe anziehen und mit einem scharfen Messer die Höcker abschneiden, auf denen die Stacheln sitzen.

Panela Krümeliger Frischkäse aus Zentralmexiko; durch Feta oder Mozarella ersetzbar.

Pitahaya Auch Pitaya genannt, ist die Frucht des Pitahaya-Kaktus. Es gibt gelbe Pitahayas mit weißem Fruchtfleisch und rot-grüne Pitahayas mit purpurrotem Fruchtfleisch.

Plátano Oder Kochbanane; wird gekocht, fritiert oder gebraten; roh ist sie ungenießbar. Man bekommt sie in gutsortierten Gemüsegeschäften.

Pulque Vergorener Agavensaft, schwach alkoholisch; kann notfalls durch Bier ersetzt werden.

Queso añejo Trockener, salziger Käse; kann durch Parmesan oder Pecorino Romano ersetzt werden.

Queso de Oaxaca Leicht schmelzender Käse, durch Raclette ersetzbar.

Queso fresco Würziger, krümeliger Frischkäse; durch Mozzarella oder Feta ersetzbar.

Romeritos Mexikanisches grünes Blattgemüse; bei uns nicht erhältlich, kann durch Spinat ersetzt werden.

Rompope Mexikanischer Eierlikör.

Rösten Zwiebeln und Knoblauch werden geschält und in einer schweren Eisenpfanne ohne Fett unter mehrmaligem Wenden geröstet, bis die äußere Haut verkohlt ist. Vor der Verwendung wird die verkohlte Haut entfernt. Zwiebeln und Knoblauch lassen sich auch unter dem Grill rösten. Tomaten, Paprikaschoten und Chillies werden auf ein Stück Alufolie gelegt und unter den Grill gestellt. Während des Grillvorgangs wenden, bis rundum die Haut verkohlt ist. Anschließend gibt man sie für ein paar Minuten in einen Frischhaltebeutel. Danach läßt sich die Haut mühelos abziehen. Gewürze röstet man in einer Eisenpfanne ohne Fett. Durch das Rösten wird das Aroma intensiviert.

Schokolade, mexikanische Besteht aus Kakao, Zimt und häufig auch Vanille. Man kann sie durch Halbbitterschokolade ersetzen und Zimt und Vanille hinzufügen.

Sopa seca Heißt in Mexiko der Gang zwischen Vor- und Hauptspeise. In der Regel handelt es sich um Nudel- oder Reisgerichte.

Stengelkohl Aus einem im Mittelmeerraum heimischen Wildkraut entstandenes Gemüse, das – als *cima di rapa* – vor allem in Italien angebaut wird. Es ähnelt sowohl dem Broccoli als auch der Speiserübe. Man bekommt Stengelkohl in spezialisierten Geschäften, die Gemüse aus dem Mittelmeerraum anbieten.

Tamales Sind Päckchen aus Maishüll- oder Bananenblättern, gefüllt mit *masa harina* und anderen Zutaten. Falls keine Maishüllblätter erhältlich sind, kann man die *tamales* notfalls in Leinen- oder Baumwolltücher einwickeln.

Tejocotes Saure Weißdornfrüchte.

Tomatillos Auch *tomates verdes* genannt. Hierbei handelt es sich nicht etwa um unreife Tomaten, sondern um ein Nachtschattengewächs der Gattung *Physalis*. Die kirschgroßen grünen Früchte sitzen in papierartigen Kelchen. Frisch sind *tomatillos* bei uns nicht erhältlich, man bekommt sie jedoch in Dosen (siehe Bezugsquellenverzeichnis). Rote Tomaten heißen in Mexiko *jítomates*.

Tostada Fritierte Tortilla; wird als »Teller« für verschiedene Speisen verwendet.

Totopos Kleine Tortilla-Dreiecke, können durch Tortilla-Chips ersetzt werden.

Yamsbohne Knollenfrucht mit hellbrauner Schale und elfenbeinfarbenem Fruchtfleisch.

Zapote, dunkle Diese Frucht gibt es bisher kaum bei uns zu kaufen. Sie läßt sich notfalls durch Lotusfrucht (siehe dort) ersetzen.

Zuckerrohr ist in Asienläden und gutsortierten Gemüsegeschäften erhältlich.

REGISTER

Kursiv gesetzte Seitenzahlen verweisen auf die Abbildungen.

Agua de Horchata 61
Agua de Jamaica 61
Agua de Lima 61
Aguardiente 220
Albóndigas Enchipotladas 178
Allerheiligenbrot 85
Amaranth 220
Ananas, gefüllte 198
Arroz Blanco 56, *57*
Arroz Blanco con Plátanos Fritos 37, *37*
Arroz Rojo 56, *57*
Arroz Verde 56, *57*
Atole 220
Atole de Fresa 92
Austernsuppe *36*, 37
Avocado-Dip *166*, 166

Bacalao de la Casa *197*, 197
Baisers, kleine 140, *141*
Bananenblätter 220
Barbacoa con Salsa Boracha 178
Bataten-Ananas-Dessert 216
Bohnen
  Bohnen nach Maurerart 179
  Bohnenpüree *150*, 151
  Bohnensuppe, schwarze 164
  Limabohnensuppe *152*, 152
Budín de Flor de Calabaza 136–137, *138–139*
Buñuelos de Rodilla 110, *111*
Buñuelos in Anissirup 180, *181*

Calabaza en Tacha 92
Caldo de Camarón 208, *208*
Caldo Miche de Pescado 54
Camarónes en Escabeche 209
Carne con Pulque 74
Carnitas 165
Chalupas verdes y rojos 123, *123*
Chalupas, rote und grüne 123, *123*
Champurrado 140
Chayote 220
Chayoten, gefüllte 55
Chayotitos Rellenos 55
Cherimoya 220
Chicharrón en Salsa de Guajillo 180
Chilaquiles in grüner Sauce 180
Chilaquiles Verdes 180
Chiles en Nogada *58*, 59
Chiles Rellenos de Picadillo 39
Chiles Rellenos de Queso 38–39
Chiles Rellenos de Verduras en Frío 152–153
Chillies 220
Chillies in Sahne 54
Chillies in Walnußsauce *58*, 59
Chillies mit Käsefüllung 38–39
Chillies mit Picadillo-Füllung 39
Chillies, kalte, mit Gemüsefüllung 152–153
Chocolate de Molinillo 121

Chorizo 220
Cilantro siehe Koriandergrün 220
Cocada 110
Conchitas de Robalo 104, *105*
Consomé de Gallina 192
Costilla de Cerdo en Salsa Agri-Dulce 196
Crema de Cacahuate 104
Crêpes, gratinierte, mit Kürbisblüten 136–137, *138–139*

Desserts
  Ananas, gefüllte 198
  Bataten-Ananas-Dessert 216
  Goldschnitten in Weinsirup 85
  Guaven in Zimtsirup *64*, 74–75
  Kaktusfeigen mit Anislikör 61
  Kokosdessert 110
  Kokoseiscreme 166, *167*
  Kürbis in Sirup 92
  Limetten, mit Kokosnuß gefüllte 60, *60*
  Limettensorbet 198
  Mamey-Sahne-Dessert 216, *217*
  Mangosorbet 153
  Melonensalat mit frischer Minze 166
  Pinienflan 216, *217*
  Quittenbrot *74*, 75
  Schwarzes Zapote-Eis 166, *167*
  Süße Fladen in Anissirup 180, *181*
  Tropische Früchte in Sirup 92, *93*
  Karamelcreme 42
Dreikönigskranz *120*, 121
Dulce de Camote con Piña 216
Dulce de Membrillo 74, 75
Dulce de Tejocote, Caña, Guayaba y Naranja 92, *93*

Eier nach Maurerart 179
Eierbrot 85
Eierkuchen, Gemüsesuppe mit 72
Eierlikör 198, *199*
Eierlikörpudding 124
Eierröllchen, ausgebackene 124, *125*
Enchiladas Tapatías 134, 135
Ensalada de Calabazitas 196–197
Ensalada de Frijoles, Rabanitos, Cilantro y Panela 215
Ensalada de Frutas 166
Ensalada de Habas Verdes 164
Ensalada de Lechuga, Jitomate, Coliflor y Betabel 153
Ensalada de Navidad 106
Ensalada de Nopales 164
Epazote 220
Erdbeer-Atole 92
Erdnuß-Sahne-Suppe 104

Feta 220
Fisch
  Fisch-Gratin in Muschelschalen 104, *105*
  Fischfilets in Hierba-Santa-Blättern 214
  Klippfisch nach mexikanischer Art *197*, 197

Red Snapper nach Art von Veracruz 153
Suppe vom Red Snapper 54
Fladen, ausgebackene, mit Zucker und Zimt 110, *111*
Fladen, süße, in Anissirup 180, *181*
Flan 42
Flan de Piñón 216, *217*
Flautas 122–123
Fleisch siehe auch Geflügel, Lammfleisch, Rindfleisch und Schweinefleisch
  Fleischklößchen in feuriger Tomatensauce 178
Frijoles al Albañil 179
Frijoles refritos 150, 151
Früchte, tropische in Sirup 92, *93*

Ganznates 124, *125*
Garnelen, getrocknete 220
Garnelen, marinierte 209
Garnelen, Tacos mit 151
Garnelenküchlein in pikanter Sauce 109
Garnelensuppe 208, *208*
Gebäck
  Allerheiligenbrot 85
  Ausgebackene Eierröllchen 124, *125*
  Ausgebackene Fladen mit Zucker und Zimt 110, *111*
  Dreikönigskranz *120*, 121
  Eierbrot 85
  Katzenzungen 198, *199*
  Kleine Baisers 140, *141*
  Mandelmakronen 124, *125*
  Mandelplätzchen 75
  Mürbeteigplätzchen 140
Geflügel
  Huhn in pikanter Sesam-Mandel-Sauce 86
  Huhn, gebratenes, in Erdnuß-Mandel-Sauce 73
  Hühnerbrüstchen, marinierte 209–210
  Knusprige Tortillas mit Hühnchen, Schweinefleisch und Avocado 108–*109*
  Schwarzer Mole aus Oaxaca *40*, 41
  Tamales mit Picadillo vom Huhn 136
  Tortillas mit Hühnerbrust und Chilisauce *134*, 135
  Truthahn in Schokoladensauce mit Chillies 214–215
  Weihnachtstruthahn 106
Gelatina de Rompope 124
Gelber Mole aus Oaxaca 86–87
Gemüse
  Bohnen nach Maurerart 179
  Bohnenpüree *150*, 151
  Chayoten, gefüllte 55
  Chillies in Sahne 54
  Chillies in Walnußsauce *58*, 59
  Chillies mit Käsefüllung 38–39
  Chillies mit Picadillo-Füllung 39
  Chillies, kalte, mit Gemüsefüllung 152–153
  Gemüsesuppe mit Eierkuchen 72

xikanischen Maismehls wird getrocknetes *nixtamal* gemahlen. Es ist nicht durch herkömmliches Maismehl zu ersetzen. *Masa harina* ist erhältlich in Geschäften, die auf mexikanische Lebensmittel spezialisiert sind (siehe Bezugsquellenverzeichnis).

Nixtamal Ist eine unentbehrliche Zutat für *pozole*. Zur Herstellung von *nixtamal* werden getrocknete weiße Maiskörner mit gemahlenem Kalk (Kalziumoxyd) in Wasser eingeweicht, dann wird die Haut von den Körnern gelöst. Die enthäuteten Maiskörner werden unter der Bezeichnung »Mais für *pozole*« in Spezialgeschäften (siehe Bezugsquellenverzeichnis) angeboten.

Nopales Flache Glieder oder »Blätter« des Feigenkaktus. Vor der Verwendung die spitzen Stachel entfernen. Dafür Handschuhe anziehen und mit einem scharfen Messer die Höcker abschneiden, auf denen die Stacheln sitzen.

Panela Krümeliger Frischkäse aus Zentralmexiko; durch Feta oder Mozarella ersetzbar.

Pitahaya Auch Pitaya genannt, ist die Frucht des Pitahaya-Kaktus. Es gibt gelbe Pitahayas mit weißem Fruchtfleisch und rot-grüne Pitahayas mit purpurrotem Fruchtfleisch.

Plátano Oder Kochbanane; wird gekocht, fritiert oder gebraten; roh ist sie ungenießbar. Man bekommt sie in gutsortierten Gemüsegeschäften.

Pulque Vergorener Agavensaft, schwach alkoholisch; kann notfalls durch Bier ersetzt werden.

Queso añejo Trockener, salziger Käse; kann durch Parmesan oder Pecorino Romano ersetzt werden.

Queso de Oaxaca Leicht schmelzender Käse, durch Raclette ersetzbar.

Queso fresco Würziger, krümeliger Frischkäse; durch Mozzarella oder Feta ersetzbar.

Romeritos Mexikanisches grünes Blattgemüse; bei uns nicht erhältlich, kann durch Spinat ersetzt werden.

Rompope Mexikanischer Eierlikör.

Rösten Zwiebeln und Knoblauch werden geschält und in einer schweren Eisenpfanne ohne Fett unter mehrmaligem Wenden geröstet, bis die äußere Haut verkohlt ist. Vor der Verwendung wird die verkohlte Haut entfernt. Zwiebeln und Knoblauch lassen sich auch unter dem Grill rösten. Tomaten, Paprikaschoten und Chillies werden auf ein Stück Alufolie gelegt und unter den Grill gestellt. Während des Grillvorgangs wenden, bis rundum die Haut verkohlt ist. Anschließend gibt man sie für ein paar Minuten in einen Frischhaltebeutel. Danach läßt sich die Haut mühelos abziehen. Gewürze röstet man in einer Eisenpfanne ohne Fett. Durch das Rösten wird das Aroma intensiviert.

Schokolade, mexikanische Besteht aus Kakao, Zimt und häufig auch Vanille. Man kann sie durch Halbbitterschokolade ersetzen und Zimt und Vanille hinzufügen.

Sopa seca Heißt in Mexiko der Gang zwischen Vor- und Hauptspeise. In der Regel handelt es sich um Nudel- oder Reisgerichte.

Stengelkohl Aus einem im Mittelmeerraum heimischen Wildkraut entstandenes Gemüse, das – als *cima di rapa* – vor allem in Italien angebaut wird. Es ähnelt sowohl dem Broccoli als auch der Speiserübe. Man bekommt Stengelkohl in spezialisierten Geschäften, die Gemüse aus dem Mittelmeerraum anbieten.

Tamales Sind Päckchen aus Maishüll- oder Bananenblättern, gefüllt mit *masa harina* und anderen Zutaten. Falls keine Maishüllblätter erhältlich sind, kann man die *tamales* notfalls in Leinen- oder Baumwolltücher einwickeln.

Tejocotes Saure Weißdornfrüchte.

Tomatillos Auch *tomates verdes* genannt. Hierbei handelt es sich nicht etwa um unreife Tomaten, sondern um ein Nachtschattengewächs der Gattung *Physalis*. Die kirschgroßen grünen Früchte sitzen in papierartigen Kelchen. Frisch sind *tomatillos* bei uns nicht erhältlich, man bekommt sie jedoch in Dosen (siehe Bezugsquellenverzeichnis). Rote Tomaten heißen in Mexiko *jitomates*.

Tostada Fritierte Tortilla; wird als »Teller« für verschiedene Speisen verwendet.

Totopos Kleine Tortilla-Dreiecke, können durch Tortilla-Chips ersetzt werden.

Yamsbohne Knollenfrucht mit hellbrauner Schale und elfenbeinfarbenem Fruchtfleisch.

Zapote, dunkle Diese Frucht gibt es bisher kaum bei uns zu kaufen. Sie läßt sich notfalls durch Lotusfrucht (siehe dort) ersetzen.

Zuckerrohr ist in Asienläden und gutsortierten Gemüsegeschäften erhältlich.

REGISTER

Kursiv gesetzte Seitenzahlen verweisen auf die Abbildungen.

Agua de Horchata 61
Agua de Jamaica 61
Agua de Lima 61
Aguardiente 220
Albóndigas Enchipotladas 178
Allerheiligenbrot 85
Amaranth 220
Ananas, gefüllte 198
Arroz Blanco 56, *57*
Arroz Blanco con Plátanos Fritos 37, *37*
Arroz Rojo 56, *57*
Arroz Verde 56, *57*
Atole 220
Atole de Fresa 92
Austernsuppe *36*, 37
Avocado-Dip *166*, 166

Bacalao de la Casa *197*, 197
Baisers, kleine 140, *141*
Bananenblätter 220
Barbacoa con Salsa Boracha 178
Bataten-Ananas-Dessert 216
Bohnen
  Bohnen nach Maurerart 179
  Bohnenpüree *150*, 151
  Bohnensuppe, schwarze 164
  Limabohnensuppe *152*, 152
Budín de Flor de Calabaza 136–137, 138–139
Buñuelos de Rodilla 110, *111*
Buñuelos in Anissirup 180, *181*

Calabaza en Tacha 92
Caldo de Camarón 208, *208*
Caldo Miche de Pescado 54
Camarónes en Escabeche 209
Carne con Pulque 74
Carnitas 165
Chalupas verdes y rojos 123, *123*
Chalupas, rote und grüne 123, *123*
Champurrado 140
Chayote 220
Chayoten, gefüllte 55
Chayotitos Rellenos 55
Cherimoya 220
Chicharrón en Salsa de Guajillo 180
Chilaquiles in grüner Sauce 180
Chilaquiles Verdes 180
Chiles en Nogada 58, *59*
Chiles Rellenos de Picadillo 39
Chiles Rellenos de Queso 38–39
Chiles Rellenos de Verduras en Frío 152–153
Chillies 220
Chillies in Sahne 54
Chillies in Walnußsauce *58*, 59
Chillies mit Käsefüllung 38–39
Chillies mit Picadillo-Füllung 39
Chillies, kalte, mit Gemüsefüllung 152–153
Chocolate de Molinillo 121

Chorizo 220
Cilantro siehe Koriandergrün 220
Cocada 110
Conchitas de Robalo 104, *105*
Consomé de Gallina 192
Costilla de Cerdo en Salsa Agri-Dulce 196
Crema de Cacahuate 104
Crêpes, gratinierte, mit Kürbisblüten 136–137, *138–139*

Desserts
  Ananas, gefüllte 198
  Bataten-Ananas-Dessert 216
  Goldschnitten in Weinsirup 85
  Guaven in Zimtsirup *64*, 74–75
  Kaktusfeigen mit Anislikör 61
  Kokosdessert 110
  Kokoseiscreme 166, *167*
  Kürbis in Sirup 92
  Limetten, mit Kokosnuß gefüllte 60, *60*
  Limettensorbet 198
  Mamey-Sahne-Dessert 216, *217*
  Mangosorbet 153
  Melonensalat mit frischer Minze 166
  Pinienflan 216, *217*
  Quittenbrot 74, 75
  Schwarzes Zapote-Eis 166, *167*
  Süße Fladen in Anissirup 180, *181*
  Tropische Früchte in Sirup 92, *93*
  Karamelcreme 42
  Dreikönigskranz *120*, 121
Dulce de Camote con Piña 216
Dulce de Membrillo 74, 75
Dulce de Tejocote, Caña, Guayaba y Naranja 92, *93*

Eier nach Maurerart 179
Eierbrot 85
Eierkuchen, Gemüsesuppe mit 72
Eierlikör 198, *199*
Eierlikörpudding 124
Eierröllchen, ausgebackene 124, *125*
Enchiladas Tapatías 134, 135
Ensalada de Calabazitas 196–197
Ensalada de Frijoles, Rabanitos, Cilantro y Panela 215
Ensalada de Frutas 166
Ensalada de Habas Verdes 164
Ensalada de Lechuga, Jitomate, Coliflor y Betabel 153
Ensalada de Navidad 106
Ensalada de Nopales 164
Epazote 220
Erdbeer-Atole 92
Erdnuß-Sahne-Suppe 104

Feta 220
Fisch
  Fisch-Gratin in Muschelschalen 104, *105*
  Fischfilets in Hierba-Santa-Blättern 214
  Klippfisch nach mexikanischer Art *197*, 197

Red Snapper nach Art von Veracruz 153
Suppe vom Red Snapper 54
Fladen, ausgebackene, mit Zucker und Zimt 110, *111*
Fladen, süße, in Anissirup 180, *181*
Flan 42
Flan de Piñon 216, *217*
Flautas 122–123
Fleisch siehe auch Geflügel, Lammfleisch, Rindfleisch und Schweinefleisch
  Fleischklößchen in feuriger Tomatensauce 178
Frijoles al Albañil 179
Frijoles refritos 150, 151
Früchte, tropische in Sirup 92, *93*

Ganznates 124, *125*
Garnelen, getrocknete 220
Garnelen, marinierte 209
Garnelen, Tacos mit 151
Garnelenküchlein in pikanter Sauce 109
Garnelensuppe 208, *208*
Gebäck
  Allerheiligenbrot 85
  Ausgebackene Eierröllchen 124, *125*
  Ausgebackene Fladen mit Zucker und Zimt 110, *111*
  Dreikönigskranz *120*, 121
  Eierbrot 85
  Katzenzungen 198, *199*
  Kleine Baisers 140, *141*
  Mandelmakronen 124, *125*
  Mandelplätzchen 75
  Mürbeteigplätzchen 140
Geflügel
  Huhn in pikanter Sesam-Mandel-Sauce 86
  Huhn, gebratenes, in Erdnuß-Mandel-Sauce 73
  Hühnerbrüstchen, marinierte 209–210
  Knusprige Tortillas mit Hühnchen, Schweinefleisch und Avocado 108–*109*
  Schwarzer Mole aus Oaxaca *40*, 41
  Tamales mit Picadillo vom Huhn 136
  Tortillas mit Hühnerbrust und Chilisauce 134, 135
  Truthahn in Schokoladensauce mit Chillies 214–215
  Weihnachtstruthahn 106
Gelatina de Rompope 124
Gelber Mole aus Oaxaca 86–87
Gemüse
  Bohnen nach Maurerart 179
  Bohnenpüree *150*, 151
  Chayoten, gefüllte 55
  Chillies in Sahne 54
  Chillies in Walnußsauce *58*, 59
  Chillies mit Käsefüllung 38–39
  Chillies mit Picadillo-Füllung 39
  Chillies, kalte, mit Gemüsefüllung 152–153
  Gemüsesuppe mit Eierkuchen 72

222

REGISTER

Kartoffelküchlein 196
Kartoffeln in grüner Sauce 150, 151
Maisauflauf 54, *55*
Stengelkohl in grüner Sauce 38, *38*
Getränke
  Eierlikör 198, *199*
  Erdbeer-Atole 92
  Grenadine-Punsch 166
  Heiße Schokolade 121
  Hibiskusblütenwasser 61
  Reistrunk 61
  Schokoladen-Atole 140
Goldschnitten in Weinsirup 85
Grenadine-Punsch 166
Guacamole al Chipotles 166, 166
Guave 220
Guaven in Zimtsirup *64*, 74–75
Guayabas en Sancocho 64, 74–75

*H*elado de Coco 166, *167*
Hibiskusblütenwasser 61
Hierba santa 220
Huachinango à la Veracruzana 153
Huauzontles 220
Huauzontles en Salsa Verde 38, *38*
Huevos al Albañil 179
Huhn in pikanter Sesam-Mandel-Sauce 86
Huhn, gebratenes, in Erdnuß-Mandel-Sauce 73
Hühnerbrüstchen, marinierte 209–210
Hühnerkraftbrühe 192

Innereien
Deftiger Fleischeintopf mit Pulque 74

*J*ícama siehe Yamsbohne
Jocoque 220

Kaktusblätter siehe *nopales*
Kaktusfeigen mit Anislikör 61
Karamelcreme 42
Kartoffelküchlein 196
Kartoffeln in grüner Sauce 150, 151
Katzenzungen 198, *199*
Klippfisch nach mexikanischer Art *197*, 197
Kochbanane 220
  Weißer Reis mit Kochbananen 37, *37*
Kokosdessert 110
Kokoseiscreme 166, *167*
Koriandergrün 220
Kürbis in Sirup 92
Kürbisblütensuppe 192, *193*

Lammfleisch in betrunkener Sauce 178
Lenguas de Gato 198, *199*
Limabohnensuppe *152*, 152
Limetten, mit Kokosnuß gefüllte 60, *60*
Limettensorbet 198
Limettenwasser 61
Limones Rellenos de Cocada 60, *60*
Lotosfrucht 220

*M*acarrones con Espinacos *70–71*, 72
Maisauflauf 54, *55*
Maishüllblätter siehe *tamales*
Maistamales, frische 140
Makkaroni-Spinat-Gratin *70–71*, 72
Mamey 220
Mamey-Sahne-Dessert 216, *217*
Manchamanteles 208
Mandelmakronen 124, *125*
Mandelplätzchen 75
Mangosorbet 153
Manitas de Cerdo en Frío 215
Masa harina 220
Melonensalat mit frischer Minze 166
Merenguitos 140, *141*
Militares de París 75
Mole Amarillito de Oaxaca 86–87
Mole Coloradito 87, *88–89*
Mole Negro de Oaxaca 40, 41
Mole Poblano 214–215
Mole
  Gelber Mole aus Oaxaca 86–87
  Mole Roter Mole 87, *88–89*
  Mole Schwarzer Mole aus Oaxaca 40, 41
  Mole Truthahn in Schokoladensauce mit Chillies 214–215
Mostachones 124
Mousse de Mamey 216, *217*
Mürbeteigplätzchen 140

Nationalflaggen-Reis 56, *57*
Nieve de Zapote Prieto 166, *167*
Nixtamal 221
  Roter Pozole mit Nixtamal aus Jalisco 42, *43*
Nopales 221
Nopales-Salat 164
Nudelpfanne mit Avocado und Chillies 195, *195*

*P*ambazos Rellenos 108
Pambazos, gefüllte 108
Pan de Muerto o de Huevo 85
Panela 221
Papas en Salsa Verde 150, 151
Pavo Navideño 106
Pechugas en Escabeche 209–210
Pescado en Hojas de Acuyo 214
Picadillo 39
Pico de Gallo 192
Pierna de Cerdo Adobada 165
Pinienflan 216, *217*
Piña Rellena 198
Pipián Blanco 86
Pipián Verde con Cerdo y Nopales 210, 211
Pitahaya 221
Plátano 221
Pollo Frito en Almendrado 73
Polvorones 140
Ponche de Granadina 166
Pozole Rojo de Jalisco 42, *43*
Pozole, roter mit Nixtamal aus Jalisco 42, *43*
Pulque 221
Puntas de Filete al Albañil 179

*Q*uesadillas de Flor de Calabaza 107
Quesadillas mit Kürbisblüten 107
Queso añejo 221

Queso de Oaxaca 221
Queso fresco 221
Quittenbrot *74*, 75

*R*ajas con Crema 54
Red Snapper nach Art von Veracruz 153
Reis
  Grüner Reis 56, *57*
  Nationalflaggen-Reis 56, *57*
  Reisauflauf mit gratiniertem Eischnee 122
  Reistrunk 61
  Roter Reis 56, *57*
  Weißer Reis 56, *57*
  Weißer Reis mit Kochbananen 37, *37*
Revoltijo 109
Rindfleisch nach Maurerart 179
Romeritos 221
Römischer Salat mit Tomaten, Blumenkohl und roten Beten 153
Rompope 198, *199*
Rompope 221
Rosca de Reyes 120, 121
Rösten 221
Roter Mole 87, *88–89*

Salate
Nopales-Salat 164
Römischer Salat mit Tomaten, Blumenkohl und roten Beten 153
Salat von frischen Limabohnen 164
Salat von schwarzen Bohnen, Radieschen und Käse 215
Salat von Yamsbohnen und Kaktusfeigen 192
Weihnachtssalat 106
Zucchinisalat 196–197
Sandwich mit Schweinefleisch und pikanter Sauce 135
Sandwiches mit kaltem Braten 165
Saucen
  Chilisauce siehe Sandwich mit Schweinefleisch und pikanter Sauce sowie Tortillas mit Hühnerbrust und Chilisauce
  Erdnuß-Mandel-Sauce, gebratenes Huhn in 73
  grüner Sauce, Chilaquiles in 180
  grüner Sauce, Kartoffeln in *150*, 151
  Guajillo-Sauce, Schweineschwarte in 180
  roter und grüner Sauce, gefüllte Tortillas mit 122–123
  Sesam-Mandel-Sauce, Huhn in pikanter 86
  Tomatensauce 39
  Tomatensauce, Fleischklößchen in feuriger 178
  Tomatensauce, kalte Schweinsfüße in 215
  Walnußsauce, Chillies in *58*, 59
Schokolade, heiße 121
Schokolade, mexikanische 221
Schokoladen-Atole 140
Schwarzer Mole aus Oaxaca *40*, 41
Schweinefleisch
  Deftiger Fleischeintopf mit Pulque 74
  Kalter Schweinebraten in feuriger Sauce 165

Knusprige Tortillas mit Hühnchen, Schweinefleisch und Avocado 108–109
Roter Mole 87, *88–89*
Roter Pozole mit Nixtamal aus Jalisco 42, *43*
Sandwich mit Schweinefleisch und pikanter Sauce 135
Sandwiches mit kaltem Braten 165
Schweinefleisch mit Früchten 208–209, *208*
Schweinefleisch mit Nopales *210*, 211
Schweinefleisch nach Art von Uruapan 165
Schweineragout aus Puebla *210*, 210
Schweineschwarte in Guajillo-Sauce 180
Schweinsfüße, kalte, in Tomatensauce 215
Spareribs mit süß-saurer Sauce 196
Tamales in Bananenblättern 90–91, *91*
Tamales, rote 90
Sopa de Flor de Calabaza 192, *193*
Sopa de Frijoles Negros 164
Sopa de Habas 152, 152
Sopa de Jocoque 72
Sopa de Ostiones 36, 37
Sopa seca 221
Sopa Seca de Fideos 195, *195*
Sorbete de Limon 198
Sorbete de Mangos 153

Spareribs mit süß-saurer Sauce 196
Stengelkohl 221
Stengelkohl in grüner Sauce 38, *38*
Suppen
    Austernsuppe *36,* 37
    Erdnuß-Sahne-Suppe 104
    Garnelensuppe 208, *208*
    Gemüsesuppe mit Eierkuchen 72
    Hühnerkraftbrühe 192
    Kürbisblütensuppe 192, *193*
    Limabohnensuppe *152*, 152
    Schwarze Bohnensuppe 164
    Suppe vom Red Snapper 54

Tacos de Camarones 151
Tacos de Jocoque 122
Tacos mit Garnelen 151
Tacos mit saurer Sahne 122
Tamales 221
Tamales de Elote 140
Tamales de Picadillo de Pollo 136
Tamales en Hoja de Plátano 90–91, *91*
Tamales, frische Mais- 140
Tamales in Bananenblättern 90–91, *91*
Tamales mit Picadillo vom Huhn 136
Tamales Rojos 90
Tamales, rote 90
Tejocotes 221
Tinga Poblana 210, 210
Tomatensauce 39
Tomatillos 221
Torrejas 85

Torta de Cielo 122
Torta de Elote 54, *55*
Tortas Ahogadas 135
Tortas de Pierna Adobada 165
Tortillas mit Hühnerbrust und Chilisauce *134*, 135
Tortillas, gefüllte, mit roter und grüner Sauce 122–123
Tortillas, knusprige, mit Hühnchen, Schweinefleisch und Avocado 108–109
Tortitas de Papa 196
Tostada 221
Tostadas 108–109
Totopos 221
Truthahn in Schokoladensauce mit Chillies 214–215
Truthahn, Weihnachts- 106
Tunas Blancas al Anís 61

Weihnachtssalat 106
Weihnachtstruthahn 106
Weißer Reis mit Kochbananen 37, *37*

Yamsbohne 192, 221

Zapote, dunkle 221
Zapote-Eis, schwarzes 166, *167*
Zucchinisalat 196–197
Zuckerrohr 221

Bezugsquellen

Die genannten Firmen stellen die gewünschte Ware in der Bundesrepublik Deutschland per Post oder Paketdienst zu.

KaDeWe
Lebensmittelabteilung
Tauentzienstr. 21–24
10789 Berlin
Tel. 0 30/2 13 24 55

Mexiko-Haus
Gaedke GmbH
Import-Export
Wichmannstr. 4, Haus 8 Süd
22607 Hamburg
Tel. 0 40/89 46 84

Gewürzhaus Alfred Ewert
Internationale Spezialitäten
Weender Str. 84
37073 Göttingen
Tel. 05 51/5 70 20

Mex-Al
Feldchen 12
52070 Aachen
Tel. 02 41/91 18 37

Gewürzhaus Alsbach
An der Staufenmauer 11
60311 Frankfurt am Main
Tel. 0 69/28 33 12

La Tortilla
Inh. Jesús Nevaréz
Achentalstr. 10
81671 München
Tel. 0 89/40 51 78